노인복지론

이은희

KNOWLEDGE COMMUNITY 공동체

이 저서는 2022년도 동국대학교 연구년 지원에 의하여 이루어졌음.

머리말

21세기 대한민국은 '저출산'과 '고령화' 문제로 인해 어느 때보다 노인복지의 중요성이 대두되고 있는 실정이다. 본 교재는 그동안 노인복지론을 강의하면서 참고한 다양한 자료와 내용들을 중심으로 하루가 다르게 변화하는 노인복지 관련 법과 제도, 그리고 각종 최신 자료들을 정리한 것이다. 특히 지도교수님이신 김기태 교수님을 중심으로 십여 년 전 여러 선생님들과 함께 집필에 참여하여 오랫동안 학부와 대학원에서 노인복지론 교재로 잘 활용하였던 공동체 출판사의 노인복지론은 본 서의 구성에 많이 활용되었다.

본 서는 다음과 같이 총 5부 17장으로 구성되어 있다.

제1부는 고령사회에서의 노인복지의 중요성을 다루고자 하였다. 제1장은 노인과 노인문제, 그리고 제2장은 노인복지의 이해로 구성되어 있다.

제2부는 노인에 대한 이해를 돕기 위해 노화와 노화 관련 이론으로 구성하였다. 제3장에서는 노화의 개념, 제4장에서는 노화이론, 그리고 제5장에서는 모두가 바라는 성공적 노화와 적극적 노화에 대해 살펴보았다.

제3부는 노인복지정책으로 구성하였다. 노인복지 관련 주요 정책 가운데 제6장에서는 노인빈곤과 소득보장정책을 정리하였다. 소득보장정책은 사회보험, 국민기초생활보장, 기초연금, 그리고 노인고용정책을 중심으로 서술하였다. 제7장 건강보장정책과 장기요양보험에서는 건강보험과 의료급여, 노인장기요양보험, 그리고 의료적 서비스를 정리하였다. 제8장 주거보장정책에서는 노인주거의 기본 원칙과 노인의 특성을 고려한 주거환경 조성, 그리고 노인주거의 유형과 주거기능 관련 노인복지시설의 유형에 대해 살펴보았다.

제4부는 노인복지실천으로 제9장에서는 복합적이고 장기적이면서도 다양한 문제와 욕구를 가진 노인 클라이언트에게 적합한 노인 사례관리에 대하여, 그리고 제10장에서는 노년기의 다양한 문제를 지닌 노인들에게 노인상담을 통해 적절한 도움을 제공하는 데 필요한 효과적인 의사소통 기술과 노인상담 기술을 정리하였다.

제5부는 노인문제의 주요 쟁점으로 오늘날 발생하고 있는 다양한 노인문제 가운데 7가지 문제를 제11장부터 제17장에 걸쳐 정리하였다. 제11장은 일과 은퇴, 제12장은 노년기의 우울증, 제13장은 노인과 알코올, 제14장은 노인과 치매, 제15장은 노인학대, 제16장은 노인자살, 그리고 제17장은 노인과 죽음으로 구성되어 있다.

이 책을 마무리하려니 많은 생각이 든다. 고인이 되신 나의 사랑하는 아버지와 어머니에 대한 그리움과 아쉬움, 그리고 후회의 감정이 생생하게 밀려오는 것 같다. 두 분을 통해 초고령 노년기의 삶을 간접 경험하면서 노인과 노인복지에 대한 나의 이해와 지식의 얄팍함에 스스로 많은 부끄러움과 자괴감을 느끼었다.

노년의 삶에 한 가지 정답은 없겠지만, 누구도 피할 수 없는 노년기의 삶을 젊어서부터 좀 더 진지하게 생각하고 준비한다면 조금이라도 더 건강하고 풍요로운 노후를 보낼 수 있지 않을까 생각한다. 따라서 본 서는 노인복지를 공부하는 학생뿐 아니라 현재 혹은 미래에 노인이 될 우리 모두에게 작은 도움이 되었으면 하는 생각으로 내용을 정리하였다. 그러나 막상 출판을 앞두고 보니 너무도 많은 부족함에 강한 아쉬움을 느낀다. 부족한 부분들은 앞으로 계속 수정 보완해 나갈 것을 약속드리며, 이 책에 대한 아낌없는 충고와 조언을 부탁드리고 싶다.

끝으로 이 책이 출간되는 데 도움을 주신 모든 분들께 깊은 감사를 드린다. 2022년 가을, 대학원 노인복지론 강의를 수강한 석·박사과정의 이승남, 조진철, 샤오다트, 그리고 김이서 선생과 함께 나누었던 시간들과 도움으로 인해 즐겁게 이 책을 마무리할 수 있게 되었던 것 같다.

나의 사랑하는
아버지 어머니를 그리며
2023년 2월 저자

차례

PART
3 노인복지정책

PART
4 노인복지실천

PART
5 노인문제의 주요 쟁점

PART 1

노인과 노인복지

CHAPTER

01 노인과 노인문제

1. 노인에 대한 이해

1) 노인의 정의

노인을 한마디로 정의하는 것은 매우 어렵다. 노인에 대한 개념은 국가나 사회적・경제적・문화적 배경과 사회의 관습・규범 또는 그 사회의 전통과 역사에 따라서 다를 수 있기 때문이다. 하지만 노인복지의 주된 대상이자 주체인 노인에 대한 정확한 이해를 위하여 노인의 개념을 좀 더 명확히 할 필요가 있다.

1951년 제2회 국제노년학회에서 정의한 노인에 대한 개념은 고전적이고 학문적으로 중요한 의미를 지니고 있는데, 이에 따르면 노인이란 인간의 노화과정에서 나타나는 생리적, 심리적, 환경적 변화 및 행동적 변화가 복합적으로 상호작용하는 과정에 있는 사람이라고 규정하며, 다음의 다섯 가지 특성을 지닌 사람을 의미한다고 설명하고 있다. 즉, 노인은 ① 환경 변화에 적절히 적응할 수 있는 조직기능이 감퇴되고 있는 사람, ② 생체의 자체 통합능력이 감퇴되고 있는 사람, ③ 인체의 기관, 조직, 기능에 쇠퇴현상이 일어나는 시기에 있는 사람, ④ 생활상의 적응능력이 결손되어 가고 있는 사람, ⑤ 조직의 예비능력이 감퇴하여 적응이 제대로 되지 않은 사람이라고 규정하고 있다. 브린(L. Breen)은 노인을 '생리적・생물학적인 면에서 쇠퇴기에 있는 사람, 심리적인 면에서 정신기능과 성격이 변화되고 있는 사람, 사회적인 면에서 지위와 역할이 상실되어 가는 사람'이라고 정의하였다. 장인협과 최성재(2006)는 생리적 및 신체적 기능의 퇴화와 더불어 심리적인 변화가 일어나서 개인의 자기유지 기능과 사회적 역할 기능이 약화되고 있는 사람이라고 규정하고 있다. 이와 같은 노인에 관한 개념 정의를 종합하여 볼 때, 노인이란 '노화의 과정 또는 그 결과로서 생리, 심리, 사회적 기능이 약화되어 자립적 생활능력과 환경에 대한 적응능력이 약화되고 있는 사람'이라고 규정할 수 있다.

2) 노인에 대한 조작적 정의

이상과 같은 노인에 대한 정의는 조사연구, 복지정책의 수립과 집행을 하는 데에는 효용성에 문제가 있을 수 있다. 따라서 노인에 대한 보다 구체적이고 조작적인 정의가 요구되는데, 노인에 대한 조작적 정의는 ① 역연령에 의한 노인, ② 개인의 자각에 의한 노인, ③ 기능적 연령에 따른 노인, ④ 사회적 역할 상실에 따른 노인 등으로 구분할 수 있다.

(1) 역연령에 의한 노인

세월의 흐름에 따라 나이를 먹어가는 것을 말하며, 역연령 혹은 생활연령이라고도 한다. 역연령에 따르면 출생 이후부터 달력상의 나이로 계산한 만 나이가 일정 연령 이상일 경우 노인으로 규정하는 것으로, 이것은 노인에 관한 정의에서 가장 보편적으로 사용되는 정의이다. 그러나 몇 살이 되면 노인이 되는지에 대한 일반적 합의는 없다. 그럼에도 불구하고 어느 나라건 일정 연령 이상을 노인으로 정의하는데 그 이유는 사회적 필요성 때문이다. 사회적 필요성의 대표적인 예가 공적연금과 퇴직연령일 것이다.

서구에서는 일반적으로 사회보장제도의 급여 수급자격을 기준으로 노인을 65세로 규정하고 있다. 이 정의는 독일의 노령연금 수급기준이 65세로 규정된 것에서 유래한 것이다. 우리나라 노인 관련 법령을 보면 노인의 역연령이 상당히 다양하게 규정되어 있음을 알 수 있다. 예를 들어, 노인복지법과 국민기초생활보장법에서는 65세 이상을 노인으로, 고령자고용촉진법에서는 55세 이상을 고령자로 규정하고 있고(50~55세는 준고령자), 국민연금의 노령연금 수급기준은 65세(원래 60세였으나 단계적으로 65세로 인상)이다. 이처럼 우리나라 노인 관련 법령은 55세, 60세, 65세 등 서로 다르게 노인 연령을 규정하고 있다.

아프리카 국가들은 노인을 50세 또는 55세로 정하고 있다. WHO는 아프리카 노인에 관한 연구에서 노인을 50세 이상으로 정한 바 있다. 이는 아프리카의 높은 영아사망률과 사망률, 낮은 평균수명을 고려할 때 합당한 것으로 생각된다. UN은 노인의 역연령을 명시적으로 정의한 적은 없지만, UN 인구보고서가 60세 이상을 노인 범주에 넣고 있는 것을 볼 때 사실상 60세 이상을 노인으로 정의한다고 봐도 무방할 듯하다.

역연령에 의한 노인의 정의는 다양한 영역에서 나타나는 노화의 특성을 잘 반영하고 있고 입법, 정책이나 행정에서의 각종 급여의 수급권이나 서비스 이용 자격기준을 정하는 데 매우 유용하게 사용되고 있지만 이러한 정의는 특정 연령 이상의 사람들을 일괄적으로 노인으로 규정함으로써 노화의 개인 차이나 개인의 능력이나 기능수준을 무시하는 한계를 지니고 있다. 또한 30~40년에 이르는 연령 차이가 있음에도 불구하고 노인을 하나의 집단으로 분류함으로써 연령 차이에 따른 노인의 욕구나 문제의 차이를 간과하게 만들어 정책, 행정 또는 실천과정에서의 오류를 범하게 할 위험성을 내포하고 있다.

이처럼 지나치게 넓은 노인의 연령범위를 고려하여 학자들은 노인을 좀 더 세부적인 연령집단으로 구분하기도 한다. 예를 들어, 미국의 인구통계국은 노인을 2개 범주로 나누고 있는데, 65세 이상을 old, 85세 이상을 oldest-old로 분류하고 있다. 노년학자들에 따라서는 60~69세를 young-old, 70~79세를 middle-old, 80세 이상을 oldest-old로 분류한 학자도 있고(Forman et al., 1992), 65~74세를 연소노인(young old), 75~84세를 고령노인(middle old), 85세 이상을 초고령노인(very old)으로 분류한 학자도 있다(Atchley & Barusch, 2004).

평균연령의 증가와 함께 노인의 역연령은 올라갈 것이 거의 확실시 된다. 미국은 이미 사회보장연금 수급연령을 67세로 높였으며, 세계 최고령 국가 일본에서는 2000년대 중후반에 노인의 역연령을 75세 이상으로 재규정하자는 주장이 학계에서 제기된 바 있다. 우리나라에서도 평균수명이 연장되고 노인의 건강이 증진되면서 노인의 연령기준을 지금의 65세보다 더 상향조정하자는 논의가 진행되고 있다. 2015년 사단법인 대한노인회에서 노인의 연령을 70세로 상향조정하는 것을 공론화하자는 제안을 한 바 있다. 앞으로도 노인의 연령기준을 상향조정하자는 논의는 지속적으로 이루어질 것으로 전망된다.

(2) 개인의 자각에 의한 노인

개인의 자각에 따른 노인은 개개인의 주관적 판단에 의해 스스로를 노인이라고 규정하는 것이다. 어떤 사람은 누가 보아도 노인이라고 여겨지지만 정작 본인은 아직 노인이 아니라고 생각할 수 있는 반면, 어떤 사람은 여전히 중・장년기에 속해 있는데도 자신을 노인이라고 규정할 수도 있다. 일반적으로 고학력이고 전문직 종사자일수록 자신을 실제보다 더 젊게 생각하는 경향이 높다. 이러한 노인의 자각에 따른 노인의 정의는 매우 주관적이고 추상적이어서 노인에 관한 연구나 정책에 활용하기에는 한계가 있다. 그러나 이 개념은 노인의 일상생활이나 대인관계, 그리고 노인을 위한 상담 등의 임상적 실천에서는 매우 유용하게 사용할 수 있다.

(3) 기능적 연령에 따른 노인

기능적 연령(functional age)은 특정 연령범주에 속한 개인의 외모, 신체적 기능, 생산성, 자아통제력, 정신기능 등의 기능수준을 근거로 하여 노인을 규정하는 방식으로, 산업노년학 분야에서 관심을 가지고 발전시킨 정의이다. 연령이 높아짐에 따라 신체적 기능이나 업무수행능력이 저하되는 것이 일반적이지만, 모든 사람에게서 똑같이 기능수준이 저하되는 것은 아니다. 오히려 70대에 기업체의 신입사원으로 입사하여 젊은 사람 못지않은 생산성을 보이는 경우가 있는가 하면, 80대에 마라톤 풀코스를 완주하는 경우도 간혹 볼 수 있다. 따라서 일정 연령에 도달하였다고 하여 무조건 사회에서 분리하기보다는 개인의 생물, 심리, 사회적 기능 수준을 고려하여 퇴직 등의 사회적 분리를 해 나가는 것이 타당하다. 그러므로 기능적 연령에 따른 노인의 정의에서는 개인이 특정한 업무나 일을 수행할 수 없을 정도로 기능이 저하된 경우에 한하여 노인이라고 규정한다.

이 정의는 특정 연령 이상의 사람들을 일률적으로 노인으로 규정함으로써 노화의 개인 차이를 무시하게 되는 역연령에 따른 노인의 정의가 갖는 한계점을 보완할 수 있는 장점이 있다. 그러나 기능적 연령을 사정할 수 있는 기준과 영역이 매우 복잡하고 정책이나 행정의 편의성이 매우 낮기 때문에 노인에 관한 연구나 법, 정책, 실천현장에서 활용하는 데는 많은 한계가 있다.

(4) 사회적 역할 상실에 따른 노인

사회적 역할 상실에 의한 노인(사회적 노인)은 주요한 사회적 지위와 역할이 상실된 상태에 있는 사람을 노인으로 보는 것이다. 예를 들면, 직장에서 은퇴한 사람이나 가정에서 주부의 지위와 역할을 이양한 사람을 노인으로 간주한다. 그러나 이 정의는 사회적 지위와 역할이 불분명하거나 일생 동안 특별한 지위를 갖지 못한 사람에게는 적용하기 어렵다는 한계가 있다.

2. 인구의 고령화와 사회적 영향

1) 인구의 고령화

인구의 노화란 전체 인구에서 노인인구의 증가를 의미한다. 오늘날 대부분의 국가에서 고령화 과정은 일차적으로는 출생률에 의해서 결정되며, 이차적으로는 사망률에 의해서 결정된다. 그러므로 고출생률의 인구집단은 노인인구의 비율이 낮지만 반대로 저출생률의 인구집단은 노인인구의 비율이 높다. 인구통계학자들은 어떤 사회가 고출생률과 고사망률로부터 저출생률과 저사망률로 이동하는 어떤 시점의 점진적 과정을 언급하기 위해 '인구 변천(demographic transition)'이라는 용어를 사용한다(Kinsella, 1996). 일반적으로 인구 변천의 단계는 다음과 같이 네 단계로 구분한다. 제1단계는 '변천 이전의 단계(pre-transitional stage)'로서 출생률과 사망률이 모두 높은 단계이고, 제2단계는 '초기 변천단계(early transitional stage)'로서 출생률은 여전히 높은 상태이나 사망률은 감소하기 시작하는 단계이다. 제3단계는 '중기 변천단계(mid-transitional stage)'로서 사망률의 감소에 이어 출생률도 감소하기 시작하는 단계이며, 마지막으로 제4단계는 '후기 변천단계(late transitional stage)'로서 사망률의 감소는 한계점에 도달하고, 출생률이 낮아진 상태에 이르는 것을 의미한다(김승권, 2006). 즉, 출생률이 감소하고 모든 연령층에서 사망률이 감소할 때 전체 인구집단은 고령화가 시작된다(김기태 외, 2009).

우리나라는 고도의 경제성장과 의료기술의 발달로 평균수명은 급속히 늘어난 반면, 출생률은 급속히 감소하여 인구고령화 현상이 사상 유례를 찾아보기 힘들 정도로 급속히 진행되고 있다. 우리나라의 고령화 속도는 경제협력개발기구(OECD) 회원국 가운데서 가장 빠르며 2000년에는 고령화사회인 동시에 인구노년국(aged population)이 되었다. 노인인구의 고령화 속도는 다음의 <표 1-1>과 같다. 2022년 기준 스웨덴, 독일, 프랑스, 일본 등은 이미 초고령사회에 진입한 상태이며, 영국의 경우 2025년, 미국은 2029년, 우리나라는 2025년에 초고령사회로의 진입을 예견하고 있다. 고령화사회에서 고령사회로 진행되는 속도는 독일과 영국, 미국, 스웨덴, 프랑스가 40년 이상의 기간이 소요되었으나 일본은 24년으로 빠른 진행을 보였으며, 우리나라는 18년으로 일본보다도 더 빠르게 진행되었다. 더구나 우리나라가 고령사회에서 초고령사회로 진행되는 데 걸리는 시간은 7년으로 예측되어 전 세계에서 유례가 없는 빠른 속도로 고령화가 진전되고 있다.

최근 한국의 출생률 및 사망률의 저하는 유소년인구의 감소와 노인인구의 증가를 가져와 인구의 고령화가 급격하게 전개될 것이며, 그에 따라서 한국은 향후 반세기 이내에 지구상에서 가장 고령화된 나라가 될 전망이다. 따라서 의료보장, 사회복지서비스 등 사회적 부양부담이 증가될 것으로 예상된다.

〈표 1-1〉 인구 고령화 속도

(단위 : 년도, 년수)

구 분	도달연도			증가소요년수	
	고령화사회 (7%)	고령사회 (14%)	초고령사회 (20%)	고령사회 도달 (7% → 14%)	초고령사회 도달 (14% → 20%)
스웨덴	1887	1972	2019	85	47
독 일	1932	1972	2008	40	36
영 국	1929	1976	2025	47	49
프랑스	1864	1979	2018	115	39
일 본	1970	1994	2004	24	10
미 국	1942	2014	2029	72	15
한 국	2000	2018	2025	18	7

출처 : 통계청(2021. 12). 장래인구추계.

인구고령화의 중요한 한 축을 이루는 평균수명의 변화를 살펴보면 우리나라의 평균수명이 남녀 모두 50세를 넘은 것은 1960년대 가까이 되어서였다. 그 이후 1960년대 산업화 과정을 거치면서 평균수명은 지속적으로 상승하여 <표 1-2>에서 보듯이 1980년에 남녀 평균 66.1세였던 것이 2000년에는 평균 76세로 20여 년 만에 평균수명이 10년 연장되었으며 2001년에 여성 노인은 80세를 넘었다. 그리고 2020년에는 남 80.5세, 여 86.5세로 남녀 평균 83.5세에 이르러 평균수명이 84세에 다다르고 있으며 2050년에는 88.9세가 되어 거의 구십 수(壽)의 장수시대를 맞이할 것으로 예상된다.

〈표 1-2〉 평균수명의 증가추이

(단위 : 세)

연도 / 구분	1970	1980	1990	2000	2001	2010	2020	2022	2030	2050
평균	62.3	66.1	71.7	76.0	76.5	80.2	83.5	84.1	85.7	88.9
남	58.7	61.9	67.5	72.3	72.9	76.8	80.5	81.2	83.0	86.8
여	65.8	70.4	75.9	79.7	80.1	83.6	86.5	87.0	88.4	90.9
차이	7.1	8.5	8.4	7.4	7.2	6.8	6.0	5.9	5.3	4.1

출처 : 통계청(2021. 12). 장래인구추계.

인구고령화의 가장 중요한 결정요인인 출생률의 변화를 살펴보면 한국 여성의 평균 합계출산율은 1960년에 6.0명, 1990년 1.57명, 2000년의 1.48명에 이어 계속 낮아지는 추세를 보이고 있다. 2005년에는 1.08으로 급격히 하락하였다가 2010년에 와서 1.22명으로 회복되었으나, 2020년과 2021년의 우리나라 합계출산율은 채 1명에도 미치지 못하는 것을 알 수 있다(표 1-3 참조).

특히 2000년대에 와서 초저출산 단계로 진입하게 된 것은 경기침체와 불안정한 경제상황으로 젊은 세대들이 결혼을 지연하거나 회피하게 된 것에서 그 원인을 찾을 수 있는데, 가장 높은 출생률을 나타내는 연령층도 25~29세에서 30~34세로 증가된 것으로 나타났다(통계청, 2015). 그리고 결혼한 부부도 경제적 불안정 등을 이유로 자녀 출산을 기피하는 경우가 많아 심각한 사회문제가 되고 있다.

〈표 1-3〉 **국가별 합계출산율 변화**

(단위 : 명)

국가 / 연도	대한민국	일 본	북 한	싱가포르	미 국
2014	1.20	1.42	1.89	1.25	1.86
2020	0.89	1.29	1.82	1.00	1.64
2021	0.88	1.30	1.81	1.02	1.66

출처 : 통계청(2021. 12). 장래인구추계.

인구고령화 추이를 정확히 파악하기 위하여 유년인구 대비 노인인구 비율을 나타내는 노령화지수를 살펴보면 <표 1-4>와 같다. 통계청(2021. 12)에 따르면, 우리나라의 노령화지수는 노인인구 증가와 출생률의 감소로 인하여 지속적으로 높아지고 있다. 1980년 유년인구 100명에 노인인구 11명 수준이었던 것이 2010년에는 67명 수준으로 증가하고, 2020년에는 129.3명으로 증가하여 유년인구보다 노인인구가 더 많아졌으며, 2050년에는 노인인구가 유년인구의 4.56배에 이를 것으로 예측되고 있다.

〈표 1-4〉 노인인구의 증가추이

연 도	1960	1970	1980	1990	2000	2010	2020	2030	2050
총 인구 (천 명)	25,012	32,241	38,124	42,869	47,008	49,554	51,836	51,199	47,359
65세 이상 인구(천 명)	726	991	1,456	2,195	3,395	5,366	8,151	13,056	19,003
65세 이상 비율(%)	2.9	3.1	3.8	5.1	7.2	10.8	15.7	25.5	40.1
노령화지수[1] (%)	6.9	7.2	11.2	20.0	34.3	67.2	129.3	301.6	456.2

주 : 1) 노령화지수=(65세 이상 노인인구/0~14세 인구)×100
출처 : 통계청(2021. 12). 장래인구추계.

2) 노인부양비의 증가

|그림 1-1|은 우리나라의 연령과 성별에 의한 인구비율을 피라미드로 도식화한 모형이다. 그림에서 보듯이 1980년까지 우리나라의 인구 구성도는 피라미드 모형을 이루고 있다. 즉, 피라미드 모형은 출생률은 높은 데 반해 노인인구의 비율은 낮은 수준이므로 인구 구성 면에서 상당히 안정된 모형이라고 볼 수 있다. 그러나 최근 우리나라의 인구 구성도는 종형으로 이미 불안정한 모형을 보여주고 있다. 이러한 모형은 노인인구는 증가하는 데 반해 출생률이 낮기 때문에 나타난 것으로 노인부양에서 문제가 있을 것임을 예측해 준다. 그리고 2030년경의 추정모형은 경사가 가파른 역삼각형 모양을 보여주고 있으며, 2050년경에는 더욱 가파른 역삼각형 모양을 보이고 있어서 노인부양에서 더욱 문제를 보일 것으로 예측할 수 있다.

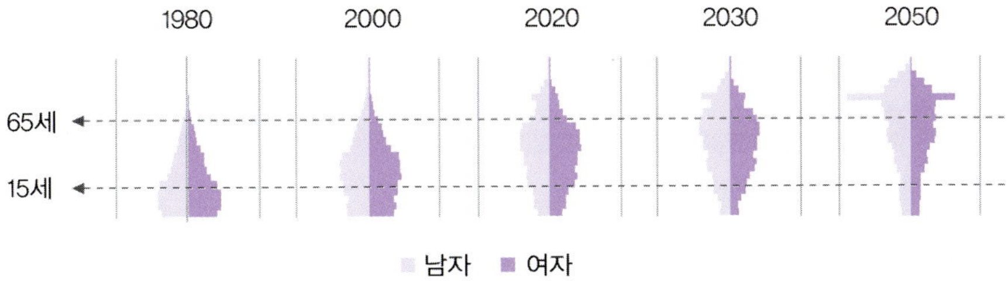

총 인구(만 명)	3,812	4,700	5,183	5,119	4,735
생산가능인구(만 명)	2,371	3,370	3,737	3,381	2,418
노인인구(만 명)	146	339	815	1,305	1,900
유소년인구(만 명)	1,295	991	630	432	416

[그림 1-1] 우리나라의 연령과 성별에 의한 인구 구성도

출처 : 통계청(2021. 12). 장래인구추계.

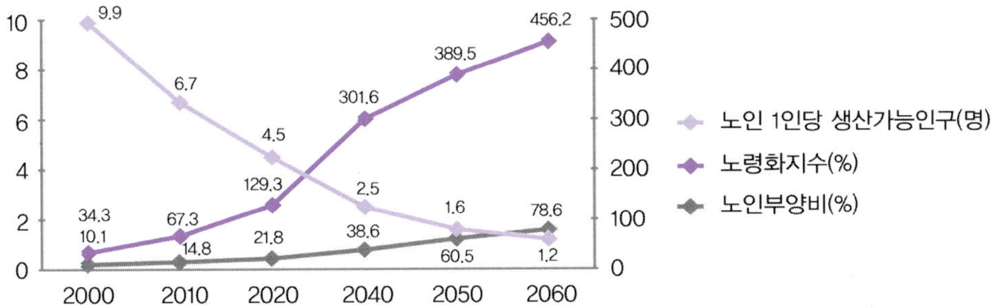

[그림 1-2] 노인부양비 변화 추이

출처 : 통계청(2021. 12). 장래인구추계.

그리고 우리나라의 노인부양비율은 2000년까지는 경제협력개발기구(OECD) 국가 중 가장 낮은 편(10.1%)에 속했지만, 2050년 노인부양비율은 일본의 73%보다 더 높은 78.6%로 가장 급격한 증가율을 보일 것이 예상되고 있다(그림 1-3 참조).

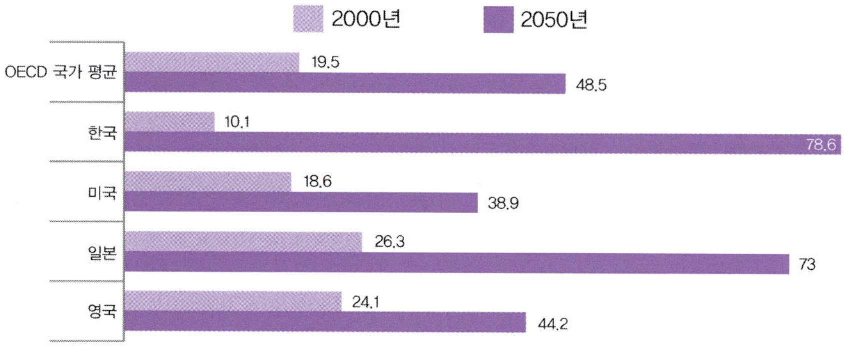

[그림 1-3] 노인부양비 국가 비교(단위 : %)

출처 : 통계청(2021. 12). 장래인구추계.

이와 같이 노인인구에 대한 생산인구의 부담이 증가하는 주된 이유는 노인인구의 증가도 그 원인이지만, 이와 함께 급격하게 감소된 출생률로 인해 생산가능인구가 2010년 73.1%에서 2018년부터 감소세로 전환되어 2030년에는 생산가능인구의 비중이 전체 인구의 66.0%로 급격히 줄어드는 데도 원인이 있다.

〈표 1-5〉 노인인구 부양부담의 변화추이

구 분	1960	1970	1980	1990	2000	2010	2020	2030	2050
유소년부양비[1]	77.3	78.2	54.6	36.9	29.4	22.0	16.9	12.8	17.2
노년부양비[2]	5.3	5.7	6.1	7.4	10.1	14.8	21.8	38.6	78.6
총 부양비[3]	82.6	83.9	60.7	44.3	39.5	36.9	38.7	51.4	95.8

주 : 1) 유소년부양비＝{유소년인구(0~14세 인구)/생산연령인구(15~64세 인구)}×100
2) 노년부양비＝(노인인구/생산연령인구)×100
3) 총부양비＝유소년부양비＋노년부양비
출처 : 통계청(2021. 12). 장래인구추계.

3) 인구 고령화의 사회적 영향

UN은 고령화가 21세기 가장 중요한 사회변혁(social transformations)의 하나가 되어가고 있으며, 노동과 금융시장, 주택, 교통, 사회복지 관련 상품과 서비스의 수요 그리고 가족과 세대 간 유대 등 사회의 거의 모든 부분에 영향을 미치고 있다고 하였다. 웰리스(Wallice, 2001)는 'Agequake'라는 신조어를 사용하여 인구고령화가 사회에 미치는 파장을 지진에 비유하고 있다. 그리고 페터슨(Peterson, 2002)은 고령화사회를 'Gray Dawn'에 비유하여 앞으로 펼쳐질 고령사회는 회색빛으로 물든 불안한 사회가 될 것임을 경고하고 있다.

사회 전반에 걸쳐 영향을 미치는 인구 고령화의 사회적 파급효과를 살펴보면 다음과 같다.

첫째, 고령화는 노동력 부족과 노동생산성 저하와 같은 노동시장의 변화와 경제성장 둔화 현상을 초래할 수 있다. 노인인구의 증가는 경제활동인구의 감소와 직결되어 있으므로 노동력 부족 현상을 야기하게 될 것이다. 이러한 노동력 부족 현상, 기업의 경쟁력 둔화 등은 다른 요인과 복합적으로 작용하여 지속적 경제성장을 저해할 가능성이 매우 높다. 실제로 고령인구 비율이 1% 포인트 증가 시 국내 총생산(GDP)이 0.04% 포인트 감소하는 것으로 분석되고 있다(OECD, 2005. 3).

둘째, 고령화는 저축률도 감소시킨다. 노인인구 증가로 인해 노동력은 감소하고 노인 부양에 따르는 부담이 증가함으로써 저축률이 줄어들게 될 것이다. 실제로 OECD의 분석에 따르면 노인부양비가 1% 포인트 증가할 때마다 저축률은 0.3%가 줄어드는 것으로 나타났다(OECD, 2005. 3). 이러한 저축 감소는 사용자금의 축소, 투자 위축, 경상수지 약화, 경제성장의 둔화로 이어질 가능성이 높다.

셋째, 고령화의 가장 심각한 영향을 받는 것은 연금이다. 고령화는 연금수급자 수를 증가시켜 공적연금 재정에 심각한 압박을 가한다. 고령화의 진전으로 공적연금의 수지 불균형이 심화되면 연금급여액은 낮추고 연금보험료는 높이는 방향으로 연금제도를 개혁할 수밖에 없다. 이 과정에서 노인인구는 더 많은 연금급여를 요구할 것인데, 이에 대하여 생산인구인 젊은 세대는 연금보험료 인상에 반대함으로써 세대 간 갈등이 심화될 가능성이 높다. 또한 노인의료비의 증가로 건강보험 재정의 위기가 심화될 것이다.

넷째, 고령화는 산업구조에도 변화를 가져올 것이다. 선진복지국가 노인의 상당수는 저축, 재산, 주식 등을 가지고 여유로운 생활을 하고 있다. 자산을 가진 건강한 노인집단은 구매력을 가진 소비자집단으로서 실버경제(silver economy)와 실버시장(silver market)의 주체로 부상하고 있다. 건강약품과 식품산업, 의료서비스, 금융서비스, 레저 또는 노인주택산업 등의 고령친화 산업분야는 성장하고 있으므로 이런 점에서 고령화는 기회이다.

3. 사회문제로서 노인문제

노인문제를 '문제'로 바라보는 시각은 역사적으로 볼 때 그리 오래되지는 않았다. 아마도 현대 산업사회의 도래와 연관된 것으로 볼 수 있지 않나 생각한다. 일반적으로 어떤 문제가 개인문제인가 아니면 사회문제인가 하는 성격규정은 매우 미묘하고 복잡한 의미가 내포되어 있다. 이는 다양한 이론적·실제적 요소가 복합적으로 연결되어 있는 문제이다(현외성 외, 1998).

일반적으로 개인문제가 사회문제로 인식되고 공공정책으로서 복지정책의 개입 필요성이 요청될 수 있기 위해서는 몇 가지 조건을 갖추어야 한다. 사회문제의 특성을 규명하는 여러 학자들의 공통적이고 중요한 요소들을 찾아 정리한 사회문제의 정의에 따르면, 사회문제는 어떤 사회적 현상이 ① 사회적 가치에서 벗어나고, ② 상당수의 사람들이 그 현상으로 인하여 부정적인 영향을 받고 있으며, ③ 그 원인이 사회적인 것이고, ④ 다수의 사람들이나 영향력 있는 일부의 사람들이 문제로 판단하고 있으며, ⑤ 사회가 그 개선을 원하고 있고, ⑥ 개선을 위하여 집단적·사회적 행동이 요청되는 것이라고 할 수 있다(최일섭 외, 1995).

이러한 사회문제의 구성요소에 비추어 노인문제를 생각해 보면 노인문제는 첫째로, 우리 사회가 중요시하는 가치, 즉 건강, 가족의 화목, 안전, 쾌적한 환경을 위협하고, 둘째로, 인구의 고령화에 따른 노인인구의 증가로 인하여 질병과 빈곤 등의 다양한 노인문제로 고통받는 노인의 수가 급증하며, 셋째로, 노인문제의 원인은 노인 개인이나 가족의 결함이나 실수라기보다는 사회의 전반적인 변화, 사회의 제도와 구조상의 문제로 야기된다고 할 수 있으며, 넷째로, 고령화 사회를 살아가는 현재, 국민들 중 어느 누구도 노인문제를 자신이나 가족과는 전혀 별개의 문제로 인식하지 않고, 최근 대중매체에서도 노인문제를 심각한 사회문제로 자주 보도하고 있으며, 다섯째로, 많은 국민들이 노인문제에 관심을 가지면서 이 문제의 해결을 원하고 있으며, 여섯째로, 노인문제는 이제 개인이나 가족에게 그 책임을 전가시켜 해결책을 찾을 수는 없고 국가나 사회적 차원에서 개입이 이루어져야 할 문제이다. 이러한 관점에 비추어 볼 때, 노인문제는 분명히 사회문제로 인식되고 수용되어야 하며 노인문제에 대한 대책이 복지정책으로서 강구되는 것은 당연하다.

오늘날 사회문제로서 노인문제는 노인의 4고(苦)인 빈곤, 질병, 고독과 소외, 역할상실의 문제를 초래했다.

1) 빈 곤

노인빈곤은 경제위기 이후 한국 사회가 직면하고 있는 여러 문제 가운데 가장 심각한 사회문제라고 할 수 있다. 인구의 고령화와 더불어 노인빈곤의 대량화, 장기화, 가속화가 더욱 심화될 것으로 전망됨에 따라, '빈곤의 노인화'가 크게 부각되고 있다.

평생을 근로소득에 의존하던 사람이 정년퇴직으로 직장을 은퇴하거나 혹은 아직 은퇴연령은 되지 않았더라도 노동력이 상품화된 산업・정보사회에서 기술과 능력이 부족한 고령자들은 조기은퇴하여 직업전선에서 물러나게 됨으로써 소득의 주요 원천인 일자리를 조기에 잃게 되는 경우가 많고 그와 더불어 연금보험 등과 같은 사회보장제도의 미비, 재산과 개인저축의 부족 등으로 인하여 노인들이 빈곤에 시달리는 경우가 많다. 특히 우리나라는 OECD 회원국

중에서 노인빈곤율이 가장 높으며, 2017년 노인의 빈곤율은 43.8%인 것으로 나타나고 있다(OECD, 2020). 따라서 노인 빈곤문제는 우리 사회가 해결해야 할 중요한 과제이다.

2) 질 병

노년기에는 생물학적 노화로 인한 신체적 기능문제와 질병으로 인한 건강의 악화로 일상생활에 어려움을 겪는 노인들이 많다. 세계보건기구(WHO)에 의하면 2005년 우리나라의 평균수명은 77.5세인 것에 비하여 건강수명은 67.8세에 불과하여 10년의 격차가 존재하였다. 그 후 15년 정도 경과한 2019년 기준, 우리나라의 평균수명은 질병, 장애 등과 함께 꾸준히 증가하여 83.3세에 이르렀고 건강수명도 73.1세로 증가하였지만 여전히 10년의 격차는 극복하지 못하고 그대로 존재하고 있어서 건강수명의 연장이 매우 중요한 사회적 과제라고 할 수 있겠다.

우리나라의 노인의 만성질병 실태를 보면, 전체 노인의 89.5%가 한 가지 이상의 만성질환을 가지고 있으며, 두 가지 이상도 73.0%나 되는 것으로 나타나고 있다. 유병률이 높은 질병은 고혈압, 관절염, 고지혈증, 요통·좌골신경통, 당뇨병, 골다공증, 위·십이지장궤양, 전립선비대증, 백내장, 뇌졸중, 협심증·심근경색증 등의 순서로 나타났으며(정경희 외, 2017), 대부분의 노인이 만성질환에 시달리고 있는 것으로 나타났다.

한국보건사회연구원의 연구 결과(2011)에 의하면 노인이 인식하고 있는 자신의 평소 건강상태에 대해서 44.4%가 부정적으로 평가하였고, 노인의 88.5%가 만성질환을 가지고 있고 평균 2.5개의 만성질환을 가지고 있었다. 거동이 불편하여 도우미의 도움이 없이는 생활이 불가능한 노인이 3.1%에 이르고 있다. 65세 이상 노인의 31.9%는 일상생활 동작능력(ADL)에 있어서 한 가지 이상의 지장을 받고 있는 것으로 나타났다.

3) 고독과 소외

고독과 소외의 문제는 현대사회의 특징으로 많은 사람들이 경험하고 있지만, 많은 것을 상실한 노인들에게는 매우 심각한 문제이다. 특히 가족, 이웃, 친구, 직장동료들과 거의 교류를 하지 않고 단절되어 살아가는 노인에게 고독과 소외는 더욱 심각한 문제이다.

최근 연구결과에 의하면 대부분의 노인들이 사회·심리적 갈등과 소외감을 느끼는 것으로 알려져 있는데, 이러한 노년기의 사회·심리적 갈등과 소외는 청년기의 사회·심리적 갈등이나 고독과는 다르게 모든 것이 끝이라는 절망적인 느낌을 가지게 한다는 것이 특징이다. 특히 노인에게 배우자의 상실은 사회 심리적인 갈등과 소외감을 느끼게 하는 중요한 요인이다. 배우자 상실 후 처음 5년 이내에 많은 노인들이 심한 병을 앓거나, 빠른 죽음 또는 자살에 이르는 것으로 나타났다. 또한 노인은 가족 내에서뿐만 아니라 사회에서 역할과 지위가 상실됨에 따른 고독감과 세대 간의 가치관의 차이에 따른 심리적인 갈등과 소외감으로 우울현상을 경험하게 된다(임병우 외, 2018).

4) 역할상실

전 생애과정에 걸쳐 역할의 변화가 일어나지만, 노년기는 보다 급격하게 역할의 변화와 상실이 일어나는 시기이다. 이 시기의 노인은 일에서의 은퇴와 함께 사회적 지위가 변화되고, 배우자, 친척, 친구와의 사별을 경험하게 된다. 뿐만 아니라 신체적, 정신적 기능의 변화로 인한 건강을 상실하게 되기도 한다.

특히 현대사회에서 노인이 기여할 수 있는 역할은 상당히 위축되어 있고, 비공식적 사회관계망의 기능도 약화되어 있어서 노인의 역할상실은 더욱 가속화되고 있다. 이와 같은 여러 가지 역할상실로 인해 노인들의 지위와 권위는 크게 저하되었고 노인들은 자아의 지지 기반을 잃고 사회적 일체감을 상실한 채 부정적인 자아상을 갖게 되는 경우도 많다. 역할상실은 인간관계의 단절 및 고립으로 이어져 생활의욕의 상실과 고독감을 가중시킨다. 은퇴를 전후한 많은 노인들이 이와 같은 상실감으로 인하여 신체적 질병 또는 정서적 부적응을 보이고 심한 경우 자살로 이어지는 경우도 있다.

CHAPTER

02 노인복지의 이해

1. 노년학과 노인복지학

노인복지학은 노년학의 하위분야이므로 노인복지학을 설명하기 이전에 노년학에 대한 논의가 선행되어야 한다. 노년학(gerontology)의 어원은 그리스어의 노인을 의미하는 'geront' 혹은 'gerontos'와 지식 또는 과학의 분야를 의미하는 접미사 'ology'의 합성어로(김기태 외, 2009) '노화 또는 노령을 연구하는 학문분야'를 일컫는 말이다. 따라서 노년학은 인류의 역사와 그 발달을 같이한다고 할 수 있다. 노년학 연구는 노화의 원인을 밝히고 장수의 비법을 강구하고자 하는 관심에서 출발하였지만, 19세기를 거쳐 20세기에 들어오면서 노화현상에 대한 다양한 학문분야의 과학적 연구가 이루어지면서 획기적인 발달을 하게 되었다.

따라서 현재는 노년학을 인류학, 생물학, 경제학, 지리학, 정치학, 역사학, 심리학, 사회학, 법학, 의학, 간호학, 재활치료학과 사회복지학 등의 인문, 사회, 자연과학의 전 분야에서 과학적 방법을 활용하여 노화와 노인과 관련된 제반 현상을 연구하고 실천하는 종합과학으로 규정하고 있다(Atchley, 2000). 즉, 노년학은 노화와 노인에 관련된 다양한 현상을 연구하는 종합과학으로, 노화나 노인에 대한 지식 발견에 목적을 둔 순수과학과 노화로 인한 노인문제의 해결 대책을 강구하는 응용과학에 이르기까지의 다양한 학문분야를 포괄한다(권중돈, 2018).

노인복지학은 노년학의 하위 학문분야이면서, 동시에 사회복지학의 이론과 실천방법론, 그리고 가치와 원리를 공유하는 사회복지학의 한 분야라 할 수 있다. 따라서 노인복지학은, ① 노화과정에서 발생할 수 있는 제반 문제의 발생을 예방하고 노인의 사회적 욕구 충족과 발달과업의 성취를 지원하며, ② 노년기의 성공적 적응을 도모하고 안정된 노후생활을 영위할 수 있는 방안을 연구하고, ③ 이를 위한 정책 및 실천적 개입을 통하여 노년기의 삶의 질 향상을 도모하고 성공적 노화를 촉진하는 노년학과 사회복지학의 한 분야라고 할 수 있다. 이러한 노인복지학은 응용학문으로서 개인적 측면에서 신체능력의 쇠퇴현상으로부터 사회적 측면에서 노인차별주의까지 매우 다양한 노인문제를 해결하기 위해 사회정책과 실천에 초점을 두고 있다. 노인문제는 사회, 신체, 심리 등의 복합적 차원에서 상호의존하면서 문제들 간의 다양성과 다원화의 차원이 존재하고 있다. 현재까지 노인문제에 대한 접근방법들은 근본적으로 복합적 성분으로 구성된 노인문제를 다루기 위해 다양한 학문분야에서 각자의 영역에 충실한 다학문적(multidisciplinary) 접근을 실시하였다. 그러나 노인복지학은 응용학문으로서 "문제지향적(problem oriented) 학문(Nydegger, 1981)"임과 동시에 "문제해결(problem-solving) 학문(Morrow-Howell et al., 2001)"이기 때문에 기존의 학문적 영역을 허물고, 다양성과 다원화를 내포하고 있는 노인문제를 해결하기 위해 범학문적(transdisciplinary) 접근이라는 새로운 도전에 직면하고 있다(김기태 외, 2009).

2. 노인복지의 개념과 원칙

1) 노인복지의 개념

노인복지는 노인을 위한 사회복지(social welfare for the aged)로서 노인이 인간다운 생활을 영위하면서 가족 및 지역사회에 적응하고 통합되도록 필요한 자원을 제공하는 공적 및 사적 차원의 조직적인 제반 활동(장인협 · 최성재, 2006)으로 정의하고 있다.

즉, 노인복지는 노인의 사회적 욕구인 소득, 건강(의료), 여가, 주거, 일자리, 신체적 수발 등을 충족시키기 위한 사회적 노력이며, 노인문제인 빈곤, 질병, 고독(소외), 역할상실, 치매, 학대, 자살 등을 예방하고 해결하기 위한 사회적 대책으로서, 노인이 인간다운 삶을 영위하는 데 필요한 서비스를 제공하는 정책적 활동과 실천적 활동을 포함하는 모든 활동이라 할 수 있다.

2) 노인복지의 원칙

노인복지를 적절히 실현하기 위한 실행 원칙으로는 1991년 UN총회에서 채택한 노인을 위한 UN원칙과 2002년 마드리드 고령화국제행동계획이 대표적이다.

노인을 위한 UN원칙(United Nations Principles for Older Persons)은 UN이 노인생활의 삶의 질을 향상시키기 위해 각 회원국에 권고한 원칙으로 국가는 노인복지사업을 추진함에 있어서 독립(independence), 참여(participation), 보호(care), 자아실현(self-fulfillment), 존엄(dignity)이라는 원칙을 반영하여야 한다는 것이다(보건복지부, 2000). 이를 세부적으로 살펴보면 다음과 같다.

(1) 독립

① 소득, 가족과 지역사회의 지원 및 자조(自助)를 통하여 적절한 식량, 물, 주거, 의복, 및 건강보호에 접근할 수 있어야 한다.

② 일을 할 수 있는 기회를 제공받거나, 다른 소득을 얻을 수 있는 기회에 접근할 수 있어야 한다.

③ 직장에서 언제 어떻게 그만둘 것인지에 대한 결정에 참여할 수 있어야 한다.

④ 적절한 교육과 훈련 프로그램에 접근할 수 있어야 한다.

⑤ 개인의 선호와 변화하는 능력에 맞추어, 안전하고 적응할 수 있는 환경에서 살 수 있어야 한다.

⑥ 가능한 한 오랫동안 가정에서 살 수 있어야 한다.

(2) 참여

① 사회에 통합되어야 하며, 노인의 복지에 직접 영향을 미치는 정책의 형성과 이행에 적극적으로 참여하고, 노인의 지식과 기술을 젊은 세대와 함께 공유하여야 한다.

② 지역사회 봉사를 위한 기회를 찾고 개발하여야 하며, 노인의 흥미와 능력에 알맞은 자원봉사자로서 봉사할 수 있어야 한다.

③ 노인을 위한 사회운동과 단체를 조직할 수 있어야 한다.

(3) 보호

① 각 사회의 문화적 가치체계에 따라 가족과 지역사회의 보살핌과 보호를 받아야 한다.

② 신체적, 정신적, 정서적 안녕의 최적 수준을 유지하거나 되찾도록 도와주고, 질병을 예방하거나 그 시작을 지연시키는 건강보호에 접근할 수 있어야 한다.

③ 노인의 자율과 보호를 고양시키는 사회적, 법률적인 서비스에 접근할 수 있어야 한다.

④ 인간적이고 안전한 환경에서 보호, 재활, 사회적·정신적 격려를 제공하는 적정 수준의 시설보호를 이용할 수 있어야 한다.

⑤ 노인이 보호시설이나 치료시설에 거주할 때도 존엄, 신념, 욕구와 사생활을 존중받으며, 자신의 건강보호와 삶의 질을 결정하는 권리의 존중을 포함하는 인간의 권리와 기본적인 자유를 향유할 수 있어야 한다.

(4) 자아실현

① 노인의 잠재력을 완전히 개발하기 위한 기회를 추구하여야 한다.

② 사회의 교육적, 문화적, 정신적 자원, 그리고 여가에 관한 자원에 접근할 수 있어야 한다.

(5) 존엄

① 존엄과 안전 속에서 살 수 있어야 하며 착취와 육체적, 정신적 학대에서 자유로워야 한다.

② 나이, 성, 인종이나 민족적인 배경, 장애나 여타 지위에 상관없이 공정하게 대우받아야 하며, 노인의 경제적인 기여와 관계없이 평가되어야 한다.

UN에서는 이러한 원칙을 재확인하고 전 세계적으로 진행되고 있는 인구고령화에 더욱 효과적으로 대처하기 위하여 2002년 4월에 스페인의 마드리드에서 제2차 세계고령화회의를 개최하고 '마드리드 고령화국제행동계획(Madrid International Plan of Action on Ageing)'을 채택하여 더욱 구체적인 과제와 세부 목표 및 행동지침을 제시하였다. 이 국제행동계획에서는 '노인과 발전, 노년기까지의 건강과 안녕 증진, 역량을 강화하고 지원하는 환경의 확보'라는 세 가지 방향을 제시하고, 그 아래 18개 분야의 과제를 선정하여 분야별 세부 목표와 행동지침을 제시하고 세계 전 국가에 이를 권고하고 있다(보건복지부, 2002. 8).

마드리드 고령화국제행동계획에 담겨 있는 다양한 내용 중에서 중심적인 주제들은 다음과 같다(보건복지부, 2002. 8).

① 모든 사람의 인권과 모든 노인들의 기본적인 자유의 완전한 실현

② 노년기의 빈곤해소 및 노인을 위한 UN원칙이 세우는 목표를 재확인하는 것을 포함하여 안전한 노후의 달성

③ 노인들의 소득활동과 봉사활동을 포함하여 사회의 경제적·정치적·사회적 활동에 완전하고 효과적으로 참여할 수 있는 능력의 부여

④ 노인들이 단일한 동질집단이 아니라는 것을 인식하면서, 노후에 지역사회에서의 평생교육과 참여와 같은 것은 물론 전 생애를 통한 개인개발, 자아실현 및 복지를 위한 기회의 제공

⑤ 개인의 경제적·사회적·문화적 권리 및 시민적·정치적 권리의 완전한 향유와 노인에 대한 모든 형태의 폭력과 차별의 철폐

⑥ 특히 성차별의 철폐를 통하여 노인의 성평등 달성

⑦ 사회개발을 위하여 가정, 세대 간 상호의존, 연대와 호혜주의의 중요성 인식

⑧ 예방적 보건의료와 재활 관련 보건의료를 포함한 노인을 위한 보건의료, 지원, 사회적 보호의 제공

⑨ 국제행동계획을 실제적인 행동으로 전환함에 있어 모든 수준의 정부, 시민사회, 민간분야 및 노인들 사이의 협력관계 추진

⑩ 특히 개발도상국에서 과학적 연구와 전문적 지식을 강화하고, 기술의 가능성을 고령화가 개인, 사회, 건강 분야에 미치는 영향에 초점을 맞추도록 하는 것

⑪ 노화과정에 있는 노인의 고유한 상황과 노인들의 특수한 환경에 대한 인식 및 노인들에게 직접 영향을 미치는 결정에 노인들이 자신들의 소리를 효과적으로 낼 수 있는 방법을 찾을 필요성에 대한 인식

이러한 노인복지의 원칙에 근거하여 노인복지에 종사하는 전문가들은 노인부양의 사회적 책임에 적절히 대응하기 위해 이전보다 전문적 직업성(professional)이 더욱 필요하다(윤현숙, 2001; 최희경, 2007). 노인복지의 전문성이란 적절한 훈련을 받고 자격을 갖춘 사회복지사들이 사회복지의 가치, 지식, 기술을 노인복지실천에 적용하여 노인의 삶의 질을 극대화하는 것이다. 그러므로 노인을 대

상으로 서비스를 전달하는 사회복지사는 지역사회에 있는 노인과 그 가족에게 서비스의 선택권, 양질의 서비스 제공, 사회적 활동의 참여, 역량강화 등에 대한 표준화된 서비스의 전달을 통해 향상된 성과(효과)를 얻을 수 있어야 한다(김기태 외, 2009).

PART 2

노화와 노화이론

CHAPTER

03 노화의 개념

노화(aging)란 "시간에 흐름에 따라 유기체의 세포, 조직, 기관이나 유기체의 전체에 일어나는 점진적인 변화"(Beaver, 1983)라고 정의할 수 있다. 백과사전에 노화의 개념을 찾아보면, "나이가 먹어감에 따라 신체적·정신적 기능이 쇠약해짐"이라고 되어 있다. 결국 노화란 인간이 태어나고 성장하고 나이 들어감에 따라 발생하는 자연스러운 변화이다. 인간발달이란 인간의 수정에서부터 죽음에 이르기까지의 전 생애에 걸쳐 신체·심리·사회적 측면에서 나타나는 질서정연하고 연속적이며 상승적 또는 퇴행적 변화과정을 의미하는데 노화(aging)는 이러한 발달 중에서 퇴행적 발달을 의미한다(이은희, 2016). 상승적 발달을 의미하는 성장(growth)이나 성숙(maturation)과는 대비되는 개념이다. 즉, 노화란 시간의 흐름에 따라 유기체로의 생물적, 심리적, 사회적 측면에서 나타나는 점진적이고 정상적인 발달과정상의 변화로서 주로 퇴행적 발달을 의미한다고 정의할 수 있다.

노인복지학은 이러한 노화과정에서 발생하는 개인적·사회적 현상과 문제를 연구대상으로 하면서, 노화과정에 있는 사람과 그 가족을 지원하는 사회적 장치와 실천방법을 연구하는 것을 목적으로 한다. 따라서 노화에 대한 관심은 이론적, 실천적으로 노인복지학의 기본 바탕이 되므로 노화에 대한 이해가 필요하다.

노화는 학자에 따라서 여러 가지 측면으로 분류되는데, 일반적으로 생물학적 측면, 심리학적 측면, 사회학적 측면으로 구분된다(Birren, 1959). 생물학적 노화는 신체의 기관과 체계의 구조 및 기능이 시간의 경과에 따라서 변화하는 것을 말한다. 심리학적 노화는 축적된 경험에 의한 행동, 감각, 지각기능, 자아에 대한 인식 등이 시간의 경과에 따라 변화하는 것을 의미한다. 사회학적 노화는 생활주기 속에서 일어나는 사회규범, 역할기대, 사회적 지위 등의 변화를 의미한다(최성재, 2002 : 45).

생물학적 노화, 심리학적 노화 및 사회학적 노화는 노화의 제반 측면이면서 상호 영향을 미치는 긴밀한 관계를 가진다. 한 개인의 생물학적 특성이 심리적·사회적 활동과 특성에 영향을 미치듯이, 노화의 각각의 측면은 상호 영향을 미치고 상호 관계를 유지한다고 볼 수 있다. 예컨대 생물학적 노화는 개인의 심리학적 노화에 깊은 영향을 미치며, 이는 더 나아가 사회학적 노화에 영향을 끼치는 것으로 보인다. 그 반대 역시 마찬가지다. 이처럼 이 세 가지 노화의 측면은 서로 유기적으로 연관되어 있다.

1. 생물학적 노화

생물학적 노화는 신체적 변화와 신체적 능력의 쇠퇴, 유기체의 기관이나 조직, 세포, 근육 등의 변화를 의미한다. 생물학적 노화는 가장 대표적인 노화의 개념으로서 인간의 생명이 시작되는 태아기부터 사망에 이르는 전 생애 동안 신체적, 생리적으로 변화가 축적되어 나타나는 과정을 의미하며 관찰이 가능하다(Hampton, 1991). 생물학적 노화의 특징을 스트렐러(Strehler)는 다음과 같이 제시하고 있다(Atchley, 2000).

첫째는 보편성이다. 생물학적 노화는 모든 사람에게 보편적으로 일어난다. 단, 그 시기나 진행속도에서는 어느 정도의 차이가 있을 수 있으나 결국은 모든 사람에게 일반적으로 일어나는 변화이다. 둘째는 내재성이다. 생물학적 노화의 주 원인은 환경적, 물리적인 외적 요인보다는 신체의 내적 요인에 의해 일어난다. 셋째는 유해성이다. 늙는다는 것은 신체적 기능이나 조직에 해로운 영향을 끼쳐 생명의 종식에 기여한다. 암의 유병률이 젊은 층에서보다 노년층에서 2~3배 정도 높게 나타나는 것이 그 예라고 할 수 있다. 넷째는 진행성이다. 노화는 출생 이후에 장기간에 걸쳐 서서히 점진적으로 일어난다. 시력, 청력, 호흡기의 기능은 20대부터 이미 노화현상이 시작된다. 생물학적 노화는 이 네 가지 특징을 가지고 변화하는 과정으로서 개인적 차이뿐만 아니라 개인의 신체기관이나 기능 간에도 차이가 있다(현외성, 2010).

로와 칸(Rowe & Kahn, 1998)은 이러한 생물적 노화의 수준을 최적의 노화(optimal aging), 통상적 노화(usual aging), 그리고 병리적 노화(pathological aging)로 구분하고 있다. 최적의 노화는 타고난 긍정적 유전발달 프로그램에 긍정적 환경요인이 작용하여 질병이나 장애상태에 이를 가능성이 매우 낮고 신체적 기능 저하도 거의 없는 최소한의 노화를 의미한다. 통상적 노화는 긍정적 또는 중성적 유전요인과 부정적 환경요인이 상호작용하여 만성질환과 기능 제한을 초래하지만 질병이나 기능 제한의 정도가 심하지 않은 상태를 유지하는 노화를 의미한다. 병리적 노화는 부정적 유전요인과 부정적 환경요인이 작용하여 심각한 수준의 만성질환과 장애를 초래하는 노화를 의미한다.

이상과 같은 생물학적 노화는 생물학적 변화만을 초래하는 데 국한하지 않고, 노년기의 심리적 기능과 사회적 기능에도 중요한 영향을 미치게 된다. 따라서 신체의 노화는 언제 어떻게 나타나며 어떠한 증상이 노화현상인지 이해하는 것이 필요하다. 생물학적 노화현상은 신체구조적인 면과 신체내부의 기능적인 면으로 구분하여 살펴볼 수 있다(최성재 · 장인협, 2010).

1) 신체구조

(1) 신체 구성성분

신체는 크게 지방(fat), 조직(tissue), 뼈(bone), 수분(fluid) 등으로 구성되어 있으며, 이 구성성분은 연령이 증가함에 따라 성분비율이 변화하는데, 지방은 크게 증가하고 조직은 줄며, 뼈는 양은 줄지 않으나 기능적으로 매우 약화되고 수분은 상당히 많이 감소한다.

(2) 골격(bone)

골격은 생활과정에서 뼛속의 칼슘이 고갈됨으로써 매우 가벼워지고 밀도도 낮아져서 골다공증에 걸리기도 쉽다. 이로 인해서 연령이 증가하면 골절상을 많이 입게 되고 관절 접합부의 활액낭의 윤활유가 감소되어 관절의 통증과 움직임의 저하현상이 나타난다. 특히 여성은 폐경기 이후의 성호르몬 분비가 감소하고 신체적인 활동이 줄어듦에 따라 남성에 비해 뼈의 손실이 더욱 증가한다. 그리고 연골조직이 얇아지거나 탄력이 약화되어 관절염을 일으키기도 한다. 또한 팔다리 및 골격 일부에 붙어 있는 수의근의 근육 용적이 감소되고 수축력이 약화되어 운동능력이 감퇴된다.

(3) 피부(skin)

피부는 연령이 증가할수록 수분과 피하지방의 감소로 인해 거칠고 건조하고 탄력성도 저하되며 주름살이 생긴다. 혈액순환의 저하로 온도조절기능이 약화되어 추위와 더위에 민감해진다. 또 멜라닌 색소의 부분적 축적으로 노인의 상징인 얼룩반점이 생긴다.

(4) 근육(muscle)

뼈나 장기를 보호하고 있는 근육은 수축력이 약해져서 소멸되고 대체물질로 축적이 가능한 곳, 특히 장기의 벽에 체지방이 증가한다. 근육의 강도는 50세가 되면 25세 때의 약 절반 정도로 감소한다.

(5) 신장(height)

신장(키)은 연령이 증가하면서 줄게 되는데, 30~90세에 2~5cm 정도 줄어든다. 이 현상은 척추의 추간판(spinal disc)의 간격이 좁아짐으로써 나타난다.

(6) 체중(body weight)

체중은 40~50대에는 증가하지만 대체적으로 60세 이후에는 감소한다. 이는 성인병의 원인이 되기 때문에 특히 관리가 필요하다.

(7) 모발(hair)

모발은 중년기부터 색의 변화가 시작되나 유전적 소인이 크게 좌우한다. 또 연령이 증가하면 남녀 모두 모낭이 약화되어 탈모현상이 나타난다.

(8) 치아(teeth)

치아는 연령이 증가함에 따라 감소하는데 45세를 경계로 현저히 나타난다. 일반적으로 남은 치아는 60대에 14개, 70대에 11개, 80대에 6개로 알려져 있다.

(9) 장기의 무게

신체 내부의 장기는 40세부터 중량이 감소하는데, 25세 청년을 100으로 하였을 때 75세 노인의 뇌 중량은 95% 정도, 신장의 중량은 81% 정도, 간장은 67% 정도, 비장은 45% 정도로 줄어들지만, 심장은 오히려 140% 정도로 증가하는 것으로 나타나고 있다(최성재 · 장인협, 2010). 이러한 주요 장기의 중량 변화와 함께 조직 변화가 동시에 일어나게 됨으로써 장기의 기능 변화가 나타나게 된다.

심장은 심장근육 주변 모세혈관이 동맥경화로 인해 심장을 비대하게 만들고, 지방분이 증가하면서, 심장의 중량을 증가시킨다. 따라서 심박출량과 심장박동능력은 감소하게 되며, 심장판막의 석회화로 인하여 세포가 사멸하게 됨으로써 노년기에는 각종 심장질환에 걸릴 가능성이 높아지게 된다. 노화에 따른 순환기계의 변화는 주로 동맥에서 관찰되는데, 동맥벽이 비대해지고 경화되고 탄력성이 줄어들게 된다. 이러한 동맥의 구조적 변화와 기능 저하로 혈액순환이 원활하지 못하여 고혈압, 동맥경화, 뇌졸중 등의 순환기계 질환을 앓게 될 가능성이 높아진다.

2) 신체기능

신체기능은 각 장기나 신체조직이 유기체의 생존을 위해서 수행하는 정해진 역할을 말하며 매우 중요하다. 대표적인 신체기능을 소개하면 다음과 같다(현외성, 2010).

(1) 소화기능

소화기관은 구강에서부터 항문까지를 포함한다. 그러므로 노년기의 소화기능은 치아의 결손, 침분비의 감소, 위벽의 탄력성 저하, 위산분비의 감소, 근육의 약화, 장운동의 저하 등으로 인하여 감소되며 변비를 초래하기도 한다.

(2) 기초대사기능

기초대사율은 휴식상태에서의 산소소모량을 말하는데, 이것은 연령이 증가함에 따라 감소한다. 그러나 혈액 속의 당분분포율을 나타내는 탄수화물 대사율은 연령증가와 함께 증가한다. 따라서 노년기 이후에는 당뇨병의 발병률이 높아진다.

(3) 세포 및 장기의 기능

세포는 연령이 증가함에 따라 사멸하거나 분열이 정지되는 현상이 나타나서 그 수가 감소한다. 따라서 장기를 구성하고 있는 세포의 노화현상은 장기의 기능저하를 초래한다.

(4) 호흡기능

일반적으로 호흡기능은 20대 이후부터 감소하기 시작하는데 공기를 최대한 들이마실 수 있는 전폐용량과 들이마신 공기를 교환하여 밖으로 방출하는 폐활량은 20세 이후부터 연령증가에 따라 감소한다. 그러나 방출하지 못하고 폐에 남아있는 잔기량은 70세에 이르면 35~40% 정도가 증가한다. 그러므로 노년기의 호흡기능은 감퇴하며 호흡기 질환의 발병률이 높다.

(5) 혈액순환기능

혈액순환은 50대부터 둔화되는 현상을 보이는데, 심장에서 1회에 방출하는 혈액의 양인 심박출량이 상당히 감소하며 혈액이 전신을 순환하는 데 소요되는 시간 역시 증가한다. 혈관의 상태는 연령이 증가함에 따라 그 벽이 두꺼워지고 딱딱하게 굳어져서 순환을 방해하는 동맥경화현상이 나타난다. 동맥경화는 고혈압의 원인이 되며 동맥경화현상은 조직의 영양공급과 세포의 기능을 저하시킴으로써, 특히 뇌경색이나 심근경색증과 같은 치명적 질병을 유발한다. 이와 같은 요인으로 혈액순환과 같이 혈압도 연령이 증가하면 상승한다. 세계보건기구(WHO)에 의하면 140(수축기압)mmHg / 90(이완기압)mmHg 이상을 고혈압으로 규정하고 있으나 노인의 경우는 160mmHg / 90mmHg 이상을 고혈압으로 정의한다(윤형진 · 안규리, 1997).

(6) 수면

수면은 연령증가와 함께 감소하는 것이 일반적이나 20~55세에는 약간씩 감소하다 55세 이후에는 급격하게 감소하여 60세 이상 노인의 하루 수면시간은 5~6시간 정도이다. 수면은 건강의 중요한 지표가 되는데 노인은 수면장애를 호소하는 경우가 많다.

(7) 신장기능

신장에서 노폐물이나 독소를 여과하는 비율이 80세에는 30세의 50%로 감소함에 따라 각종 신장질환에 걸릴 가능성이 높고, 방광이나 요도기능의 저하로 야간에 소변을 보는 횟수가 증가하게 된다. 실제로 60세 이상 노인은 밤에 평균 1~2회 정도 소변을 보는 것으로 나타났다.

(8) 생식기능

노화와 함께 성기능 또는 생식기능의 저하현상이 나타나게 된다. 여성의 경우 폐경으로 인하여 월경이 중단되고 생식능력이 상실되는데, 폐경 이후의 성적 욕구 변화에 대해서는 상반된 연구결과가 제시되고 있다. 남성의 경우에도 생식기능이 저하되며, 발기능력과 음경 크기의 감소, 음경강직도의 저하, 발기 각도의 변화 등과 같은 불완전한 발기문제로 인하여 성교능력이 저하되기는 하지만 여성보다는 그 기능 저하가 덜하며, 70대 이상에서도 충분히 성적 관계를 유지할 수 있다는 연구가 많이 있다(Matthias et al., 1997).

2. 심리학적 노화

심리학적 노화는 감각기능, 정신기능, 정서기능, 성격 등의 내용을 포함하는 것으로서 연령이 증가함에 따른 이러한 인간 내면의 변화를 말한다(현외성, 2010).

1) 감각기능

감각기능은 신체의 내적·외적 변화와 상황에 대한 정보를 수집하여 뇌에 전달하는 기능을 말하며 정보수집의 수단은 시각, 청각, 미각, 후각, 촉각 등이다. 감각기능은 개인차가 많으며 감각기능별로 노화의 시기도 차이가 많다.

(1) 시각

연령이 증가하면 수정체의 조절기능이 저하되어 원시현상을 보이며 수정체에 섬유질이 증가하여 비후해짐에 따라 시력이 저하되는 백내장 현상이 나타난다. 백내장은 일반적으로 60대에 70%, 70대에 93%, 80대에는 모든 노인에게서 나타난다(김명한, 1983). 또 안압이 증가하여 녹내장으로 실명하는 경우도 많아진다. 뿐만 아니라 수정체의 색채가 노란색으로 변하는 황화현상(yellowing)이 나타나는데, 이는 노랑, 주황, 빨간색 계통의 색을 더 잘 구별하게 되는 현상이다. 또 빛의 양을 조절하는 홍채의 기능이 30% 저하되어 시야가 어두움을 호소하게 된다. 시력은 40대 이후에 약해지기 시작하여 70세 정도에는 돋보기

없이는 정상시력의 유지가 어렵다.

(2) 청각

청력의 저하는 50세 이후부터 시작되며 고음과 작은 소리에 대한 감지능력이 상당히 저하된다. 청력장애가 있는 노인과 대화할 때에는 노인과 눈을 마주보고 눈높이를 같게 하여 말하고, 가까이 앉아서 말하고, 천천히, 분명히, 입을 크게 하여 말하며, 저음과 큰소리로 말하고, 조용한 곳에서 말하며, 중요한 내용은 반복해서 말하고, 가능한 한 평소 사용 단어를 이용하여 말하면 도움이 될 수 있다(Kiyak, 1996).

(3) 미각

미각은 20대에 최고 상태에 이른 후 50세부터 서서히 저하되지만 70세 이전까지는 큰 변화는 없다. 그러다가 80세 이후부터는 맛봉우리가 감소하여 미각 구별능력이 현격히 퇴화한다. 노년기가 되면 단맛이나 짠맛에는 무뎌져서 식성이 짜거나 달게 변화되는 것을 볼 수 있다. 반면에 신맛에는 매우 민감한 반응을 보인다.

(4) 후각

후각기능의 저하는 자연적 노화현상이다(Hooyman & Kiyak, 1999). 후각의 저하는 식욕상실이나 영양실조 등의 문제를 유발할 수 있으며 더 나아가서는 가스노출이나 화재와 같은 사고의 위험이나 신체의 위생관리의 문제도 초래할 수 있다.

(5) 촉각

촉각에 대한 감각은 45세 이후부터 급격히 저하되며, 통각(痛覺)은 젊은 사람에 비해 노인이 덜 민감하지만 통각의 저하는 연령과는 크게 상관성이 없는 것으로 나타나고 있다.

2) 정신기능

정신기능은 외부자극을 인지하여 뇌에 전달하고 뇌의 지시를 근육에 전달함으로써 행동으로 표현하는 기능을 말한다. 정신기능은 감각기능이나 지각기능이 생물학적 유기체에 역동적으로 작용함으로써 나타나는 현상으로서 지능, 기억력, 학습능력, 사고능력, 문제해결능력, 창의성, 동기, 본능적 욕구 등의 다양한 요소로 구성되어 있다(최성재 · 장인협, 2010).

(1) 지능

지능은 개체가 유목적으로 행동하고 사고하며, 환경에 효율적으로 대처해 가는 종합적이고 총체적인 능력으로, 새로운 것을 학습할 수 있는 능력 또는 환경에 적응하는 능력을 의미한다. 일반적으로 이러한 지능은 18~25세 이후부터는 점진적으로 쇠퇴한다고 보고 있으나, 지능에는 여러 종류가 있으므로 특정 영역의 지능만을 근거로 지능의 약화를 주장할 수는 없다. 셰이(Schaie, 1990)의 연구에 따르면 연령이 증가함에 따라 선천적으로 가지고 태어난 수에 대한 감각, 정확성, 기억능력, 반응속도 등의 유동성 지능은 20~30대에 절정을 이루다 70세 이후부터 급격히 감퇴하는 반면, 경험을 통해 후천적으로 획득된 추론 능력, 어휘력 등의 결정성 지능은 60세까지 꾸준히 증가하는 것으로 나타나고 있다. 이러한 점을 근거로 할 때 연령과 지능이 부적 관계에 있다고 단정하기는 어렵다. 따라서 지능은 연령 이외의 변인, 즉 교육수준, 생활경험, 직업, 동년배집단효과, 지능검사 시의 신체 및 건강 상태 등의 영향을 많이 받는다고 할 수 있다. 그리고 창의성은 30대에 정점에 이른 후 점차 조금씩 감퇴되지만, 60~70세에도 20대와 동일한 수준의 창의성을 발휘할 수 있으며, 80세에도 여전히 중요한 일을 훌륭하게 수행하는 경우가 많다(Simonton, 1990).

(2) 기억력과 학습능력

기억은 외부에서 들어온 정보를 대뇌에 기록해서 저장했다가 어떠한 상황에 직면하여 의식으로 되살려 내는 정신기능을 의미한다. 이러한 기억은 ① 5~10

초 후에 회상해 내는 단기기억, ② 1시간~며칠 후에 회상해 내는 최근기억, ③ 오래전에 일어난 일에 대해 살면서 자주 회상했던 것을 회상해 내는 장기기억, ④ 오래전에 일어난 일로서 한 번도 회상해 본 적이 없는 것을 회상해 내는 최고기억으로 구분된다. 노년기에 이르게 되면 일반적으로 단기기억과 최근기억의 능력이 약화되고 보는 것보다는 듣는 것의 기억력이 뛰어나므로 노인의 학습능력 증진을 위해서는 청각을 활용한 교육방법이 효과적이다.

연습이나 경험을 통하여 정보나 기술을 습득하는 학습능력은 일반적으로 연령이 증가함에 따라 저하되는 것으로 알려져 있다. 그러므로 노인의 학습능력을 증진하기 위해서는 충분한 시간과 의미 있고 분명한 구체적인 학습과제를 제시하며, 학습결과에 대해서는 즉각적인 환류를 제공해야 한다(권중돈, 2018).

(3) 사고능력과 문제해결능력

사고능력은 학습과 지각에 의해 받아들인 정보를 구별하고 분류하여 개념화하는 과정으로, 이미 습득한 지식을 활용하여 여러 가지 과제를 해결하거나 과제 상황에 대처하는 것을 의미한다. 그리고 문제해결능력은 사고과정에서 형성된 개념을 바탕으로 논리적 추리를 하여 어떤 결정을 내리는 것을 의미한다. 이러한 사고능력과 문제해결능력은 연령이 증가함에 따라 저하되는 것이 일반적이지만 단순히 연령 증가만이 그 원인이라고 단정짓기는 어려우며 연령과 교육수준, 인생경험, 지능, 직업, 동년배집단효과 등의 요인이 복합적으로 영향을 미친다.

(4) 창의성

창의성은 개인의 독특하고 발전적인 문제해결능력이라고 할 수 있다. 창의성은 분야별로 노화현상의 시기가 다르게 나타나고 있다. 데니스(Dennis, 1966)의 연구에 의하면 인문학분야는 70대까지도 40대와 별 차이 없이 활발하였고, 과학분야는 60세 이후에 상당히 저하되었으며 예술분야는 40대 이후부터 70대까지 지속적으로 저하되었다고 하였다. 따라서 창의성은 동기나 압박감, 노력이나 보상 등과 같은 요인에 의해서 크게 영향을 받으므로 분야별 개인차가 크다고 볼 수 있다.

(5) 동기와 본능적 욕구

동기는 목적을 추구하는 행위의 추진력을 말하는데 연령의 영향보다는 확고한 목표나 구체성, 보상의 크기에 따라 좌우된다(Kuhlen, 1964). 그리고 본능적 욕구는 학습되지 않은 신체적 에너지로서 사람으로 하여금 어떤 행동을 하고 싶도록 만드는 힘이다. 기본적인 본능적 욕구인 식욕, 성욕 및 활동욕의 연령 증가에 따른 변화를 살펴보면, 노년기의 식욕감퇴는 자연적 노화현상으로 볼 수 있으나 식생활의 습관이 좌우하므로 개인차가 크다고 볼 수 있다. 성욕은 남녀를 불문하고 감소하는 것이 일반적이지만 배우자의 연령, 건강상태 및 사회심리적 요인에 의해 영향을 받는다. 활동욕은 연령 증가에 따라 다소 감소할 수는 있으나 연령보다는 신체적 · 심리적 · 사회적 · 경제적 여건의 영향을 더 크게 받는다.

3) 정서 및 성격 변화

노인은 감정이 무디어져서 무미건조해진다는 견해가 지배적이었으나 실제로 연구들은 인간의 기본적 정서 체계는 연령과 관계없이 안정적이며 오히려 노년기에는 긍정적 정서 경험이 증가한다고 한다. 그러나 연령이 증가하면서 정서 조절 기능이 발달함에 따라 정서 표현이 절제되고 세분화되며 복합되어 외부로 드러나는 정서 표현이 적어지게 된다.

노년기의 성격, 특히 방어기제의 변화와 관련하여 존스와 메러디스(Jones & Meredith, 2000), 코스타와 매크레이(Costa & McCrae, 1989)는 나이가 들수록 투사, 공격성 등의 미성숙한 방어기제는 사용 빈도가 줄어드는 반면, 승화와 같은 성숙한 방어기제는 더욱 증가하는 경향이 있다고 하였다. 그러나 노년기의 성격이 연속성과 안정성을 유지한다는 주장과 변화한다는 주장이 동시에 제기되고 있다. 일반적으로 성격은 아동기 중기에 안정되어 가고, 그 이후로는 거의 변화하지 않는 연속성과 일관성이 있다고 하였으나(Field & Millsap, 1991; Hagberg, 1991), 최근 많은 연구들이 사람의 성격이 노화에 따라 변화한다고 주장한다(Erikson, 1968; Levinson, 1978).

윤진(1997)은 노인의 성격 특성을 다음과 같이 정리하였다.

첫째, 우울증 경향이 증가한다. 노년기에 개인이 직면하는 여러 가지 개인적·가족관계적·사회적 스트레스는 노인의 우울증을 증가시킨다. 즉, 질병과 배우자의 죽음, 경제 사정의 악화와 사회와 가족들로부터의 고립, 자기통제력의 상실과 지나온 삶에 대한 회한의 감정 등은 부정적 스트레스 요인으로서 노인의 심리적 부담을 강화시키고 불면, 체중 감소, 무감각, 강박관념, 증오심 등의 구체적 노인성 우울증상을 동반한 우울증으로 진전되는 경향이 있다.

둘째, 내향성 및 수동성이 증가한다. 노화해 감에 따라 사람은 사회적 활동이 점차 감소하고 활동방향을 외부보다는 내부로 돌리는 행동양식을 갖게 된다. 신체 및 인지 능력의 감퇴와 더불어 자아상이 달라지고, 문제 해결을 위한 능동적 노력보다는 신비적 조절이나 우연, 혹은 의존적 수동성이 증가하여 무사안일하게 지내려는 경향이 강해진다.

셋째, 경직성과 조심성이 증가한다. 경직성이란 융통성과 반대되는 것으로 어떤 태도, 의견, 그리고 문제해결 장면에서 그 해결 방법이나 행동이 옳지 않거나 이득이 없음에도 불구하고 옛날과 마찬가지 방법을 고수하고 지속하려는 경향을 말한다. 이러한 경향은 노인의 학습능력과 문제해결능력을 저해하는 요인이 된다. 게다가 노인의 자신감 결여 혹은 완전과 정확성에 대한 기대감의 증가, 체면을 중시하는 경향 등은 노인으로 하여금 젊은이에 비해 조심스러운 행동 결정을 하도록 하여, 어떠한 새로운 일을 결정하고 판단하는 데 어려움을 준다.

넷째, 성역할 지각의 변화가 나타나 양성성이 강해진다. 이는 중년기 이후부터 시작되는 현상으로 남성 노인은 점점 여성적이고 수동적이 되어가며, 반대로 여성 노인들은 오히려 능동적이고 권위적이 되어간다. 이러한 특성은 남성과 여성의 내면에 존재하던 여성성과 남성성이 그 말년에 이르러 자유롭게 드러나는 것으로 보이며, 양성성이 강한 노인일수록 노년기의 적응이 좋아진다는 연구들도 많다.

다섯째, 친근한 사물에 대한 애착심이 커진다. 노인이 될수록 오랫동안 사용해 온 물건에 대한 애착심이 증가한다. 이러한 물건들은 노인으로 하여금 자신이 지나온 세상과 세월이 변했을지라도 자신의 주변은 변하지 않는다고 생각하도록 하여 정서적 안정감을 유지하는 데 도움을 준다. 즉, 노인 자신에게 친근한 물건은 이미 물체가 아니라 인격체이며, 자신의 분신이 될 수도 있기 때문이다.

여섯째, 유산을 남기려는 마음이 강해진다. 에릭슨(Erikson)은 성인들은 생산성 욕구가 강해지고 자신의 유한성을 인정하여, 자녀양육이나 생산적인 여러 활동을 통해 자신의 유한한 자취를 남기고자 하는 욕구가 강해진다고 하였다. 건강한 노인의 경우, 이들은 자신의 사후에 자신의 자취를 남기고자 하는 갈망이 있으며, 이는 자손을 낳는 일, 문학, 예술작품, 기술, 지식, 토지, 보석 등 다양한 형태로 나타난다.

일곱째, 의존성이 증가한다. 노인은 신체적 및 경제적 의존성이 강해지는데 이는 정상적 현상이다.

3. 사회학적 노화

노년사회학분야에서 노화의 사회적 측면을 논의할 때는 주로 노년기로의 전환과 함께 나타나는 개인수준에서의 사회적 상황변화로 인한 영역으로 제한하는 것이 일반적이다. 즉, 사회적 노화란 노화과정에 겪게 되는 사회적 상황변화로서 사회규범과 사회화 그리고 지위와 역할 등 사회적 관계의 제반 측면의 변화를 말한다(권중돈, 2018).

1) 연령규범과 사회화

사회화란 사회적 상호작용을 통하여 사회의 규범, 가치, 역할기대 등을 학습하고 사회생활에 필요한 사회적 기술들을 발전시키게 하는 사회적 학습과정이라 할 수 있다(Atchley, 2000). 이러한 사회화의 과정은 일생 동안 지속되는 것으로, 주변의 사회적 관계망과 관계를 맺는 과정에서 타인의 태도와 행동은 특정 개인의 행동방식에 영향을 미치고, 사회가 자신에게 기대하는 바와 제한하는 바가 무엇인지 배우며, 승인되는 행동과 승인되지 않는 행동이 무엇인지 알게 된다. 사회적으로 기대되는 행동을 하게 되면 인정을 받지만 그렇지 못할 경우에는 벌을 받는다. 따라서 노인도 사회의 연령규범[1]과 사회화에 대한 기대에 순응하여야 적응적인 삶을 영위할 수 있게 된다.

한 사회의 연령규범이 명확할수록 구성원의 사회화 과정은 더욱 쉽게 이루어질 수 있다. 노인은 사회의 연령규범을 기준으로 하여 자신이 무엇을 어떻게 할 것인지를 결정하게 된다. 그러나 급격한 변화를 경험한 우리 사회는 아직 노년기에 적합한 연령규범에 대한 합의가 이루어지지 않고 있다. 이와 같이 노년기와 관련된 명확한 연령규범의 부재로 인하여 중년기 이후에 노년기에 적합한 가치, 기술, 지식, 행동 등을 사전에 학습하고 싶어도 할 수가 없게 되며, 예비적 사회화 과정을 거치지 못한 채 노년기에 진입하게 됨으로써 노후생활에 많은 혼란과 어려움을 경험하게 된다.

2) 지위와 역할의 변화

노년기에 가장 뚜렷한 변화는 지위와 역할의 변화이다. 사회적 지위란 사회신분에 따라 개인이 차지하는 자리나 계급을 의미하며, 역할이란 지위의 동적인 표현으로서 특정한 사회적 지위에 상응하는 기대행동이라고 할 수 있다. 지위와 역할의 변화에는 상실과 취득, 중요성의 변화, 역할의 종류와 규모 및 수

---

1) 연령규범(age norms)이란 동시대인이 특정 연령대에 적합한 행동을 하도록 각 개인에게 요구하는 사회적 기대나 가치를 의미한다(Thorson, 2000).

행방법의 변화로 구분할 수 있다. 지위와 역할의 상실과 취득에 있어서 직업적인 면에서는 직업인의 역할을 상실하고 퇴직인으로서의 역할을 취득한다. 가족적인 면에서는 가장의 역할을 상실하고 배우자의 사망으로 인해 남편이나 아내의 역할이 상실되는 반면에 의존자나 조부모의 역할을 획득한다.

로소우(Rosow, 1985)는 일생을 통하여 사회적 지위와 역할의 종류와 수, 중요성이 달라진다고 하였다. 로소우는 사회적 지위와 역할을 네 가지 유형으로 구분하여 제도적 지위와 역할(institutional role), 희박한 지위와 역할(tenuous role), 비공식적 지위와 역할(informal role), 그리고 무역할의 지위와 역할(non-role)로 나누고 있다. 먼저 제도적 지위와 역할은 기업체의 과장, 가정의 생계유지자 등과 같이 지위와 역할이 분명한 경우를 말한다. 희박한 지위와 역할은 명예총장, 실직한 과장, 퇴직가장 등과 같이 지위는 있지만 역할이 없거나 있어도 아주 적은 경우를 말한다. 비공식적 지위와 역할은 비공식적 지도자, 사기꾼 등과 같이 공식적 지위는 없으나 역할은 있는 경우를 말한다. 그리고 무역할의 지위와 역할은 지위도 역할도 없는 상태로서 실제적으로는 사회적인 의미가 전혀 없다고 할 수 있다. 노년기에는 로소우가 말한 제도적 지위와 역할은 종류와 수, 중요성이 줄어드는 반면에 희박한 지위와 역할은 오히려 늘어나며, 비공식적 지위와 역할은 크게 변화가 없지만 노년기 후기에는 약간 줄어드는 것이 특징이다(권중돈, 2018).

이상에서 살펴본 바와 같이 노년기에는 직업적 지위와 역할과 같은 중요한 지위와 역할을 상실하고 사회적 가치가 낮은 지위와 역할을 획득하게 됨으로써 노인 스스로 자신의 가치를 평가절하하게 되고 그로 인하여 자아존중감, 삶의 만족도 등이 낮아지게 된다. 그러나 노년기의 역할 전환이 항상 부정적 결과를 초래하는 것은 아니다. 노년기에 이루어지는 역할 변화는 대부분 점진적으로 이루어지기 때문에 심리적으로 준비할 수 있는 시간은 충분히 가질 수 있으며, 대다수의 노인은 이러한 역할 전환에 성공적으로 적응하고 있고, 새롭게 획득한 지위와 역할에 만족하는 경우도 많다.

3) 사회적 관계망과 상호작용

노년기에는 퇴직, 배우자와 친구의 상실로 인하여 사회적 관계망이 줄어드는 것이 일반적이다. 그리고 직장 등과 같은 2차 집단과의 유대관계 및 참여 정도는 줄어들고 가족, 친구, 이웃 등과 같은 1차 집단과의 관계가 사회적 관계의 중심이 되며, 그중에서도 가족과의 관계가 핵심적 관계축이 된다(권중돈·김동배, 2004). 따라서 원만한 부부관계 유지, 성인자녀들과의 적절한 유대관계 형성 등은 노년기의 삶의 만족도를 유지하는 데 큰 영향을 미칠 것이다.

노년기에 친구관계는 가족관계 못지않게 중요하다. 노년기의 친구관계는 노후적응에 매우 중요하며, 자아의 중요한 지지기반이 된다. 노년기에는 직장동료관계 등과 같은 기존의 사회적 관계가 축소됨에 따라 친구의 수가 줄어들게 되지만 새로운 친구를 사귀기가 쉽지 않으며, 대부분 지역적으로 가까운 곳에 사는 이웃노인이 친구가 되는 경우가 많다. 따라서 노년기에 친밀한 친구관계를 유지하기 위해서는 경제적으로 안정되어 있어야 하고 건강상태가 양호해야 하며, 동일한 지역에서 오래 거주하는 것이 바람직하다. 대다수의 노인은 자신이 거주했던 집에서 살고 싶어 하며, 주거지를 변경하는 경우는 많지 않다(Atchley, 2000). 그러나 노년기에는 퇴직이나 자녀와의 동거를 위하여 새로운 지역사회로 주거환경을 바꾸는 경우가 있다. 이와 같이 노년기에 주거환경을 바꿀 경우 사회적 관계망의 위축, 지역사회에서의 상징적 지위의 상실, 새로운 이웃과의 관계 설정과정에서의 어려움 등 부정적 영향을 받는 경우도 많이 있다.

CHAPTER

04 노화이론

1. 생물학적 노화이론

노년학 연구가 생물학적 노화를 억제하고 장수의 비결을 찾기 위한 것에서 시작했을 정도로 생물학적 노화의 원인을 찾기 위한 노력은 지속적으로 이루어지고 있다. 그러나 아직 생물학적 노화에 관한 보편적 이론은 정립되지 못하고 있는데, 생물학적 노화의 원인을 설명하는 이론들을 살펴보면 다음과 같다.

1) 마모이론

기계를 장기간 사용하게 되면 마모현상에 의해 노후되는 것처럼 주요 세포와 조직이 오래되고 닳아 없어짐으로써 신체기관에 기능의 노화가 발생한다는 이론이다.

2) 유전자 결정이론

노화란 성장, 수명 등과 같이 유전인자(DNA)에 의해 정해진 계획에 따라 진행되는 현상의 일부로서, 정해진 시기에 이르게 되면 노화를 일으키는 특정 유전자가 적극적으로 작용하여 세포를 노화시키면서 노화가 진행된다는 이론이다. 유전자 공학의 발달과 더불어 노화를 일으키는 유전자를 찾아내려는 노력이 꾸준히 전개되고 있고, 유전자 결정이론에 대한 다양한 주장과 증거들이 제시되고 있지만 아직까지 정설화된 것은 없다.

3) 노폐물 축적이론

살아가는 동안 인체 내부에 해로운 물질과 노폐물이 점진적으로 축적되고, 축적된 노폐물이 정상적인 세포기능을 방해하면서 노화현상이 생긴다는 이론이다.

2. 심리학적 노화이론

심리학적 노화이론이란 사람이 연령이 증가하면서 어떤 심리적 특성을 가지며, 개인과 사회 제반 활동에 어떠한 심리적 적응을 하게 되는지에 대한 내용과 관련된 이론을 말한다. 결국 심리학적 노화이론이란 노화현상의 심리적 측면에 대한 제반 묘사, 설명 및 해석 그리고 예측을 말한다.

1) 에릭슨의 심리사회적 발달이론

에릭슨은 성격발달 단계를 8단계로 나누고 마지막 단계인 노년기(제8단계)에 발달시켜야 할 긍정적 성격 특성을 자아통합으로 정의하였다. 노년기에 긍정적 자아통합이 발달하지 못하면 절망의 태도가 형성된다는 것이다. 자아통합은 자신의 과거나 현재의 인생을 자기가 바라던 대로 살았다고 생각하면서 만족스럽게 여기고 의미 있게 생각하며 앞으로 다가올 죽음을 인정하고 기다리는 태도를 갖는 것이라고 정의하였다. 반면에 자아통합에 실패할 경우에는 절망에 빠지게 된다. 절망은 현재 남은 시간이 없고 다른 인생을 시작하기에는 늦었다는 느낌을 나타낸다. 절망은 인생을 돌이킬 수 없다는 후회 그리고 자신의 부족과 결함을 외부세계로 투사하는 것으로 흔히 표현된다(이은희, 2016). 따라서 노년기의 노인은 긍정적 자아통합이나 부정적 자아통합의 심리적 노화과정에서 삶을 영위하고 있다.

2) 해빙허스트의 발달과업이론

해빙허스트(Havighurst, 1972)는 생의 발달단계를 6단계로 구분하고 6단계에 속하는 노년기의 발달과업을 다음과 같이 설명했다.

① 쇠약해진 신체적 여건에 대한 적응
② 퇴직과 경제적 수입 감소에 대한 적응
③ 배우자의 죽음에 대한 적응
④ 동년배집단과의 유대관계 강화
⑤ 사회적 역할수행에 대한 적응
⑥ 노후생활에 적합한 물리적 환경의 조성 및 적응

3) 펙의 발달과업이론

펙(Peck, 1968)은 에릭슨이 주장한 노년기의 주요 발달과업인 자아통합 대 절망을 인정하면서 에릭슨의 심리사회적 발달단계의 7~8단계를 통합하여 7단계의 인간발달이론을 제시하였다. 펙은 중년기 이후의 발달과업을 ① 자아분화 대 직업역할몰두, ② 신체초월 대 신체몰두, ③ 자아초월 대 자아몰두의 세 가지로 보고 있다.

① 자아분화 대 직업역할몰두

자아가 잘 분화되어 있는 경우는 자아의 지지기반을 직업역할 이외에 여러 가지 역할로 나누어 두었기 때문에 퇴직으로 인하여 직업역할을 상실하여도 직업역할 이외의 다른 역할을 통하여 자아정체감을 유지할 수 있다. 그러나 자아분화가 잘 되어 있지 않은 경우에는 퇴직으로 인한 직업역할의 상실은 자아 지지기반을 상실하게 하여 자아정체감을 유지할 수 없게 된다.

② 신체초월 대 신체몰두

신체적 기능쇠퇴의 생물학적 노화현상을 극복하고 잘 적응함으로써 생활의 만족감을 얻는다는 것이다. 만약 신체적 기능쇠퇴 현상에만 몰두하여 그것을 극복하지 못하면 생활의 만족감을 얻지 못하고 따라서 심리사회적 기능도 크게 손상당한다.

③ 자아초월 대 자아몰두

현실적 자아를 초월하는 것이다. 즉, 불안이나 두려움 없이 자신의 죽음을 불가피한 것으로 인정하고 긍정적으로 받아들이며 자신을 현재적 생명을 넘어 미래에까지 연결시키는 것이다. 이러한 자아초월의 과업이 잘 해결되지 못하면 자신의 현재의 삶이 지나가는 것을 인정하지 못하고 죽음을 두려워하게 되어 불안과 초조한 태도를 가지게 된다(Bornstein, 1980, 장인협・최성재, 1994 재인용).

4) 밀러의 정체감 위기이론

밀러(Miller, 1965)에 의해 제창된 이 이론은 자아정체감의 주 원천은 직업적 역할수행이며 모든 사람은 지속적으로 직업적 역할수행을 할 때 만족한다는 가정하에 설명된 이론이다. 따라서 노년기에는 모든 노인이 직업적 역할을 지속적으로 수행할 수 없기 때문에 자아정체감의 위기상황에 처하게 됨으로써 심리적 노화를 경험한다는 것이다. 따라서 노년기에 정체감을 유지하기 위해서는 ① 다른 활동을 통하여 대체적 만족감을 추구하거나, ② 사회적 인정을 받을 수 있는 완전한 여가활동 개발 및 참여가 중요하다.

5) 애췰리의 정체감 유지이론

애췰리(Atchley, 1971)의 이론은 밀러의 정체감 위기이론과 상반되는 이론으로서, 자신의 정체감은 전적으로 한 가지 역할을 통하여 만들어지는 것이 아니라 여러 역할을 통해 이루어진다는 전제를 가지고 있다. 사람은 직업적인 일에만 몰두하지 않고 다른 여러 가지 역할이나 활동을 수행하고 있다는 것이다. 따라서 직업적 역할만이 정체감 유지를 위한 활동이 아니므로 퇴직 후에도 여러 역할을 통하여 정체감을 유지할 수 있다고 주장한다.

6) 퀴퍼스와 벵트슨의 사회적 와해이론

퀴퍼스와 벵트슨(Kuypers & Bengtson, 1973)의 사회적 와해이론은 사회적, 심리적인 면에서 문제가 있는 노인에 대하여 사회적으로 인식된 부정적 환류가 하나의 부정적 인식을 강화시키는 순환적 틀이 되어 노인이 그 틀에 갇히므로 노인의 사회적 관계와 활동이 더욱 어렵게 된다는 것이다.

이를 단계별로 살펴보면 첫째 단계에서 노인 개인은 이미 노화에 대한 부정적 고정관념이나 역할상실, 혹은 건강약화로 위기를 경험하게 된다. 둘째 단계에서는 이것이 노인 자신뿐만 아니라 가족이나 주위의 사람들이 노인들을 의존적인 존재로 부정적인 낙인을 찍게 된다. 셋째 단계에서는 이들이 가지고 있던 최소한의 능력이나 기능, 기술이 감퇴하고, 넷째 단계에서는 노인은 병들고, 불능한 사람으로 자아개념을 갖게 되면서 더욱 허약해지고 부정적 악순환의 주기가 나타나면서 사회적·심리적 불능의 결과를 가져오게 된다. 이때 이러한 과정의 고리를 끊지 않으면 악순환이 반복된다(김기태 외, 2009). 이러한 상태는 사회적 재건설 증후군(social reconstruction syndrome)으로 고쳐질 수 있다고 보며, 이때 노인 개인의 장점을 격려해 주는 사회환경적 지원을 제공해 주면서 노인들로 하여금 자신감을 갖게 해주어야 할 것을 강조한다(Gubrum, 1973, 김기태 외, 2009 재인용).

3. 사회학적 노화이론

사회학적 노화이론은 노화과정에 있는 사람이 사회적 관계를 어떻게 맺고 사회적으로 어떻게 적응하며, 활동은 어떠한가? 등에 대한 이론이다. 결국 사회학적 노화이론은 노화의 사회적 측면에 대한 이론으로서, 노인 개인의 역할과 적응, 노인계층과 사회적 관계, 노년기의 활동 등에 대한 이론적 설명으로 볼 수 있다(장인협 · 최성재, 1994).

1) 분리이론

커밍과 헨리(Cumming & Henry, 1961)에 의해 제창된 분리이론은 노인은 젊은이에 비하여 건강이 약화되고 죽음에 임할 확률이 높으므로 개인의 입장에서의 최고의 만족과 사회체계의 입장에서의 중단 없는 계속을 위하여 노인과 사회는 상호 간에 분리되기를 원하며 이러한 분리는 정상적이고 피할 수 없다는 것이다. 이러한 분리의 결정은 개인에 의해서 먼저 취해질 수도 있고, 또한 사회에 의해서 먼저 시작될 수도 있다.

2) 활동이론

해빙허스트와 그의 동료(Havighurst et al., 1972)에 의해 처음으로 주창된 활동이론은 사회적 활동의 참여 정도와 노인의 생활만족도는 상관관계가 있다는 것이다. 즉, 노인의 사회적 활동의 참여 정도가 높을수록 노인의 심리적 만족감 또는 생활만족도가 높다는 것이다. 이러한 활동이론에 의하면 활동에 많이 참여하고 친밀한 활동을 할수록 노인의 생활만족도가 높게 유지되므로 노년기에도 많은 사회적 관계의 활동에 참여하는 것이 필요하며, 특히 퇴직으로 인해 상실된 역할활동을 대치할 만한 다른 활동에의 참여가 필요함을 시사한다.

3) 현대화이론

카우길과 홈즈(Cowgill & Holmes, 1972)에 의해 제창된 이 이론은 현대화라는 사회적 변화가 노인의 지위를 하락시키고 있다는 이론이다. 따라서 현대화의 정도가 높을수록 노인의 지위는 더욱 낮아진다는 것이다. 특히 현대화의 핵심 요인인 보건기술발전, 생산기술발전, 도시화, 교육대중화가 인과적으로 영향을 미쳐 노인의 지위를 약화시키고 있다는 것이다.

4) 교환이론

호만스(Homans, 1961)에 의해 주창된 교환이론의 사상적 기원은 고전경제학, 기능주의적 인류학 및 행동주의 심리학으로 볼 수 있다. 교환이론에서는 사회적 행동을 "적어도 두 사람 사이의 활동의 교환"(Homans, 1961)으로 보고 대인관계는 "사람들 사이에 보상을 반복적으로 교환하는 것"(Homans, 1974)으로 본다. 이러한 사회적 활동 또는 대인관계가 이루어지는 기본조건은 주는 것(투자)보다도 받는 것(보상)의 가치가 크게 되는 것인데 그러한 조건이 구비되었을 때 사회적 교환행동이 계속된다는 것이다. 교환이론은 노화 및 노인에 관련된 모든 문제를 다 설득력 있게 설명할 수는 없지만 퇴직제도, 경제적 문제, 역할상실, 사회적 고립 및 소외, 친구문제 등을 설득력 있게 잘 설명할 수 있다.

5) 하위문화이론

로즈(Rose, 1965)에 의해 제창된 하위문화이론(subculture theory)은 노인 간의 빈번한 상호작용으로 인하여 노인에게 특유한 하위문화가 생겨난다는 이론이다. 같은 부류의 사람들은 다른 부류에 속해 있는 사람보다 자주 상호작용을 하게 되며, 상호작용이 빈번한 같은 부류의 사람들 사이에는 그들 나름의 특이한 문화를 형성하게 된다. 이러한 노인들끼리의 상호작용은 노인에게만 특유한 노인하위문화를 발전시키게 된다는 것이다.

CHAPTER

05 성공적 노화와 적극적 노화

바람직한 노화(ageing well)를 기술하는 개념은 많다. 성공적 노화와 적극적 노화뿐만 아니라 건강한 노화(healthy ageing), 적정 노화(optimal ageing), 생산적 노화(productive ageing)도 있다(Foster & Walker, 2014). 이런 개념들 가운데 국제사회에서 가장 많이 언급되는 것이 성공적 노화와 적극적 노화이다. 성공적 노화와 적극적 노화 개념은 1960년대 초 미국 노년학계에서 처음 나왔다. 이 두 개념은 노인과 사회가 서로 멀리하게 된다는 유리이론(the disengagement theory)에 대한 안티테제(antithesis)로 출발했다. 유리이론을 지지하는 사람들은 노인과 사회 간의 유리를 보편적이고 필연적이라고 주장했다(Cumming & Henry, 1961). 노년학 초기의 노화이론인 유리이론은 노인과 사회 간의 유리에 대한 노인의 인식을 무시했다는 비판을 받았다. 성공적 노화와 적극적 노화 개념은 노인의 사회참여 역량을 인정하고 중시함으로써 유리이론을 전면적으로 부정했다(원석조, 2018).

성공적 노화와 적극적 노화 개념은 상당히 유사하다. 무엇보다 건강을 중시한다는 점에서 그렇다. 건강상태 유지의 유용성은 명백하다. 노인이 건강하면 질병 치료비와 사회적 케어 비용을 절감할 수 있고, 고용을 더 유지할 수도 있다. 노인고용은 공적연금 재정에 기여한다. 건강하면 지역사회 활동과 정치적 활동도 더 많이 한다(Foster & Walker, 2014).

1. 성공적 노화

성공적 노화는 노년기의 신체적・정신적・사회적 안녕(well-being)을 의미한다. 성공적 노화는 노인의 기능이 높은 수준이며 사회에 기여한다는 것을 강조함으로써 과거 노인에 대한 부정적 인식, 즉 노인을 사회의 부담으로 간주해 낙인을 가했던 인식에 변화를 준 새로운 관점이다. 성공적 노화에 대한 최초의 과학적 접근은 1961년 노년학자 해빙허스트(Havighurst, 1961)의 연구이다. 그는 노인이 인생을 향유하고 만족스러운 삶을 유지하도록 돕는 것이 노년학의 실질적인 목표라고 하면서 성공적인 노화에 관한 이론을 만드는 것이 중요하다고 주장하였다.

성공적 노화에 관한 최초의 이론은 1960년대 초에 나온 생의학적 모델이다. 이 모델은 건강을 성공적 노화의 핵심으로 삼았다. 1960년대 후반에는 삶의 만족, 사회참여, 사회적 기능, 심리사회적 자원을 강조하는 심리사회적 모델이 등장했으며, 1970년대에 들어서는 성공적 노화에 생물학적 개념과 심리사회적 개념이 통합된 생물심리사회적 모델이 나왔다(Engel, 1977). 생물심리사회적 모델은 노년기 개인의 건강과 기능적 상태를 단순히 건강과 질병 두 가지 유형으로 분류할 수 없다고 하면서 노인의 건강과 기능적 상태를 여러 차원을 가진 하나의 스펙트럼으로 보았다(Coyne & Downey, 1991). 이 모델 등장 이후 성공적 노화에 생물학적 개념과 심리사회적 개념이 통합되었다.

성공적 노화를 다차원적으로 고찰한 대표적인 것이 로와 칸(Rowe & Kahn, 1987)의 다차원 모델(the multiple model)이다. 이들은 성공적인 노화를 경험하는 사람의 공통적인 특성을 정리하였는데, 장애나 질병이 없고 인지적・신체적 능력이 높은 수준에 있으며, 타인과 유의미한 방식으로 상호관계를 맺고 있다는 사실을 발견했다. 이로부터 이들은 성공적 노화의 특성을 질병과 장애로부터의 자유(freedom from disease and disability), 높은 인지적・신체적 기능(high cognitive and physical functioning), 사회적・생산적 간여(social and productive engagement) 등 세 가지 차원(요소)으로 구분했다. 다시 말해 성공적 노화는 질병으로부터 자유롭고, 장애의 고통이 없으며, 지적으로 능력이 있고, 좋은 신체적 조건을 갖추고 있으며, 타인과의 상호작용이나 사회생활에서 이런 능력을 적극적으로 활용하는 것이다(원석조, 2018).

로와 칸(Rowe & Kahn, 1998)은 맥아더 재단으로부터 연구비를 지원받아 의학, 신경학, 심리학, 사회학 등 여러 분야의 학자들과 약 7년간 노화와 관련된 연구를 수행하였다. 이 연구가 노년학에서 의미를 갖는 것은 성공적 노화를 결과가 아닌 적응하는 과정으로 이해하고 계속적인 성장발달의 한 부분으로 인식하고 있다는 점 때문이다. 즉, 이 재단에서 연구한 '성공적 노화'란 기존의 전통적 인식의 "고통스러운 쇠퇴의 과정"이라는 '속설(myth)'을 벗어나 나이가 들수록 유전적 영향보다는 사회적, 신체적 습관이 신체와 정신의 건강에 점점 더 통합적으로 영향을 미치는 것으로 보고 있다. 이는 그동안의 협소하면서 편의적인 수동적 노화에 대한 해석을 보다 폭넓고 적극적인 인식의 수준과 범위로 확대하고 있다는 점에서 의의가 크다.

성공적 노화는 개인의 선택과 행동에 좌우되는 경우가 많다. 그래서 "일반적인 노화"라고 부르는 상태, 즉 소극적이며 부정적인 의미의 쇠퇴의 과정에서 모두의 목표인 "성공적인 노화"로 누구든지 옮겨갈 수 있다고 로와 칸(Rowe & Kahn, 1998)은 주장하고 있다. 이들의 연구 성과가 의미를 갖는 또 하나의 이유는 어느 정도의 쇠퇴를 가정하고 있는 기존의 노년 연구와 달리 노년에도 정신과 신체의 건강을 유지할 수 있게 해주는 요인들을 밝혀냈다는 데 있다. 어떤 생활방식을 선택하느냐에 따라 성공적 노화가 결정될 수 있다고 보면, 그러한 선택사항에서 식습관, 운동, 정신적인 자극, 자기효능감, 대인관계 등이 중요한 요소일 수 있다는 것이다. 이와 같이 맥아더 재단의 '성공적 노화'에 대한 연구는 개인의 선택과 행동을 강조하고 있을 뿐만 아니라 노인의 활동에 대한 정의를 보다 현실적으로 구체화하여 그러한 활동에 노년인구가 계속 참여하는 것이 필요하다고 주장하고 있다(정옥분, 2008).

2. 적극적 노화

1990년대에 들어 OECD와 ILO 같은 국제조직은 적극적 노화(active ageing) 개념을 사용하기 시작했다. 당시 유럽은 인구 고령화와 근로자의 조기퇴직으로 인해 노동시장과 사회보장에서 상당한 곤란을 겪고 있었다. 유럽 각국은 부족한 노동력을 보충하기 위해 정년의 연장과 노동시장에서의 고령 노동력의 활용(유지)을 위한 전략을 모색했는데, 이를 위해서는 건강한 고령근로자의 노동력이 필요하다고 생각했고, 이를 정당화하는 근거로 적극적 노화 개념을 제시하였다.

2002년에는 WHO도 건강문제에 대한 예방적 접근을 위해 적극적 노화 개념을 수용했다. 적극적 노화 개념은 더 확장되어 노인이 자원봉사자로서 자신이 속한 지역사회에 기여하는 활동까지 포함하게 되었다. 다시 말해서 노인이 건강한 삶을 영위하는 것뿐만 아니라 공동체에 기여하는 것까지 적극적 노화 개념에 포함되었다는 것이다. 적극적 노화는 노인의 사회참여와 노인이 가진 잠재능력과 지식을 강조함으로써 노년기를 삶의 비활동기(the oldest phase of life with inactivity)와 동일시한 전통적 개념에 도전했다.

적극적 노화에 가장 많은 관심을 표명한 국제기구가 WHO이다. 2002년 WHO는 적극적 노화에 관한 정책적 틀을 담은 보고서를 발표했다. 이 보고서에서 WHO(2002)는 적극적 노화를 "노년기 삶의 질을 향상시키기 위해 건강, 참여, 안전의 기회를 최적화하는 과정"으로 정의했다. 이 정의는 비록 짧지만 함축적이어서 적극적 노화에 관한 정의 중에서 가장 많이 인용되고 있다. WHO는 또 노인이 삶의 과정을 통해 신체적·사회적·정신적 안녕의 잠재능력을 인식하고 사회에 참여하는 것이 적극적 노화이고, 적극적이라는 단어는 사회적·경제적·문화적·정신적·시민적 일(affairs)에 참여를 계속하는 것을 의미한다고 했다.

적극적 노화의 목적은 건강한 수명을 연장하고 삶의 질을 높이는 데 있다. 건강은 신체적・정신적・사회적 안녕을 의미한다(WHO의 정의). 건강한 노인이 자율성과 독립성을 유지하는 것이 적극적 노화 정책의 핵심적 목표이다. WHO의 적극적 노화 정의는 독립성과 사회참여를 강조함으로써 수동적이고 의존적인 노인이라는 고정관념에 도전하고 대안을 제시하였으며, 노화에 대한 쇠퇴와 상실 패러다임(the decline and loss paradigm)을 거부하였다. 또 노인의 사회참여를 강조함으로써 직장에서의 연령차별에 대항하고, 연령의 다양성을 인정하며, 고용과 훈련에서의 유연성을 확대하는 데 기여했다(원석조, 2018).

3. 성공적 노화와 적극적 노화에 대한 비판

성공적인 노화와 적극적인 노화는 노인이 되면 여러 가지 결함이 생겨 일자리에서도 퇴출되어 더 이상 생산적인 일을 못하게 되면서 노인의 사회적인 가치도 낮아지게 된다는 결함모델(the defict–model)에 도전하여 생긴 것이다. 즉, 성공적 노화와 적극적 노화의 개념은 노인도 사회에 참여해 활동할 수 있다고 주장한다. 노화와 질병은 별개의 과정이고, 노화가 질병과 장애를 필수적으로 동반하는 것은 아니며, 노후에도 긍정적인 결과를 만들어 낼 수 있다는 것이다. 무력한 존재인 노인을 무엇인가 할 수 있는 적극적인 존재로 바꾼 것이다.

이처럼 성공적인 노화와 적극적인 노화는 무력한 존재라고 생각했던 노인을 무엇인가 할 수 있는 적극적인 존재로 바꾼 것에 큰 기여를 하였지만 이러한 개념들에 대한 비판도 많다. 먼저 로와 칸의 성공적인 노화 모델은 노인에게 비현실적인 노화관념을 주입한다는 것이다. 이 모델에서는 질병에서 자유롭고 건강하며 활동적인 노인 모델을 제시하는데, 그러나 현실에서는 이런 노인은 많지 않다. 그리고 성공적(successful)이라는 용어 자체가 승자와 패자를 내포함으로써 건강하고 활동적이지 못한 노인을 성공하지 못한 사람으로 낙인찍는다. 따라서 이것은 노인차별일 수 있다는 것이다. 다른 한편으로는 성공적인 노화에 대한 보편적인 정의가 없다는 것도 한계이다. 성공적 노화를 측정할 수 있는 조작적 정의와 측정도구를 개발하기 위해서는 성공적 노화에 대한 합의된 정의가 있어야 하는데, 그것이 없어 연구의 진전에 제한을 받고 있는 것이다(정옥분, 2008).

성공적 노화와 마찬가지로 적극적 노화도 비판을 받았다. 가장 강한 비판은 적극적 노화를 이상화함으로써 역효과를 야기하거나 억압적일 수 있다는 것이다. 적극적 노화를 이상화한다는 것은, 노인의 근로능력을 과도하게 상정한 생산적 모델은 현실을 도외시한 이상적인 모델이라는 비판이고, 역효과를 야기하거나 억압적이라는 것은 적극적 노화를 조장하기 위해 노인의 정신적 역량을 무시하고 신체적 활동만을 강조한다는 비판이다(Holstein & Minkler, 2007; Walker & Maltby, 2012). 다시 말해 노인의 적극적인 모습에 초점을 두고 노인차별을 제거하려는 노력이 자칫하면 노인의 신체상태를 무시하고 비현실적이고 억압적인 기준을 부과하는 위험이 있으며, 이것은 노인의 정체성과 자존감에 부정적인 영향을 준다는 것이다. 적극적 노화를 주장하는 학자나 정책입안자가 중년층이나 청년층에 맞는 적극성을 노인에게 무리하게 적응하려는 것이라는 비판도 있다(Foster & Walker, 2014).

노화과정은 다양하다. 노인의 다양성은 성공적 노화나 적극적 노화를 측정하기 어렵게 만든다. 노인의 다양성을 무시하면 성공적 노화나 적극적 노화전략이 실패할 확률이 높다. 그리고 노인도 자신이 처한 조건에 맞는 노화과정을 찾는 통찰력이 있어야 할 것이다.

PART 3

노인복지정책

CHAPTER

06 노인빈곤과 소득보장정책

1. 노인과 빈곤

노인은 전통적으로 노동력을 상실한 사회적 약자집단으로 인정받았으며, 빈곤노인에 대한 사회적 구제는 노동능력이 있는 빈민에 대한 구제에 비해 사회적 논쟁의 여지가 많지 않은 문제이다. 즉, 노인의 빈곤은 연령 증가에 따른 자연스러운 결과로 인식되며, 빈곤노인에 대한 사회적 구제 역시 당연시되는 경향이 있다.

노인빈곤의 원인에 대한 노년학적 이론의 관점은 개별적 원인과 대처를 강조하는 기능주의적 관점과, 사회구조적 원인과 제도적 개혁을 강조하는 관점으로 대별할 수 있다. 기능주의적 노년학의 관점은 기본적으로 노화를 개인의 생물학적 쇠퇴의 과정으로 파악하고 있으며 노년기에 경험하는 의존, 빈곤, 상실의 문제를 생물학적 노화과정의 부산물로 파악한다(Estes, 2001). 기능주의적 노년학의 관점에서 볼 때 노인빈곤의 원인은 생물학적 노화과정으로서의 고령 그 자체이다. 즉, 인간의 경제적 상태와 사회적 지위는 시간의 경과에 따라 달라지는데, 노인이 되면 신체적 기능이 약화되어 노동력을 상실하게 되고 사회에서의 기여 및 참여, 그리고 역할이 감소하므로 이에 따라 경제상황이 악화된다고 본다(김기태 외, 2009).

한편 사회구조적 원인을 강조하는 관점에서는 산업사회에서 노인의 빈곤은 자연적 결과가 아니라 사회적으로 구성된 것으로 본다. 즉, 노인빈곤은 노인이라는 특정 인구집단이 가진 특성에서 초래된 것이 아니라 이들을 둘러싼 노동시장의 조직화와 재조직화, 노동시장에서의 변화와 연관된 사회복지제도 속에서 창출되고 그 성격이 규정된다. 노인의 경제적 의존과 빈곤이 사회문제로 대두한 것은 일정한 나이가 되면 사회적 노동에서 물러나도록 제도화한 퇴직제도 도입 이후이며(Kohli, Guillemard & Gunsteren, 1991), 강제퇴직에 의해 소득이 단절된 노인의 생활을 보장하기 위해 등장한 것이 공적연금제도이기 때문이다(Alcock, 1994; Myles, 2002). 즉, 노년기의 상실된 소득을 사회적으로 보장하는 소득보장제도는 노동시장에서 형성된 개인의 경제적 지위를 유지하는 동시에 불평등과 박탈을 완화한다는 의미를 가지고 있다. 따라서 산업자본주의 사회에서 노동기회를 상실한 후 소득보장제도에 의해 생활을 보장받지 못한다면 많은 노인들이 노후에 빈곤해지게 된다(김기태 외, 2009).

2. 노인소득보장제도

현대 산업사회에서 노인문제는 개별적 원인보다는 사회구조적 문제 때문에 야기되는 것으로, 사회적 차원의 제도적 접근을 통해 해결해야 한다. 노인의 소득상실로 인한 노후 빈곤문제를 노인소득보장제도를 통해 해결하는 것은 이러한 맥락에서이다. 그러나 노인소득보장제도는 산업사회에서의 노인 빈곤문제에 효과적으로 대처한다는 실제적 필요성 이외에도 사회의 존립과 발전이라는 측면에서 중요한 사회적 의의를 가진다.

1) 노인소득보장제도의 체계

소득보장이란 여러 가지 사회적 위험에 의하여 소득원이 상실되었을 때 상실된 소득의 일부 혹은 전부를 보상하여 주는 것이다. 이와 같은 소득보장제도들 중 노인소득보장제도는 '노령'이라는 소득상실 위험에 대비한 소득보장제도를 총칭하는 것이다.

소득보장은 <표 6-1>에서 제시한 바와 같이 직접적 소득보장제도와 간접적 소득보장제도로 구분된다. 즉, 직접적 소득보장과 간접적 소득보장은 현금급여 여부에 따라 구분되며, 직접적 소득보장 중 공적 소득보장은 <표 6-2>에 제시한 바와 같이 사회보험(social insurance), 공공부조(public assistance), 사회수당(social allowance) 등이 있고, 사적 소득보장은 퇴직금제도, 퇴직연금제도, 주택담보 노후연금제도, 개인저축 등이 있으며 이 또한 직접적 소득보장에 포함된다. 그리고 간접적 소득보장에는 경로우대제도, 고용촉진, 생업지원제도, 그리고 각종 세제감면 및 할인혜택 등이 포함된다.

직접적 소득보장으로 사회보험은 4대 연금인 국민연금, 군인연금, 사립학교교직원연금, 그리고 공무원연금으로 구성되어 있으며 노령, 장애, 유족, 질병, 산업재해, 실업 등과 같이 사회적 위험 발생 시 지급하게 된다.

이러한 공적연금제도인 사회보험(social insurance)제도는 노후의 소득보장과 빈곤예방을 위한 대표적인 노인소득보장정책이다. 즉, 공적연금은 공공부조와 함께 노후소득보장을 위한 국가 핵심 사회보장제도(social security system) 중 하나이다. 이러한 공적연금제도로서의 사회보험은 국가 또는 공익단체가 보험운영 주체가 되어 노동자가 일정 기간 이상 일을 하면서 고용주 및 국가와 공동부담 또는 고용주와의 공동부담으로 납입한 보험료에 따라 일정 연령에 도달했을 때 정기적 연금으로 지급하거나 지급사유가 발생했을 때마다 지급해 주는 제도이다. 사회보험의 재정은 '국가', '피용자', '사용자' 3자의 공동부담 또는 이 중 2자의 공동부담으로 하며, 특성은 수급 시 수치감이나 낙인감이 전혀 없으며, 세대 간 및 계층 간 소득재분배 효과가 사회수당 또는 공공부조보다 훨씬 크고, 국가의 부담이 가장 적게 드는 가장 효과적 소득보장 방법이다(임병우 외, 2018).

공공부조(public assistance)는 국가에서 정한 최저한도의 생활수준의 수입(빈곤선)에 미달하는 개인 또는 가족에게 일정한 균일의 금품 또는 최저생활 수입 미달분(최저생활수준 수입기준 – 자기수입 부분)을 국고에서 보조하는 소득 보장제도이다. 즉, 우리나라의 경우 국민기초생활보장제도가 대표적 제도이며, 재원은 조세(국고)로 충당되고 수급자격은 자산조사(means test)를 통해 수급권자 가구의 소득 인정액이 가구별 중위소득 이하인 경우, 부양의무자가 없거나 부양의무자가 있어도 부양능력이 없거나 또는 받을 수 없는 경우 수급을 받을 수 있는 권리(수급권)를 갖게 된다. 공공부조는 사회보장 방법 중 가장 먼저 발달한 방법이며, 이 제도의 특성으로는 세대 간 및 소득계층 간 소득재분배 효과(사회수당 < 공공부조 < 사회보험), 사회보험에 의한 소득보장을 보충하는 제도로서 효과적이며, 비용효과성을 높일 수 있다는 장점이 있다. 공공부조의 실례를 살펴보면 한국의 공공부조, 미국의 SSI, 영국의 보충급여 등이 있다(임병우 외, 2018).

사회수당(social allowance)이란 경제적 수준과 상관없이, 국민 전체 또는 일정 부류(주로 연령 등 인구학적 특성)에 속하는 사람 전체에게 국가가 일정한 액수의 금품 또는 서비스를 제공하는 소득보장제도이다. 사회수당 재정은 완전 국고로 충당하며, 이 제도의 특성은 국민의 복지권을 보장받는 것이므로, 도움을 받는 데 대한 수치심을 느낄 필요가 없으며, 소득재분배 효과가 있으나 사회보험과 공공부조에서보다는 약한 편이다. 그리고 사회적 효과성은 높으나, 꼭 필요한 사람 이외에게도 배분된다는 점에서 비용효과성은 낮다는 것이 단점이다. 사회수당의 실례를 살펴보면 영국 및 호주의 비기여제 노령연금 등이 있다. 우리나라의 경우는 2008년 기초노령연금제도의 도입과 함께 기존의 노인교통수당은 폐지되었으며, 2022년 기준 지방자치단체에 따라 노인부양수당 제도를 도입하여 노인부양수당을 지급하는 지방자치단체가 있다.

간접적 소득보장에는 경로우대제도, 노인고용촉진 프로그램을 통한 노인고용, 매점설치 우선지원과 전매품 판매인 우선지원 등의 생업지원, 그리고 상속세와 소득세 공제를 포함하는 세제혜택 등이 포함된다(임병우 외, 2018).

〈표 6-1〉 직 · 간접 소득보장제도

직접적 소득보장제도		간접적 소득보장제도	
방 법	프로그램	방 법	프로그램
사회보험	• 공무원연금 • 군인연금 • 사립학교교직원연금 • 국민연금	경로우대	공공시설(수송시설 및 고궁 · 능원 · 박물관 · 공원 등) 등의 이용 시 무료 또는 요금할인
공공부조	• 국민기초생활보장제도 • 노인결연사업	노인고용	시니어클럽, 노인공동작업장, 노인취업지원센터, 고령자취업알선센터, 고령자고용촉진장려금
사회수당	• 기초연금 • 노인부양수당(지방자치단체별로 실시 여부)	생업지원	• 매점 및 자판기 설치 우선지원 • 전매품 판매인 우선지원
사적 보장	퇴직금, 개인연금신탁 등	세제혜택	• 상속세 공제 • 소득세 공제

〈표 6-2〉 직접적 공적 소득보장 제도

구분	사회수당	사회보험	공공부조
개념	경제적 수준과 상관없이, 국민 전체 또는 일정 부류(주로 연령 등 인구학적 특성)에 속하는 사람 전체에게 국가가 일정한 액수의 금품 또는 서비스를 제공하는 것	국가 또는 공익단체가 보험운영 주체가 되어 노동자가 일정 기간 이상 일을 하면서 고용주 및 국가와 공동부담 또는 고용주와의 공동부담으로 납입한 보험료에 따라 일정 연령에 도달했을 때 정기적 연금으로 지급하거나 지급 사유가 발생했을 때마다 지급해 주는 제도	국가에서 정한 최저한도의 생활수준의 수입(빈곤선)에 미달하는 개인 또는 가족에게 일정한 균일의 금품 또는 최저생활 수입 미달분(최저생활수준 수입 기준 - 자기수입 부분)을 국고에서 보조하는 방법
재정	완전 국고(과세) 충당	'국가', '피용자', '사용자' 3자의 공동부담 또는 이 중 2자의 공동부담	국고(과세)

특성	국민의 복지권을 보장받는 것이므로, 도움을 받는 데 대한 수치심을 느낄 필요가 없음 소득재분배 효과가 있으나 사회보험과 공공부조에서보다는 약한 편 사회적 효과성은 높으나, 꼭 필요한 사람 이외에게도 배분된다는 점에서 비용효과성은 적음	권리이기 때문에 연금의 수급에 있어 수치감이나 스티그마가 전혀 없음 소득의 일정률을 납입하는 것으로 세대 간 및 소득계층 간 소득재분배 효과가 사회수당이나 공공부조보다 훨씬 큼 국가의 입장에서 비용을 가장 적게 들이고 가장 효과적으로 소득보장을 할 수 있는 바람직한 소득보장방법	사회보장의 방법 중 가장 먼저 발달한 방법 세대 간 및 소득계층 간 소득재분배 효과(사회수당 < 공공부조 < 사회보험) 사회보험에 의한 소득보장을 보충하는 제도로서 효과적 비용효과성을 높일 수 있음
실례	영국 및 호주의 비기여제 노령연금	한국의 국민연금	한국의 공공부조, 미국의 SSI, 영국의 보충급여

2) 사회보험

(1) 국민연금

① 국민연금의 특성

국민연금은 노령으로 소득상실의 위험에 직면한 노인들에게 일정한 소득을 제공하여 안정된 노후생활을 영위할 수 있게 하는 공적연금제도이다. 국민연금은 1973년 국민연금복지법이 제정되고 1974년부터 시행할 예정이었으나 여러 가지의 이유로 시행이 연기되었으며, 1986년에 국민연금법으로 개정하고 1988년부터 시행하기 시작하였다.

국민연금은 노후소득의 불안정에 대처하기 위해 전 국민이 공동으로 부담하는 사회연대의 원리에 기초하여 강제가입을 채택한 보편주의 제도이다. 국민연금이 1988년 상시 근로자 10인 이상 사업장 근로자를 대상으로 시작하여 1995년에는 농어촌 지역주민으로, 1999년에는 도시 지역주민으로, 2003년부터는 1인 이상의 근로자를 사용하는 모든 사업장에 확대하고 2006년까지 모든 사업장이 당연적용사업장이 되었다. 이와 같이 국민연금은 사업장 근로자, 농어민, 도시 자영업자 등 모든 국민을 하나의 제도에 가입시켜 사회통합에 기여할 수 있도록 강제가입을 채택한 보편주의 제도인 것이다(이근홍, 2020).

국민연금은 소득재분배 기능을 통하여 저소득층에게 유리하도록 설계되어 있다. 즉, 국민연금의 소득대체율은 소득계층에 따라 달라지는데 저소득층이 고소득층보다 소득대체율이 높아 저소득층에게 유리하게 되어 있다(김연명, 2004). 저소득층의 경우 낮은 소득수준 때문에 고소득층보다 적은 보험료를 납부하지만 소득재분배 기능 때문에 가입기간이 긴 경우 순연금액(받게 될 연금에서 그동안 납부했던 보험료를 뺀 금액)이 고소득층보다 높아 총연금액이 일정 수준 이상 유지되는 것으로 분석되고 있다(한국개발연구원, 2005). 국민연금이 저소득층에게 유리하게 되어 있다 하더라도 고소득층의 경우에도 납부한 보험료보다 훨씬 많은 연금을 받기 때문에 불리한 것만은 아니다(이근홍, 2020).

연금재정 운영 방식으로는 적립방식(funded system), 부과방식(pay–as–you–go method), 부분 적립방식(part funded system)이 있다. 현재 우리나라의 재정운영 방식은 수정 적립방식을 채택하고 있으며, 이 방식은 사회·경제적 상황에 따라 단계적으로 보험료율을 인상하는 방식으로 현 세대의 보험료율을 주기적으로 수정한다는 부분과 기준 적립방식을 혼합한 방식이라 할 수 있다(권기창, 2011).

② 적용대상

국민연금은 공무원연금, 사립학교교직원연금 및 군인연금의 가입대상자를 제외한 18세 이상 전 국민에게 적용되며, 가입자는 사업장가입자, 지역가입자, 임의가입자 및 임의계속가입자로 구분된다.

사업장가입자는 근로자를 상시 고용하는 사업장의 18세 이상 60세 미만의 근로자와 사용자를 말한다. 이것은 1인 이상의 근로자를 사용하는 사업장 또는 주한외국기관으로서 1인 이상의 대한민국 국민인 근로자를 사용하는 사업장에 근무하는 18세 이상 60세 미만의 근로자와 사용자를 말하며, 지역가입자가 사업장에 취업하면 사업장가입자가 된다.

지역가입자는 국내에 거주하는 18세 이상 60세 미만의 국민으로서 사업장가입자가 아닌 사람을 말한다. 다만, 다른 공적연금의 수급권자, 국민기초생활보장법에 의한 수급권자, 18세 이상 27세 미만인 자로서 학생이거나 군복무 등의 이유로 소득이 없는 자는 지역가입자에서 제외된다.

임의가입자는 사업장가입자와 지역가입자가 될 수 없는 60세 미만의 사람 중 본인의 희망에 의해 가입신청을 한 자를 말한다. 즉, 다른 공적연금의 수급권자, 국민기초생활보장법에 의한 수급권자, 18세 이상 27세 미만인 자로서 학생이거나 군복무 등의 이유로 소득이 없는 자도 가입을 희망하면 임의가입자가 될 수 있다. 임의계속가입자는 국민연금 가입자 또는 가입자였던 자로서 60세에 달한 자가 가입기간이 부족하여 연금을 받지 못하거나 가입기간을 연장하여 더 많은 연금을 받고자 원할 경우 65세가 될 때까지 가입을 신청한 자를 말한다.

③ 보험료

국민연금의 보험료는 가입자의 소득을 기준으로 부과된다. 사업장가입자의 경우 근로소득에서 비과세근로소득을 제외한 소득이 기준이 되며, 지역가입자는 농업소득, 임업소득, 어업소득, 사업소득 등이 기준이 된다. 보험료율은 기준소득월액의 9%이며, 시행 초기에 3%로 시작하여 사업장가입자는 1999년부터, 지역가입자는 2005년 이후에 9%로 인상되었다.

보험료의 부과기준은 기준소득월액이며, 하한액과 상한액의 범위에서 사업장가입자는 사용자와 근로자가 각각 4.5%, 지역가입자는 가입자가 신고한 금액을 기준으로 9%를 납부하도록 되어 있다.

④ 급여

국민연금 급여의 종류에는 노령연금, 장애연금, 유족연금 및 반환일시금이 있다. 노령연금은 국민연금의 기초가 되는 급여로 국민연금 가입자가 나이가 들어 소득활동에 종사하지 못할 경우, 생활안정과 복지증진을 위하여 지급되는 급여로서 가입기간(연금보험료 납부기간)이 10년 이상이면 출생연도별 지급개시연령(표 6-3 참조) 이후부터 평생 동안 매월 지급받을 수 있다. 노령연금은 가입기간, 연령, 소득활동 유무에 따라 노령연금, 조기노령연금이 있다.

〈표 6-3〉 **노령연금 지급연령 상향조정(법률 제8541호 부칙 제8조)**

출생연도	지급개시연령		
	노령연금	조기노령연금	분할연금
1953~1956년생	61세	56세	61세
1957~1960년생	62세	57세	62세
1961~1964년생	63세	58세	63세
1965~1968년생	64세	59세	64세
1969년생 이후	65세	60세	65세

노령연금은 가입기간이 20년 이상이면서 노령연금 지급연령에 도달하게 되면 완전노령연금을, 가입기간이 10년 이상 20년 미만이면 감액노령연금을, 가입기간이 10년 이상이고 출생연도별 조기노령연금 지급개시연령 이상인 사람이 소득 있는 업무에 종사하지 않는 경우에 본인이 신청하면 노령연금 지급개시연령 전이라도 조기노령연금(법 제61조 제2항)을 지급받을 수 있다. 이 경우 가입기간 및 처음 연금을 받는 연령에 따라 일정률의 기본연금액에 부양가족연금액을 합산하여 평생 동안 지급받게 된다. 단, 출생연도별 조기노령연금 지급개시 연령 이후에 연금을 신청하여 지급받다가 노령연금 지급개시 연령 전에 소득이 있는 업무에 종사할 경우는 그 소득이 있는 기간 동안 연금지급이 정지된다. 조기노령연금수급권자가 소득이 있는 업무에 종사하게 되어 지급을 정지하는 이유는 조기노령연금은 소득이 없는 것을 전제로 일반적인 노령연금보다 일찍 지급하는 급여이기 때문이다. 연금 가입기간 중 혼인기간이 5년 이상인 노령연금 수급자의 배우자가 이혼할 경우 분할연금을 받을 수 있다.

장애연금은 가입자나 가입자였던 자가 질병이나 부상으로 신체적 또는 정신적 장애가 남았을 때 이에 따른 소득 감소 부분을 보전함으로써 본인과 가족의 안정된 생활을 보장하기 위한 급여로서 장애정도(1~4급)에 따라 기본연금액의 60~100%와 부양가족연금액이 지급된다.

유족연금은 국민연금에 일정한 가입기간이 있는 사람 또는 노령연금이나 장애등급 2급 이상의 장애연금을 받던 사람이 사망하면 그에 의하여 생계를 유지하던 유족에게 가입기간에 따라 일정률의 기본연금액에 부양가족연금액을 합한 금액을 지급하여 남아 있는 가족들이 안정된 삶을 살아갈 수 있도록 하기 위한 연금이다.

반환일시금은 가입기간이 10년 미만인 자가 국민연금 수령연령이 된 때, 혹은 가입자 또는 가입자였던 자가 사망한 때 및 국적을 상실하거나 국외로 이주한 때 본인이나 그 유족의 청구에 의하여 지급받는 연금이다.

(2) 특수직역연금

국민연금은 소득재분배 기능을 통하여 저소득층에게 유리하도록 설계되어 있는 반면에 특수직역연금은 소득재분배의 기능이 없이 가입자가 보험료를 납부한 액수에 비례하여 급여를 지급받고 있다(이근홍, 2020).

① 공무원연금

가. 적용대상

공무원연금의 적용을 받는 대상은 국가공무원법 및 지방공무원법에 의한 공무원, 공중보건의, 보건진료원, 공익법무관, 사법연수원생, 국가 또는 지방자치단체에 근무하는 청원경찰과 청원산림보호직원, 국가 또는 지방자치단체의 위원회 등의 상임위원과 전임직원으로서 매월 정액의 보수 또는 이에 준하는 급여를 받는 자이다.

그 밖에도 적용대상은 국가 또는 지방자치단체의 정규공무원 외의 직원으로서 수행업무의 계속성과 매월 정액의 보수지급 여부 등을 참작하여 인사혁신

처장이 인정하는 자이다. 공무원연금의 적용제외자는 군인연금법의 적용을 받는 군인과 선거에 의하여 취임하는 공무원인 국회의원과 지방자치단체장 등이다(이근홍, 2020).

나. 보험료

공무원연금의 보험료는 기준소득월액을 기준으로 2020년에 18%를 부과하고 있으며, 공무원이 9%, 국가가 9%를 각각 부담한다. 공무원연금 제도 도입 당시에는 보수월액의 2.3%를 각각 부담하였던 것이 1969년 3.5%, 1970년에 5.5%, 1996년 6.5%, 1999년 7.5%, 2001년 8.5%로 인상되었으며, 2010년에 기준소득월액으로 변경되어 2015년까지 7%, 2016년에 8%에서 단계적으로 인상하여 2020년부터 9%로 점차 상향조정하였다. 공무원연금은 적립방식에 의해 재정을 운영하고 있으며, 공무원연금공단에서 관리하고 있다.

다. 급여

공무원연금의 급여에는 퇴직급여(퇴직연금, 조기퇴직연금, 퇴직연금일시금, 퇴직연금공제일시금, 퇴직일시금), 유족급여(유족연금, 유족연금일시금, 유족일시금, 유족연금부가금, 유족연금특별부가금), 재해보상급여(장해급여, 유족급여, 요양급여), 퇴직수당 및 부조급여가 있다.

퇴직급여는 재직기간과 기준소득월액을 기초로 산정하며, 재직기간(최대 36년)이 늘어나거나 기준소득월액이 증가하면 퇴직급여도 증가하도록 되어 있다. 퇴직연금은 10년 이상 재직하고 연금지급 조건이 되어 퇴직한 때 또는 퇴직 후 연금지급 조건에 도달한 때부터 사망 시까지 연금을 지급하는 것이다. 조기퇴직연금은 10년 이상 재직하고 퇴직하여 연금지급 개시 연령 전에 연금을 지급받고자 할 때에 감액된 연금액으로 사망 시까지 연금을 지급하는 것이다. 퇴직연금일시금은 퇴직연금에 갈음하여 일시금으로 지급하는 것이다. 퇴직연금공제일시금은 10년 이상의 재직기간에 대하여는 퇴직연금을 지급받고, 나머지 기간에 대하여는 일시금으로 지급하는 것이다. 퇴직일시금은 10년 미만 재직하고 퇴직한 때 일시금으로 지급하는 것이다.

유족급여는 공무원 또는 공무원이었던 자(퇴직연금·조기퇴직연금 또는 장해연금 수급자 등)가 사망하였을 때 그 유족에게 지급하는 것이다. 유족연금은 10년 이상 재직한 공무원이 재직 중에 사망하거나 퇴직연금·조기퇴직연금 또는 장해연금 수급자가 사망한 때 재직 중 혼인한 배우자에게 연금의 60%를 지급하는 것이다. 유족연금일시금은 10년 이상 재직한 공무원이 재직 중에 사망한 때 유족이 원하는 경우 유족연금에 갈음하여 일시금으로 지급하는 것이다. 유족일시금은 10년 미만 재직한 공무원이 재직 중에 사망한 때 일시금으로 지급하는 것이다. 유족연금부가금은 10년 이상 재직한 공무원이 재직 중에 사망한 때 유족이 유족연금 신청 시 유족연금과는 별도로 일시금으로 추가 지급하는 것이다. 유족연금특별부가금은 퇴직연금 또는 조기퇴직연금 수급자가 퇴직 후 3년 이내에 사망한 때 유족연금과는 별도로 일시금을 지급하는 것이다.

재해보상급여는 공무원이 공무수행과 관련하여 질병·부상·장애·사망하였을 때 사용자인 국가 또는 지방자치단체가 보상적인 차원에서 지급하는 것이다. 장해급여에는 장해연금과 장해보상금이 있으며, 유족급여에는 순직유족연금과 순직유족보상금 및 위험직무순직유족연금과 위험직무순직유족보상금이 있고, 요양급여는 공무상 요양비가 지급된다.

퇴직수당은 공무원이 1년 이상 재직하고 퇴직 또는 사망한 때에는 재직기간에 따라 기준소득월액의 6.5~39%에 상당하는 금액을 퇴직급여 또는 유족급여와는 별도로 퇴직수당을 지급하는 것이다.

② 군인연금

가. 적용대상

군인연금의 적용을 받는 대상은 하사 이상 직업군인이다. 군인연금은 원칙적으로 보험료를 납부하는 군인에 대해서 적용되지만, 사망보상금과 장애보상금은 보험료를 납부하지 않는, 지원에 의하지 아니하고 임용된 부사관, 병 및 군간부후보생에게도 적용된다.

나. 보험료

군인연금의 보험료는 기준소득월액의 14%를 부과하며, 군인이 7%, 국가가 7%를 각각 부담한다. 군인연금의 급여는 보험료를 적립한 연금기금을 활용하지만 이와 관련된 부족분에 대해서는 국고에서 전액을 보조하며, 국방부의 보건복지관실에서 관리하고 있다.

다. 급여

군인연금의 급여는 퇴직급여(퇴역연금, 퇴역연금일시금, 퇴역연금공제일시금, 퇴직일시금, 상이연금), 유족급여(유족연금, 유족연금부가금, 유족연금특별부가금, 유족연금일시금, 유족일시금), 재해보상급여(사망보상금, 장애보상금, 사망조위금, 재해부조금, 공무상요양비) 및 퇴직수당으로 구분하고 있다. 군인연금의 급여는 상이연금을 제외하고는 공무원연금과 유사하다.

퇴직급여는 퇴역하는 군인에게 지급하는 것이며, 퇴역연금의 경우 19년 6개월 이상 복무한 자가 퇴직할 때 지급한다. 유족급여는 복무 중 군인이 사망하거나 퇴직급여를 수령하던 군인이 사망한 경우 그 유족에게 지급하는 것이다. 재해보상급여는 군인이 복무 중에 공무상의 이유로 질병에 걸리거나 사망한 경우 본인이나 유족에게 지급하는 것이며, 퇴직수당은 1년 이상 복무 후 퇴직한 군인에게 지급하는 것이다.

③ 사립학교교직원연금

가. 적용대상

사립학교교직원연금의 적용대상은 초등학교부터 대학교에 이르는 모든 사립학교와 사립특수학교 및 이를 설치·운영하는 학교 경영기관에 근무하는 정규 교직원이다. 또한 사립학교 가운데 유치원, 각종 학교, 기술학교, 공민학교 등의 정규 교직원과 법률에 의해 대학원을 설치·운영하는 연구기관의 교직원 등도 소속기관이 교육부장관의 지정을 받으면 그 대상이 될 수 있다. 단, 임시로 임용된 교직원, 조건부로 임용된 교직원 및 보수를 받지 않는 교직원은 제외된다.

나. 보험료

사립학교교직원연금의 보험료는 기준소득월액의 18%를 부과하며, 사립학교 교직원, 학교법인 및 국가가 공동으로 부담하고 있다. 교원의 경우 개인 9%, 법인 5.294%, 국가 3.706%를 부담하며, 직원의 경우 개인이 9%, 법인이 9%를 부담한다.

다. 급여

사립학교교직원연금의 급여에는 퇴직급여(퇴직연금, 퇴직연금일시금, 퇴직일시금, 분할연금, 조기퇴직연금, 퇴직연금공제일시금), 유족급여(유족연금, 유족연금일시금, 유족일시금, 유족연금부가금, 유족연금특별부가금, 직무상유족연금, 유족보상금), 장해급여(장해연금, 비직무상장해연금, 장해보상금, 비무상장해일시금), 퇴직수당, 요양급여, 재활급여(재활운동비, 심리상담비), 간병급여 및 부조급여(재난부조금, 사망조위금)가 있다(사립학교교직원연금공단, 2018). 급여의 종류는 공무원연금과 많은 부분 유사하다(이근홍, 2020).

3) 국민기초생활보장

국민기초생활보장은 1961년에 제정된 생활보호제도를 2000년에 전면 개정하여 시행된 것으로 저소득층의 국가책임을 더욱 강화한 공공부조의 가장 대표적인 제도이다. 이것은 국가와 지방자치단체가 생활유지 능력이 없거나 생활이 어려운 국민에게 필요한 급여를 제공하여 이들의 최저생활을 보장하고 자활을 조성하는 것을 목적으로 하고 있다.

국민기초생활보장 수급자는 생활이 어려운 저소득 가구에서 직접 급여를 신청하는 신청주의 및 사회복지전담공무원이 생활이 어렵지만 급여를 신청하지 않았거나 신청서를 작성할 수 없는 사람에 대해 본인의 동의를 얻어 직권으로 신청하는 직권주의에 의해 신청한다. 신청자를 수급자로 선정하는 기준은 부양의무자가 없거나, 부양의무자가 있어도 부양능력이 없거나 부양을 받을 수 없는 사람으로서 소득인정액이 급여종류별 선정기준 이하인 사람을 대상으로 하고 있다.

선정기준은 과거에는 최저생계비를 중심으로 하였던 것을 2015년 맞춤형 급여를 도입하면서부터 급여 종류별 선정기준과 생계급여 지급액을 정하는 기준 및 부양의무자의 부양능력을 판단하는 기준으로 기준 중위소득이 적용되고 있다. 이것은 최저생계비의 수준이 국민의 경제생활 수준에 비해 매우 비현실적으로 낮고 형식적인 부양의무자의 존재에 따른 수급자의 탈락과 저소득층의 생활고에 따른 자살사건 등 국민기초생활보장 사각지대에 대한 문제를 해결하기 위해 조정된 것이다(양옥남 외, 2016).

수급자의 선정은 기준 중위소득을 중심으로 급여종류별로 차이를 두고 있다. 생계급여는 가구의 소득인정액이 기준 중위소득의 30% 이하, 의료급여는 40% 이하, 주거급여는 46% 이하 및 교육급여는 50% 이하를 기준으로 하고 있다.

부양의무자의 기준은 부양의무자가 없는 경우, 부양의무자가 있어도 부양능력이 없는 경우, 부양의무자가 부양능력이 미약한 경우로서 수급권자에 대한 부양비 지원을 전제로 부양능력이 없는 것으로 인정하는 경우, 그리고 부양의무자가 있어도 부양을 받을 수 없는 경우로 정하고 있다. 급여종류별로 보면 생계급여와 의료급여는 부양의무자 기준을 적용하지만, 주거급여와 교육급여는 적용하지 않는다(보건복지부, 2022a).

국민기초생활보장 급여는 최저생활보장의 원칙, 보충급여의 원칙, 자립지원의 원칙, 개별성의 원칙, 가족부양 우선의 원칙, 타 급여 우선의 원칙 및 보편성의 원칙을 중심으로 지급된다(보건복지부, 2022a). 국민기초생활보장 급여에는 생계급여, 의료급여(제7장 제2절 의료급여 참조), 주거급여, 해산급여, 장제급여, 교육급여 및 자활급여가 있다.

생계급여는 가구의 소득인정액이 생계급여 선정기준 이하로서 생계급여 수급자로 결정된 수급자에게 지급하며, 수급자에게 의복, 음식물, 연료비, 기타 일상생활에 기본적으로 필요한 금전을 지급한다. 2022년 생계급여 기준은 1인

가구 583,444원, 2인 가구 978,026원, 3인 가구 1,258,410원, 4인 가구 1,536,324원, 5인 가구 1,807,355원, 6인 가구 2,072,101원, 7인 가구 2,334,178원이다. 한편 주소득원의 사망, 질병, 부상, 사고, 사업부도・파산 등으로 갑자기 생계유지가 어려운 가구에게 긴급 생계급여가 제공되며, 급여기준은 기준 중위소득의 15%에 해당하는 금액을 지급한다(보건복지부, 2022a).

주거급여는 수급자의 자유로운 주거선택권을 보장하고 주거비 부담 완화, 주거의 상향이동 및 양질의 주거수준 확보가 가능하도록 지원함을 목적으로 하는데, 2022년 주거급여 기준은 중위소득 46% 이하로 1인 가구 894,614원, 2인 가구 1,499,639원, 3인 가구 1,929,562원, 4인 가구 2,355,697원, 5인 가구 2,771,277원, 6인 가구 3,177,222원, 7인 가구 3,579,072원이다(국토교통부, 2022).

해산급여는 생계급여, 의료급여 및 주거급여 수급자가 출산한 경우 필요한 조치와 보호를 위해 1인당 700천 원을 현금으로 지급(추가 출생영아 1인당 700천 원 추가지급)한다. 장제급여는 생계급여, 의료급여 및 주거급여 수급자가 사망한 경우 사체의 검안, 운반, 화장 또는 매장 기타 장제조치를 행하는 데 필요한 금품으로 1가구당 800천 원을 지급한다(보건복지부, 2022a). 교육급여는 가구의 소득인정액이 기준 중위소득 50% 이하인 경우에 신청할 수 있으며, 교육부장관이 정하는 기준에 따라 입학금, 수업료, 교과서비용, 교육활동지원비를 지급한다(보건복지부, 2022). 자활급여는 근로능력이 있는 생계급여・의료급여 수급권자 및 비수급권자 중 근로능력이 있고 소득인정액이 기준 중위소득 50% 이하인 사람에게 근로를 조건으로 생계급여를 제공하거나, 자활근로사업, 자활기업, 취업 등을 지원하는 것이다(보건복지부, 2022a).

4) 기초연금

(1) 목적

기초연금은 일정 소득 이하인 65세 이상 노인에게 연금을 지급하여 안정적인 소득기반을 제공함으로써 노인의 생활안정을 지원하고 복지를 증진함을 목적으로 하는 제도이다. 이것은 2014년부터 지급되기 시작하였으며, 가입자가 내는 보험료가 아닌 조세로 재원을 충당하고 있다.

(2) 대상

기초연금은 65세 이상 전체 노인을 대상으로 하지 않고, 약 70%를 대상으로 한다. 기초연금의 수급자는 65세 이상 노인 중 가구의 소득인정액에 따라 소득 하위 40% 이하인 저소득수급자와 70% 이하인 일반수급자로 구분한다. 소득인정액은 소득평가액과 재산의 소득환산액을 합산한 금액을 말한다. 소득인정액의 산정에서 소득의 범위는 근로소득, 사업소득, 재산소득, 공적이전소득 및 무료임차소득이다.

기초연금은 국민연금을 받지 않고 있거나, 국민연금 월 급여액이 기초연금 기준연금액의 150% 이하이거나, 국민연금의 유족연금이나 장애연금을 받고 있거나, 국민기초생활보장 수급권자이거나, 또는 장애인연금을 받는 노인에게 지급한다. 다만, 단독가구와 부부가구 간의 생활비 차이를 감안하여 부부가 모두 기초연금을 받는 경우에는 각각에 대하여 산정된 기초연금액에서 감액될 수 있으며, 소득인정액과 기초연금 산정액을 합한 금액이 선정기준액 이상인 경우 기초연금액의 일부를 감액하여 지급한다(이근홍, 2020). 기초연금은 2022년에는 월 최대 307,500원을 지급하며, 2021년 기초연금의 수급자는 5,973천 명으로 전체 노인의 67.6%이었다(보건복지부, 2022).

우리나라의 기초연금이 공공부조제도에 속하는지 아니면 사회수당제도에 속하는지에 대해서는 보는 관점에 따라 다소 다른 견해를 보이고 있는데, 우리나라의 기초연금은 모든 노인에게 최저생활을 보장하는 보편적 수당제도인 선진외국의 기초연금과는 차이가 있지만, 전체 노인의 60%로부터 시작하여 2022년 기준 전체 노인의 70% 정도로 점차 수혜 대상을 넓혀가고 있는 성격에 비추어 볼 때 공공부조라기보다는 사회수당의 성격을 가진다고 볼 수 있다(김기태 외, 2009).

(3) 재원

재원은 국비 및 지방비 매칭 방식으로 조달되며, 국비의 경우 기초자치단체별 노인인구 비율과 재정 여건을 고려하여 40~90% 범위 내에서 차등 지원한다. 지방자치단체는 국비 부담금액을 차감(60~10%)한 액수에 대하여 '시·도의 조례'로 정한 부담비율에 따라서 시·도 및 시·군·구(자치구)가 상호 분담한다.

5) 사적보장제도

(1) 퇴직연금제도

① 개념

퇴직연금제도는 노사합의에 의해 자율적으로 가입하는 기업복지제도로서, 기업이 근로자의 노후소득 보장과 생활안정을 위해 근로자 재직기간 중 퇴직금 지급재원을 외부의 금융기관에 적립하고, 이를 사용자(기업) 또는 근로자의 지시에 따라 운용하여 근로자 퇴직 시 연금 또는 일시금으로 지급하도록 하는 준법정연금제도이다. 퇴직금 제도의 경우 기업이 도산하면 근로자는 일자리는 물론, 퇴직금 수급권마저 보호받지 못할 염려가 있었으나, 퇴직연금제도를 도입할 경우 기업이 도산해도 근로자는 금융기관으로부터 적립된 퇴직금을 안전하게 수령할 수 있다.

② 종류

- **확정급여형** : 근로자가 퇴직 시에 수령할 퇴직급여가 근무기간과 평균임금에 의해 사전적으로 확정되어 있는 제도로서, 사용자가 적립금을 직접 운용하므로 운용결과와 관계없이 근로자는 사전에 정해진 퇴직금을 지급받을 수 있으며 퇴직금 지급을 위한 적립금 운용은 회사가 책임지고 수행한다.
- **확정기여형** : 사용자가 매년 근로자 연간 임금의 1/12 이상을 부담금으로 납부하고, 근로자가 적립금의 운용방법을 결정하는 제도로서, 근로

자의 적립금 운영성과에 따라 퇴직 후의 연금 수령액이 증가 또는 감소하게 되며, 결과적으로 적립금 운용과 관련한 위험을 근로자가 부담한다.

- **개인퇴직계좌** : 근로자가 퇴직하거나 직장을 옮길 때 받은 퇴직금을 자기명의의 퇴직계좌에 적립하여 연금 등 노후자금으로 활용할 수 있게 하는 제도로서, 퇴직연금수령 개시연령에 도달하지 않더라도 그 전에 받은 퇴직일시금을 개인퇴직계좌를 통해 계속해서 적립·운용하는 것이 가능하다. 또한 상시근로자 10인 미만인 사업장에서는 근로자대표의 동의를 얻어 근로자 전원이 개인퇴직계좌를 설정한 경우에는 퇴직연금제도를 설정한 것으로 간주한다(금융감독원, 2008).

(2) 주택연금

① 개념

만 55세 이상의 대한민국 국민(주택소유자 또는 배우자)이 소유주택을 담보로 맡기고 매월 연금방식으로 노후생활 자금을 지급받는 국가 보증의 금융상품(역모기지론)이다. 이를 위하여 주택연금공사는 연금 가입자를 위해 은행에 보증서를 발급하고 은행은 공사의 보증서에 의해 가입자에게 주택연금을 지급한다. 이용자는 사망할 때까지 담보로 맡긴 자신의 집에서 거주하면서 종신 지급을 받을 수 있다.

② 대상

부부 중 1명이 만 55세 이상이고, 부부 중 1명이 대한민국 국민이며, 부부기준 공시가격 등이 9억 원 이하 주택소유자가 대상이 된다. 다주택자라도 공시가격 등의 합산가격이 9억 원 이하면 가능하다. 공시가격 등이 9억 원 초과 2주택자는 3년 이내 1주택을 팔면 가능하다. 대상주택은 아파트, 단독주택, 다세대주택 등으로 등기부 등본상 소유권 등기가 되어 있으면 가능하다(한국주택금융공사, 2022).

③ 연금지급방식

연금의 월 지급액은 이용자(배우자 포함)의 연령과 주택가격 등에 따라 결정된다. 연령이 높을수록, 주택가격이 높을수록, 금리가 낮을수록 더 많은 월지급금을 수령할 수 있다. 연금 지급기간은 주택 소유자와 배우자가 사망할 때까지다. 대출금은 이용자가 숨진 뒤 해당 주택을 경매에 부쳐 회수하게 된다. 가입자가 일찍 사망해 연금수령 기간이 줄어들 경우 공사가 주택을 팔아 대출금을 회수하고 남는 차액은 유족들에게 되돌려 준다. 또 이용자가 사망한 뒤 공사가 집을 팔아 회수한 돈이 그동안의 연금지급액보다 적다고 하더라도 상속인에게 부족분을 청구하지 않으며 집이 경매에 넘어가기 전에 상속인이 대출잔액을 중도에 상환하고 집을 물려받을 수도 있다. 그러나 주택 소유자가 사망한 뒤 배우자가 연금을 계속 받으려면 배우자에게 주택 소유권이 승계돼야 한다. 중도에 집을 팔거나 다른 곳으로 이사하는 경우에는 연금 지급이 중단된다.

(3) 개인연금

개인연금제도(personal annuity saving)는 개인 스스로 노후소득을 준비할 수 있도록 1994년 6월 20일부터 국가가 지원하는 사적 노후소득 보장제도이다. 1994년 '개인연금저축' 도입 이후 수차례 변경되었으며 현행제도는 2001년부터 '연금저축'이 도입됨에 따라 연금소득세 신설로 납입액(연간 400만 원 이하)의 100%를 소득공제하였으며, 2013년에 '연금계좌'를 도입하여 납입액의 100% 공제로 연금소득 분리과세 한도를 확대 적용하여 현재에 이르고 있다. 즉, 2013년 소득세법 개정으로 납입기간을 10년에서 5년으로 줄여 가입자에게 가입 기간에 대한 부담을 줄였다. 또한 연금소득에 대해서는 공적연금 수령액과 합산하여 과세하던 방식을 개인연금 수령액을 별도로 분리과세하도록 변경하였으며, 분리과세 한도는 1,200만 원까지로 확대하여 개인연금 가입을 통한 실질적 혜택이 가도록 제도를 개선하였다(임병우 외, 2018).

6) 노인고용정책

우리나라의 노인고용정책 및 프로그램은 노동부와 보건복지부로 이원화되어있다. 이처럼 우리나라의 노인고용정책은 단일관리 시스템이 아닌 정부 부처 간 이분화되어 있어 집중과 선택이 어려운 환경 안에서 추진되고 있다.

먼저 두 부처별로 노인을 지칭하는 용어, 즉 고용노동부의 '고령자'와 보건복지부의 '노인'의 용어의 사용으로 인한 혼란과 역연령 기준이 상이하기 때문에, 고용현황 조사부터 집계구간이 상이하여 일관성 있는 정책의 수립과 수행이 어렵다는 것이다. 즉, 고용노동부의 경우 '고령자'에 대한 정의를 만 55세 이상인 자로 규정하고 있으나, 보건복지부의 경우 '노인'을 만 65세 이상인 자로 규정하고 있어 양 부처 간의 노인에 대한 역연령 차이가 10년으로 그 차가 크다. 정부 차원에서의 노인에 대한 통일된 용어 사용과 역연령 기준을 하나로 통일함으로써 부처 간의 경쟁이 아닌 노인고용이라는 공통목표를 달성하기 위한 방향으로 제도가 개선되어야 할 것이다(임병우, 2018). 보건복지부는 노인에게 일자리를 개발해 제공하는 데 주력하고 있고, 고용노동부는 노인에게 적합한 일자리를 소개하고 필요한 경우 일자리에 필요한 기술을 교육훈련하는 데 주력하고 있다.

(1) 보건복지부 노인일자리 및 사회활동 지원사업

노인일자리 및 사회활동 지원사업은 노인이 활기차고 건강한 노후생활을 영위할 수 있도록 다양한 일자리와 사회활동을 지원하여 노인복지 향상에 기여하기 위한 것이다. 노인일자리사업은 노인사회활동지원사업으로 명칭이 변경되었다가 다시 노인일자리 및 사회활동 지원사업으로 되었다.

사업유형으로는 공공형, 사회서비스형, 시장형이 있고, 참여대상자는 공공형은 65세 이상 기초연금 수급자, 사회서비스형은 65세 이상 사업 참여 가능자인데 일부 유형은 60세 이상도 사업참여가 가능하다. 시장형은 60세 이상 사업 참여 가능자이다.

노인일자리 및 사회활동 지원사업에 참여하기 위해서는 시·군·구 또는 수행기관(모집기관)에 관련서류의 제출 및 상담을 통해야 한다. 참여자 선발은 시·군·구 또는 수행기관에서 관련 서류와 전산시스템(사회보장정보시스템, 새누리시스템)을 통한 국민기초생활수급 여부 등 자격확인 후 참여자 선발기준에 따라 고득점자 순으로 선정(공익활동은 시·군·구 최종선발)한다. 선발된 자는 사업별로 해당 협약서를 작성하거나 근로계약을 체결하고 관련 교육 실시 후 사업을 수행한다.

노인일자리 및 사회활동 지원사업의 사업내용은 <표 6-4>와 같다

〈표 6-4〉 **노인 일자리 및 사회활동 지원사업유형**

<table>
<tr><th colspan="2">유 형</th><th>정 의</th><th>예 시</th></tr>
<tr><td colspan="2">공공형</td><td>노인이 자기만족과 성취감 향상 및 지역사회 공익증진을 위해 자발적으로 참여하는 봉사활동</td><td>노노케어(취약노인 안부확인) 취약계층지원, 보육시설 봉사 등 공익 증진을 위한 프로그램</td></tr>
<tr><td colspan="2">사회
서비스형</td><td>노인의 경력과 활동역량을 활용하여 사회적 도움이 필요한 영역(지역사회 돌봄, 안전 관련 등)에 서비스를 제공</td><td>가정 및 세대 간 서비스, 취약계층 전문서비스, 공공전문 서비스(공공행정업무지원) 등</td></tr>
<tr><td colspan="2">사회
서비스형
선도모델</td><td>지역 사회가 보유한 자원과 기업 등의 외부자원을 활용하여 신규 노인일자리 아이템 개발, 창출</td><td>돌봄, 안전, 환경문제 등 지역사회가 당면한 현안을 해소하는 일자리 등</td></tr>
<tr><td rowspan="4">시
장
형</td><td>시장형
사업단</td><td>노인에게 적합한 업종 중 소규모 매장 및 전문 직종 사업단 등을 공동으로 운영하여 노인일자리 창출</td><td>식품제조 및 판매, 매장운영(실버카페), 운송(실버택배) 등</td></tr>
<tr><td>취업
알선형</td><td>일정 교육을 수료하거나 관련 업무능력 있는 자를 수요처로 연계하여 근무기간에 대한 일정 임금을 지급받을 수 있는 일자리</td><td>시험감독 보조, 경비원 시설관리자, 가사도우미 등</td></tr>
<tr><td>시니어
인턴십</td><td>노인에게 기업 인턴 연계 후 인건비 지원 계속 고용 시 기업에 인건비 추가 지원</td><td>한식조리, 매장관리원, 영화관 보조원, 자동차 검사대행원 등</td></tr>
<tr><td>고령자
친화
기업</td><td>노인의 경륜을 활용하여 경쟁력을 갖추고 양질의 노인일자리를 창출할 수 있는 기업의 설립 및 운영지원</td><td>공모심사에 따른 기업 모집</td></tr>
</table>

출처 : 보건복지부(2022). 노인지원.

(2) 고용노동부 고령자 우선고용제도

고용노동부는 노동시장에서 고령자가 상대적으로 취업이 용이하고 충분히 직업능력을 발휘할 수 있는 직종에 대해 '고령자 우선고용직종'으로 선정하여 고시하여 왔다. 더불어 이를 통해 공공부문과 민간부문이 우선고용직종에서 공석이 발생할 경우 고령자를 우선적으로 채용하도록 권고하고 있다.

이러한 우선고용직종은 특정 직종의 취업에 있어 고령자에게 채용 우선권을 부여함으로써, 노동시장에서 고령자의 상대적 취약성을 보완해 주고 직업생활을 통한 고령자의 생활안정과 사회적 참여를 증진하고자 하는 생산적 복지정책의 일환이라 할 수 있다(원석조, 2018).

고용노동부의 고령자 취업지원 업무는 구인·구직 정보수집, 직업능력개발훈련, 사업주에 대한 고용지도, 사업주의 고령자 교육·훈련 및 작업환경 개선에 대한 지원, 취업알선 기능 강화, 고령자고용정보센터 운영, 고령자인재은행의 지정 및 관리·감독, 중견전문인력 고용지원센터의 지정 등이 있다. 고령자의 고용촉진과 고용안정을 위해 사업주에게 세제혜택 및 고용지원금 지원, 우선고용직종의 선정 등의 업무를 수행하고 있다(임병우 외, 2018).

7) 경로우대 및 세제 혜택

경로우대제도는 노인복지법 제26조에 의거하여 국가 또는 지방자치단체가 만 65세 이상인 자에게 대통령령이 정하는 바에 의거하여 고궁·능원·박물관·공원 및 수송시설 등의 공공시설을 무료 또는 할인하여 주는 간접적 소득보장제도 중 하나이다. 이 제도에 동참하여 노인에게 이용요금을 무료 또는 할인하여 주는 자에 대해서는 국가 또는 지방자치단체가 적절한 지원을 할 수 있도록 명시하고 있다. 노인복지법 시행령 제19조 제1항에는 만 65세 이상의 자에 대하여 그 이용요금을 할인할 수 있는 공공시설을 '경로우대시설'이라 명시하고 있으며 그 종류와 그 할인율은 별도로 규정하고 있다(보건복지부, 2021).

세제 혜택은 노인복지법 제49조에 의거하여 노인을 위하여 사용하는 건물·

토지 등에 대하여는 조세감면규제법 등 관계법령이 정하는 바에 의하여 조세 기타 공과금을 감면할 수 있다. 시설이 아닌 개인에게 주어지는 각종 세제 혜택에는 상속세, 소득세 공제, 그리고 양도소득세 면제, 생계저축형 비과세 등으로 구분하여 혜택을 주고 있다.

CHAPTER

07 건강보장정책과 장기요양보험

노인의 건강상의 문제를 예방 또는 해결하기 위한 사회적 노력은 일반적으로 의료보장이라는 용어로 불려 왔다. 하지만 의료보장이라는 용어를 사용할 경우 노인의 질병, 부상 등에 대한 치료와 의료적 처치로 그 의미가 제한될 수 있다. 따라서 본 서에서는 노인의 질병에 대한 치료뿐만 아니라 노인의 건강증진과 관리, 요양이나 케어 서비스 등의 더욱 폭넓은 의미를 지닌 건강보장(health care)이라는 용어를 사용하는 것이 더욱 적합할 것으로 보인다.

건강보장은 국민이 질병, 부상, 분만, 사망 등의 요인으로 인한 생활상의 불안을 예방하거나, 이미 발생한 질병을 치료하여 신체 및 정신적으로 건강한 생활을 유지할 수 있도록 국가가 개입하여 보장해 주는 제도이다(이인재 외, 1999). 건강보장은 별도의 비용을 수납하지 않고 국가가 조세에 의해 재원을 조달하는 공적부조 방식과 서비스 이용자가 일정액의 보험료를 납부하고 일부 금액을 본인이 부담하는 건강보험이라고 하는 두 가지 형태가 있다.

우리나라의 노인건강보장체계는 사회보험 형식의 건강보험과 공공부조 형식의 의료급여, 노인장기요양보험 그리고 의료적 사회서비스로 구성되어 있다.

1. 건강보험

국민건강보험은 국민의 질병, 부상에 대한 예방, 진단, 치료, 재활과 출산, 사망 및 건강증진에 대하여 보험급여를 실시함으로써 국민보건을 향상시키고 사회보장을 증진함을 목적으로 하는 사회보험제도이다. 우리나라의 의료보험법은 1963년 12월 16일에 제정되었으나, 경제·사회적 여건의 미비로 연기되어 1977년 7월 1일에 500인 이상 사업장 근로자를 대상으로 직장 의료보험제도를 실시하면서부터 시작되었다. 이후 국민의료보험은 1979년 공무원, 사립학교 교직원과 300인 이상 사업장으로 확대되었고, 정부가 1988년 농어촌 지역 의료보험, 1989년 도시 지역 의료보험을 실시하면서 전 국민 의료보험 시대를 맞았다. 그러나 직장 의료보험, 공무원 및 사립학교 의료보험, 지역 의료보험의 다원화된 의료보험의 운영과 재정구조 때문에 형평성, 운영의 비효율성 등 문제가 심화되었고, 2000년에는 의약분업 이슈로 인하여 극심한 갈등이 발생하기도 하였다. 1997년 경제위기 이후 의료보험제도는 2000년 7월부터 국민건강보험제도로 전환되었고, 이를 토대로 보험운영체계와 재정운영이 통합되었다(이근홍, 2020).

1) 특 성

국민건강보험은 사회보험제도의 하나로서 다음과 같은 특성을 지니고 있다.

① **강제성** : 모든 국민이 의무적으로 가입해야 하는 사회보험제도이다.

② **형평성** : 피보험자의 자격이나 부담의 차등에 관계없이 급여는 획일적으로 적용된다.

③ **수익자부담** : 피보험자 본인이 보험료를 내고 급여를 받는다.

④ **소득재분배** : 제도의 특성상 소득재분배의 효과가 있다.

⑤ **발생주의** : 자격 취득이나 상실은 발생주의에 입각한다.

⑥ **3자 지불** : 급여제공자, 급여수령자, 비용지급자가 상이하다.

⑦ **부담의 소득·재산비례** : 소득·재산에 따른 정률제를 적용한다.

⑧ **예산의 균형성** : 단기보험의 성격을 가지고 있다.

2) 적용대상

국민건강보험의 적용대상은 국내에 거주하는 국민이며, 의료급여법에 따른 의료급여 수급권자를 제외한 모든 국민은 국민건강보험의 가입자 또는 피부양자가 된다. 가입자는 직장가입자와 지역가입자가 있다.

직장가입자는 모든 사업장의 근로자와 사용자, 공무원 및 사립학교 교직원이며, 직장가입자 및 피부양자가 아닌 그 외의 국민은 지역가입자이다. 피부양자는 직장가입자에게 주로 생계를 의존하는 사람으로서 보수나 소득이 없는 사람을 말한다. 피부양자는 직장가입자의 배우자, 직장가입자의 직계존속, 직장가입자의 직계비속과 그 배우자 및 직장가입자의 형제·자매이다.

3) 보험료

직장가입자의 보험료는 2022년 기준 보수월액의 1만분의 699이다(국민건강보험법 제73조 제1항). 직장가입자의 보험료는 사업장의 근로자와 사용자가 각각 50%씩 분담하며, 공무원은 가입자와 국가가 각각 50%씩 분담하고, 사립학교 교직원은 가입자, 학교법인, 국가가 각각 50%, 30%, 20%씩 분담한다. 국외에서 업무에 종사하고 있는 직장가입자의 보험료율은 정해진 보험료율의 100분의 50으로 한다.

지역가입자의 보험료는 세대 단위로 산정하되, 가입자의 소득·재산·자동차 등을 참작하여 정한 보험료 부과점수에 보험료 부과점수당 금액을 곱한 금액으로 한다. 지역가입자의 2022년 부과점수당 금액은 205.3원이다.

국민건강보험 가입자 또는 그 가입자가 속한 세대에서 도서벽지에 거주하는 사람, 65세 이상 노인, 등록장애인, 국가유공자, 휴직자, 생활이 어렵거나 천재지변으로 보험료를 경감할 필요가 있는 사람의 경우 보험료의 일부를 경감할 수 있다.

4) 급 여

국민건강보험의 가입자와 피부양자에게 요양급여, 선별급여, 부가급여 및 건강검진을 실시한다. 요양급여는 가입자와 피부양자의 질병, 부상, 출산 등에 대하여 요양급여를 실시하며, 진찰·검사, 약제·치료재료의 지급, 처치·수술 및 그 밖의 치료, 예방·재활, 입원, 간호, 이송 등을 실시한다. 요양급여는 비용의 일부를 본인이 부담하며, 요양급여를 실시하는 요양기관은 의료법에 따라 개설된 의료기관, 약사법에 따라 등록된 약국, 약사법에 따라 설립된 한국희귀의약품센터, 지역보건법에 따른 보건소·보건의료원 및 보건지소, 농어촌 등에 설치된 보건진료소 등이다.

선별급여는 요양급여를 결정함에 있어 경제성 또는 치료효과성 등이 불확실하여 그 검증을 위하여 추가적인 근거가 필요하거나, 경제성이 낮아도 가입자와 피부양자의 건강회복에 잠재적 이득이 있는 경우에 실시하는 예비적인 요양급여를 말한다. 부가급여는 요양급여 외에 임신·출산 진료비, 장제비, 상병수당, 그 밖의 급여를 말하며, 가입자와 피부양자에 대하여 질병의 조기발견과 그에 따른 요양급여를 하기 위하여 건강검진을 실시한다.

<표 7-1>에서 알 수 있듯이, 국민건강보험에서 65세 이상 노인의 진료비는 2021년을 기준으로 전체진료비 954,376억 원의 43.4%를 차지하고 있으며, 노인 1인당 연간 진료비도 4,974천 원에 이르고 있다. 앞으로 노인인구의 증가에 따른 의료비 부담의 지속적인 증가는 국민건강보험 재정에 상당한 압박요소로 작용하게 될 것이다.

5) 전달체계

국민건강보험의 운영주체는 국민건강보험공단이며, 그 산하에 6개 지역본부와 178개 지사를 두고 있다. 한편 국민건강보험공단과는 별도로 요양기관의 진료비를 심사하고 요양급여의 적정성을 평가하기 위해 건강보험심사평가원을 운영하고 있다.

〈표 7-1〉 65세 이상 노인의 진료비

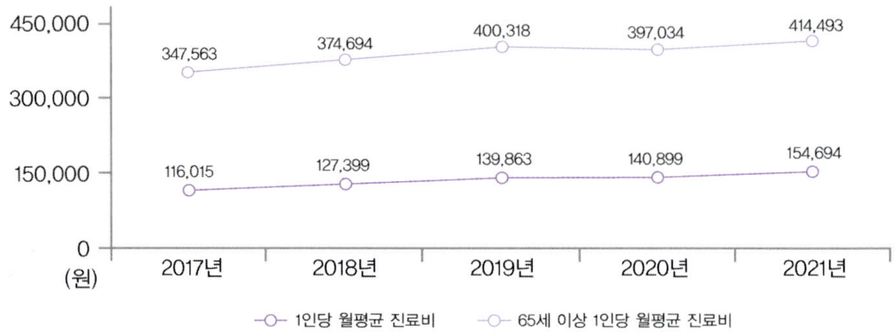

구 분	2017년	2018년	2019년	2020년	2021년
전체인구(천 명)	50,941	51,072	51,391	51,345	51,412
65세 이상 인구(천 명)	6,806	7,092	7,463	7,904	8,320
(비율, %)	(13.4)	(13.9)	(14.5)	(15.4)	(16.2)
총 진료비(억 원)	709,190	780,784	862,532	868,135	954,376
65세 이상 진료비(억 원)	283,871	318,893	358,508	376,583	413,829
(비율, %)	(40.0)	(40.8)	(41.6)	(43.4)	(43.4)
1인당 월평균 진료비(원)	116,015	127,399	139,863	140,899	154,694
65세 이상 1인당 월평균 진료비(원)	347,563	374,694	400,318	397,034	414,493

주 : 1) 수진기준, 2022년 4월 지급분까지 반영, 적용인구는 연도 말 기준
2) 1인당 월평균 진료비=(진료비/연평균 건강보험 적용인구)/12
65세 이상 1인당 월평균 진료비=(65세 이상 진료비/연도 말 건강보험 적용인구)/12
3) 반올림 계산하여 실제 값과 차이가 있을 수 있음
출처 : 국민건강보험공단(2022).

의료전달체계의 발전과 국민건강보험의 재정안정성을 도모하기 위해 의료기관이 1차 의료기관(의원, 보건소, 보건지소, 보건진료소, 보건의료원, 약국), 2차 의료기관(30병상 이상 500병상 미만의 병원, 종합병원) 및 3차 의료기관(500병상 이상의 의과대학 부속병원이나 종합병원)으로 구분되어 진료비의 차등을 두고 있다. 특히 3차 의료기관에 진료가 집중되는 것을 방지하기 위해서 3차 의료기관의 진료시 1차 또는 2차 의료기관의 진료의뢰서를 제출해야만 보험의 적용을 받을 수 있도록 하고 있다.

2. 의료급여

의료급여란 "생활유지 능력이 없거나 생활이 어려운 저소득 국민의 의료문제를 국가가 보장하는 공공부조제도"로서 건강보험과 함께 국민 의료보장의 중요한 수단이 되는 사회보장제도이다. 의료급여제도의 목적은 "생활이 어려운 자에게 의료급여를 실시함으로써 국민보건 향상과 사회복지의 증진에 이바지함을 목적으로 한다"(의료급여법 제1조). 의료급여는 1978년 저소득층을 대상으로 의료보호를 실시하면서 시작되었으며, 2001년 의료보호가 의료급여로 명칭이 변경되었다.

의료급여법(동법 제3조)에 규정된 수급자격은 1종과 2종으로 구분하며 수급권자의 자격은 <표 7-2>와 같다.

〈표 7-2〉 **의료급여 1종과 2종 수급자격**

구분	수급자격
1종	• 「국민기초생활 보장법」에 따른 수급자(근로무능력 가구, 시설수급자) • 「재해구호법」에 따른 이재민으로서 보건복지부장관이 의료급여가 필요하다고 인정한 사람 • 「의사상자 등 예우 및 지원에 관한 법률」에 따라 의료급여를 받는 사람 • 「입양특례법」에 따라 국내에 입양된 18세 미만의 아동 • 「독립유공자예우에 관한 법률」, 「국가유공자 등 예우 및 지원에 관한 법률」 및 「보훈보상대상자 지원에 관한 법률」의 적용을 받고 있는 사람과 그 가족으로서 국가보훈처장이 의료급여가 필요하다고 추천한 사람 중에서 보건복지부장관이 의료급여가 필요하다고 인정한 사람 • 「무형문화재 보전 및 진흥에 관한 법률」에 따라 지정된 국가무형문화재의 보유자(명예 보유자를 포함한다)와 그 가족으로서 문화재청장이 의료급여가 필요하다고 추천한 사람 중에서 보건복지부장관이 의료급여가 필요하다고 인정한 사람 • 「북한이탈주민의 보호 및 정착 지원에 관한 법률」의 적용을 받고 있는 사람과 그 가족으로서 보건복지부장관이 의료급여가 필요하다고 인정한 사람

1종	• 「5 · 18 민주화운동 관련자 보상 등에 관한 법률」 제8조에 따라 보상금 등을 받은 사람과 그 가족으로서 보건복지부장관이 의료급여가 필요하다고 인정한 사람 • 「노숙인 등의 복지 및 자립지원에 관한 법률」에 따른 노숙인 등으로서 보건복지부장관이 의료급여가 필요하다고 인정한 사람 • 그 밖에 생활유지 능력이 없거나 생활이 어려운 사람으로서 대통령령으로 정하는 사람
2종	• 국민기초생활보장 대상자 중 1종 수급대상이 아닌 가구(근로능력가구)

출처 : 의료급여법(2019년 4월 23일 일부개정).

3. 노인장기요양보험

노인장기요양보험제도는 고령이나 노인성 질병 등의 사유로 일상생활을 혼자서 수행하기 어려운 노인 등에게 신체활동 또는 가사활동 지원 등의 장기요양급여를 제공하여 노후의 건강증진 및 생활안정을 도모하고 그 가족의 부담을 덜어줌으로써 국민의 삶의 질을 향상하도록 함을 목적으로 시행하는 사회보험제도이다. 노인장기요양보험제도의 주요 특징은 기존 국민건강보험제도와는 독립적인 형태로 설계되어 운영되고 있지만, 제도운영의 효율성 제고를 위하여 보험자 및 관리운영기관은 국민건강보험공단으로 일원화하고 있으며, 사회보험방식을 근간으로 일부는 공적부조 방식을 가미한 형태로 설계 · 운영되고 있다(임병우, 2018).

장기요양보험의 가장 중요한 속성으로는 보호의 연속성을 들 수 있다. 보호의 연속성(continuum of care)이란 한 개인이나 질병단위에서 발병 이전부터 완전한 회복에 이르기까지 연속적이고 통합적인 보건의료 제공이 이루어져야 한다는 것이다. 노인에 대한 장기요양보험은 시설보호와 재가보호, 가족보호 등이 보호의 연속선상에서 각기 다른 위치를 차지하는 보호의 스펙트럼(spectrum of care) 속에서 바라볼 필요가 있다. 이것은 노인이 자신의 집에서 독립적으로 생활하는 시기, 집에서 거주하면서 여러 가지 지원 서비스를 받는 시기와 지역사회의 서비스기관에 낮 동안, 혹은 일정 기간 생활하는 시기, 그리고 시설에 입소하여 전문적인 돌봄 서비스를 받는 시기의 연속적인 과정 속에서 이해해야 함을 의미한다(김기태 외, 2009).

이러한 보호의 연속성 개념은 시설보호와 재가보호, 지역사회 보호의 관계가 양자택일적인 관계가 아니라는 점을 보여준다. 또한 재가보호서비스나 지역보호서비스가 시설서비스보다 적은 예산으로 제공될 수 있다는 이유로 시설서비스를 대체할 수 있는 것이 아니라는 사실을 의미한다. 예컨대 중증 치매나 임종에 가까운 노인을 돌봄에 있어 재가보호서비스나 지역사회보호서비스로 감당하기 어려운 점이 많기 때문에 전문적인 시설보호서비스가 필수적이다. 즉, 보호의 연속성 개념은 단지 장소의 문제가 아니라 노인의 기능 및 건강상태에 따른 보호의 내용 및 전문성과 관련된 개념으로 이해되어야 한다.

노인장기요양보험제도 시행이 갖는 의의는, 첫째 그간 개인 또는 가족의 영역에 맡겨져 왔던 치매, 중풍 등 노인에 대한 장기간에 걸친 간병, 장기요양 문제를 사회연대원리에 따라 국가와 사회가 분담하게 되었다는 점이다.

둘째, 노인뿐만 아니라 장기요양을 직접 담당하던 중장년층과 자녀 등 모든 세대에게 혜택을 주는 제도이다. 즉, 장기요양을 직접 담당하던 중장년층은 정신적 · 육체적 · 경제적 부담에서 벗어나 경제 · 사회활동에 전념할 수 있다. 또한 중장년층의 자녀들도 장기요양 부담이 해소된 가정에서 더 나은 교육과 보살핌을 받을 수 있도록 하기 위한 제도라는 점에서 그 의의를 찾을 수 있다(김기태 외, 2009).

1) 적용대상자 및 급여 내용

노인장기요양보험은 장기요양보험 가입자 및 그 피부양자 또는 의료급여 수급권자 중 65세 이상의 노인 또는 65세 미만인 자로서 치매, 뇌혈관성 질환 등 노인성 질병을 가지고 있으면서 혼자서 일상생활을 수행하기 어려운 자 중 장기요양인정을 받은 자에게 적용된다.

장기요양급여는 재가급여, 시설급여 및 특별현금급여로 구분된다. 재가급여에는 방문요양, 방문목욕, 방문간호, 주·야간보호, 단기보호 및 복지용구가 있다. 방문요양은 장기요양요원이 수급자의 집을 방문해서 목욕, 배설, 화장실 이용, 옷 갈아입기, 머리감기, 취사, 생필품 구매, 청소, 주변정돈 등을 제공하는 급여이다. 방문목욕은 장기요양요원이 목욕설비를 갖춘 차량을 이용하여, 수급자의 가정을 방문하여 목욕을 제공하는 급여이다. 방문간호는 장기요양요원인 간호사가 의사, 한의사 또는 치과의사의 지시에 따라 가정 등을 방문하여 간호, 진료의 보조, 요양에 관한 상담 또는 구강위생을 제공하는 급여이다. 단기보호는 수급자를 일정 기간 동안 장기요양기관에 보호하여 신체활동 지원 및 심신기능의 유지·향상을 위한 교육·훈련 등을 제공하는 급여이다. 복지용구는 수급자의 일상생활·신체활동 지원 및 인지기능의 유지·향상에 필요한 용구를 제공하거나 대여하여 수급자의 편의를 도모하고자 지원하는 급여이다.

시설급여는 노인요양시설이나 노인요양공동생활가정에 장기간 동안 입소하여 신체적 수발, 신체활동 지원, 심신기능의 유지, 향상을 위한 교육, 훈련 등을 제공받는 급여이다.

특별현금급여에는 가족요양비와 특례요양비, 요양병원 요양비가 포함된다. 가족요양비는 도서벽지 등 요양기관이 현저히 부족한 지역에 거주하는 자, 천재지변 그 밖에 이와 유사한 사유로 인하여 요양기관이 실시하는 요양급여를 이용하기가 어렵다고 인정된 자, 신체·정신 또는 성격 등의 사유로 인하여 가족 등으로부터 요양을 받아야 하는 수급자가 가족 등으로부터 가정요양에 해당하는 요양급여를 받을 때에 지급된다. 특례요양비는 요양기관으로 지정되지 않은 노인요양시설 등의 기관 또는 시설에서 재가요양급여 또는 시설요양급여에 해당하는 요양급여를 받은 경우에 요양급여비용의 일부를 지급하는 것이다. 요양병원 요양비는 노인복지법상의 노인전문병원 또는 의료법상의 요양병원에 입원한 때에 요양에 소요되는 비용의 일부를 지급하는 것으로, 이때 요양보험에서는 간병비만 지급하고, 진료 등 의료비는 건강보험에서 지급하게 된다(노인장기요양보험법 제4장 장기요양급여의 종류 참조).

2) 장기요양 인정 및 이용절차

장기요양급여를 받기 위해서는 본인 또는 대리인이 노인장기요양보험 운영센터에 장기요양 인정신청서와 의사소견서를 제출하여야 한다. 국민건강보험공단은 장기요양 인정신청서를 접수한 이후, 소속 직원(간호사, 사회복지사, 물리치료사 등)이 서비스이용자의 거주지를 직접 방문하여 「장기요양인정조사표」에 따라 신청인의 요양욕구를 5개 영역 52항목에 대해 종합적으로 조사한다. 장기요양인정 조사항목은 52개이며, 신체기능(12개), 인지기능(7개), 행동변화(14개), 간호처치(9개) 및 재활(10개) 항목으로 이루어져 있다.

등급판정은 장기요양 인정점수를 기준으로 다음과 같은 5개 등급으로 한다. 1등급은 일상생활에서 전적으로 다른 사람의 도움이 필요한 상태로서 장기요양인정 점수 95점 이상이며, 2등급은 일상생활에서 상당 부분 다른 사람의 도움이 필요한 상태로서 장기요양점수 75점 이상 95점 미만이며, 3등급은 일상생활에서 부분적으로 다른 사람의 도움이 필요한 상태로서 장기요양 인정점수 60점 이상 75점 미만이다. 4등급은 일상생활에서 일정 부분 다른 사람의 도움이 필요한 상태로서 장기요양 인정점수 51점 이상 60점 미만이며, 5등급은 치매환자로서 장기요양 인정점수 45점 이상 51점 미만이며, 인지지원등급은 치매환자로서 장기요양 인정점수 45점 미만이다.

공단은 신청조사가 완료된 후 요양등급판정위원회의 심의에 조사결과를 상정하고, 등급판정위원회는 6개월 이상의 기간 동안 일상생활을 혼자서 수행하기 어렵다고 인정되는 경우에 요양을 받을 자(수급자)로 결정하고 심신상태 및 요양이 필요한 정도에 따라 요양등급을 판정한다. 요양등급 판정은 요양등급판정위원회에서 하는데, 장기요양 등급판정위원회는 시・군・구 지역단위별로 설치하고, 15인 이내의 의료인, 사회복지사, 시・군・구 소속 공무원, 법학 또는 장기요양에 관한 학식과 경험이 풍부한 자로 구성한다. 등급판정위원회는 방문조사 결과, 의사소견서, 특기사항을 기초로 신청인의 기능상태 및 장기요양이 필요한 정도 등을 등급판정 기준에 따라 심의하고 판정한다. 장기요양인정신청이 접수된 날로부터 30일 이내에 등급판정이 이루어져야 한다.

건강보험공단은 등급판정위원회가 장기요양인정 및 등급판정의 심의를 완료한 경우 지체 없이 장기요양등급, 급여의 종류와 내용 등이 포함된 장기요양인정서를 작성하여 수급자에게 송부하여야 한다. 장기요양인정의 유효기간은 최소 1년 이상이며, 유효기간 이후 장기요양급여를 계속하여 받고자 하는 경우 유효기간이 만료되기 전 30일까지 공단에 장기요양인정의 갱신을 신청하여야한다. 장기요양등급 1~5등급을 판정받은 자는 장기요양인정서를 수신한 날부터 장기요양급여를 받을 수 있도록 보장되며, 장기요양서비스를 제공하는 기관을 선정하여 요양기관과 계약을 맺고 서비스를 제공받는다.

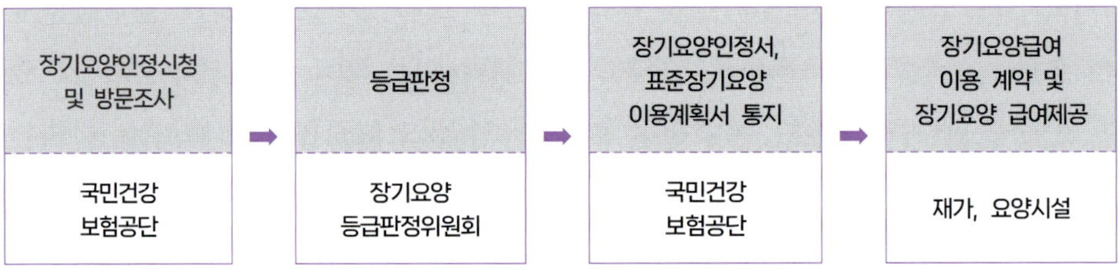

|그림 7-1| 장기요양인정 및 서비스 이용절차

출처 : 국민건강보험공단. 노인장기요양보험 홈페이지. http://www.longtermcare.co.kr

3) 장기요양보험의 재원 및 수가

노인장기요양보험의 재원은 가입자가 납부하는 장기요양보험료, 국가·지방자치단체 부담금 및 장기요양급여 이용자가 부담하는 본인 일부부담금으로 조달된다. 장기요양보험료는 건강보험료율에 10.25%를 곱하여 징수하며, 국가가 매년 예산의 범위 안에서 당해 연도 장기요양보험료 예상 수입액의 100분의 20에 상당하는 금액을 국민건강보험공단에 지원한다.

노인장기요양보험 수급자는 재가급여의 경우 당해 장기요양급여비용의 15%를 그리고 시설급여의 경우 당해 장기요양급여비용의 20%를 본인이 부담하며, 국민기초생활보장법에 따른 의료급여 수급자는 본인 일부부담금 전액이 면제된다. 한편 천재지변으로 인하여 생계가 곤란한 자는 본인 일부부담금의 60%, 저소득층은 소득과 재산에 따라 60%와 40%를 감경한다.

장기요양급여 수가는 서비스 종류와 내용, 제공되는 시간 등이 반영되고, 요양등급에 따라 월 한도액 범위 내에서 급여액이 산정된다. 2022년도 기준 재가급여 월 한도액은 1,672,700원이고, 재가급여 및 시설급여의 수가 기준액은 다음 <표 7−3>에 제시된 바와 같다.

〈표 7-3〉 장기요양급여 비용

<table>
<tr><th rowspan="3">급여
분류</th><th rowspan="3">재가급여
월 한도액</th><th colspan="3">시설급여 1일당</th></tr>
<tr><th colspan="2">노인요양시설</th><th rowspan="2">노인요양
공동생활가정</th></tr>
<tr><th>2.3명당 요양보호사
1명 이상</th><th>2.3명당 요양보호사
1명 미만</th></tr>
<tr><td>1등급</td><td>1,672,700원</td><td>78,200원</td><td>74,850원</td><td>65,750원</td></tr>
<tr><td>2등급</td><td>1,486,800원</td><td>72,550원</td><td>69,450원</td><td>61,010원</td></tr>
<tr><td>3등급</td><td>1,350,800원</td><td rowspan="3">68,510원</td><td rowspan="3">64,040원</td><td rowspan="3">56,240원</td></tr>
<tr><td>4등급</td><td>1,244,900원</td></tr>
<tr><td>5등급</td><td>1,068,500원</td></tr>
<tr><td>인지지원등급</td><td>597,600원</td><td>−</td><td>−</td><td>−</td></tr>
</table>

주 : 재가급여는 방문요양, 방문목욕, 방문간호, 주・야간보호, 단기보호 급여를 이용하는 경우에 적용함. 4등급, 5등급의 수급자가 시설급여를 이용하는 경우 3등급의 급여비용을 산정함
노인요양시설 각 호의 입소자 2.3명당 1명(요양보호사 수)이라 함은 입소자 수를 2.3으로 나누어 계산한 결과 소수점 이하는 반올림한 값을 의미. 다만, 계산한 결과가 0.5 미만인 경우에는 기본 1명을 배치하여야 함

출처 : 장기요양급여 제공기준 및 급여비용 산정방법 등에 관한 고시(국민건강보험공단, 2022); 보건복지부. 장기요양급여 제공기준 및 급여비용 산정방법 등에 관한 고시・세부사항(2022. 9. 26. 개정 2022. 10. 1.부터 시행).

4. 의료적 사회서비스

사회보험인 건강보험과 노인장기요양보험, 공적부조인 의료급여제도 이외에 노인복지법을 근거로 노인의 건강증진을 위한 사회서비스가 제공되고 있다. 그중 치매상담센터 운영 및 치매검진 등 치매치료와 관리사업, 노인실명예방사업, 노인건강진단사업을 중심으로 살펴보고자 한다.

1) 치매치료와 관리사업

지역사회 치매예방 및 관리 사업을 원활하게 수행하기 위해서 1988년부터 설치된 치매상담센터는 치매노인 등록에 따른 관리 및 이에 필요한 상담·지원 등의 서비스를 제공한다. 이는 치매관리법 제17조와 지역보건법 제9조에 근거한 사업으로 2005년부터 치매상담센터의 운영에 대한 업무는 지방이양사업으로 전환되었다. 치매상담센터의 전담인력은 보건소장이 보건소에 배치된 의사·한의사·간호사 또는 정신건강전문요원(정신건강임상심리사, 정신건강간호사, 정신건강사회복지사) 중에서 지정하되 1인 이상의 치매전문요원을 의무적으로 배치하여야 한다(치매관리법 시행규칙 제8조 제1항). 치매상담센터의 주요 사업 내용은 치매노인 등록관리(치매치료관리 등), 치매노인 및 그 보호자에 대한 상담 및 지원, 치매 예방 및 치매노인 간병요령 등에 관한 교육의 실시, 재가치매노인에 대한 방문·관리, 치매노인의 사회적 지원 안내이다.

치매검진사업은 치매의 위험이 높은 만 60세 이상 노인을 대상으로 치매조기검진을 실시하고 치매환자를 조기에 발견·관리함으로써 치매노인 및 그 가족들의 삶의 질을 향상시키고, 치매환자의 등록·관리를 통해 효과적으로 치매를 치료·관리하는 목적으로 2006년부터 시행되었다. 사업 내용은 보건소에서 1단계 치매선별검사(MMSE-DS)를 실시하고, 그중에서 인지기능저하자를 대상으로 보건소와 지정·연계한 거점병원에서 진단검사(신경인지검사, 전문의 진료 등), 감별검사(혈액검사, 뇌영상 촬영 등)를 실시한다. 대상자는 60세 이상의 모든 노인이며, 기준 중위소득 120% 이하인 자 및 보건소장인정자는 치매진단, 치매감별검사 대상자이다(보건복지부, 2022b). 또한 치매치료관리비 보험급여분 중 본인부담금(치매약제비 본인부담금+약 처방 당일의 진료비 본인부담금)의 월 3만 원(연간 36만 원) 상한 내 실비를 지원하는 치매치료관리비 지원도 이루어지고 있다(보건복지부, 2022c). 이와 함께 관할 지역에 거주하는 치매노인에 대하여 치매치료관리를 위한 사례관리를 적극적으로 수행할 수 있도록 일부 보건소에 대하여 사례관리 지원인력의 인건비를 지원하고 있다. 지원인력의 자격은 의사, 한의사, 간호사, 사회복지사 중 하나 이상의 자격증을 소지한 자이다.

2) 노인실명예방사업

안과 병·의원 접근도가 특히 낮고, 안과 전문의가 없는 읍·면·동 지역의 국민기초생활 수급자와 저소득층 노인을 대상으로 정밀 안검진을 실시하여 안질환을 조기 발견·적기 치료함으로써 노인들의 실명 예방 및 일상생활이 가능한 시력을 유지하도록 지원한다. 또한 노인의 개안술비를 지원하여 노인과 가족의 의료비 부담을 경감하고자 2003년부터 노인실명예방사업을 시행하고 있다.

3) 노인건강진단사업

시·군·구 관할구역에 거주하는 만 65세 이상 의료급여 수급권자 중 노인건강진단 희망자를 대상으로 수행하는 노인건강진단사업은 1981년 노인복지법에 근거를 마련하여 1983년부터 실시되었으며, 2005년부터는 지방이양사업으로 전환되었다. 질병의 조기 발견과 치료를 통해 노인건강수준을 향상하고자 하는 목적으로 실시하는 사업이다.

CHAPTER

08 주거보장정책

노년기의 주거환경은 삶의 질을 결정하는 주요 요인이므로, 노인을 위하여 특별히 계획된 질 높은 주거환경을 구축해야 한다. 노년기는 특히 사회활동의 기회가 줄어들고, 일상생활에 있어 대부분의 시간을 집과 주거지역 내에서 보내게 되기 때문에 주거환경의 형태와 질은 노인의 독립성, 안정성, 사생활보호, 사회적 관계 및 활동에의 참여, 노인복지서비스의 접근 등에 영향을 미치며, 나아가서는 노인생활의 전반적인 만족도를 향상시킬 수 있는 중요한 요인으로 작용하고 있다(Larson, 1978). 김진욱(2006)의 「한국노인의 생활시간에 관한 연구」에 따르면 노인이 일주일 중 집에 머무는 시간이 60세 이상의 남성의 경우 975.2분, 여성의 경우 1,077.5분으로 나타났다. 이러한 수치는 40~59세 남성집단의 경우 750.8분, 여성집단의 경우 948.6분과 비교했을 때 남녀 모두 젊은 시절보다 월등히 높은 수치로서 나이가 들수록 집에 머무는 시간이 긴 것을 알 수 있다. 이러한 연구결과는 노인들이 삶의 질을 결정하는 데 주거공간이 중요한 요인 중의 하나임을 보여준다.

이에 노인주거보장의 필요성이 더욱 강조되며, 그 근거는 다음과 같다(김기태, 2009).

첫째, 주택은 노령화 시기의 생활을 담는 공간이다. 노년기 생활의 주된 근거지가 가정이 되고 사회적 관계와 관심이 가족을 중심으로 축소되기 때문에 주택은 바로 노인들의 생활공간이 되는 것이다. 따라서 노년기에는 인생의 다른 어떤 시기보다도 주거공간이 가장 큰 의미를 지닌다.

둘째, 신체적 조건의 변화에 따른 주거환경의 조정이다. 노인은 생물학적 노화로 신체적 적응능력이 약화되므로, 신체적인 독립성을 유지하면서 안전하고 쾌적한 생활을 할 수 있도록 주택의 구조 및 환경적 조건을 조정해 주어야 한다.

셋째, 노인의 경제적 빈곤이다. 노인은 생물학적 노화와 사회학적 제한으로 인하여 노동을 할 수 없기 때문에 경제적으로 빈곤하게 되는 것이 일반적이다. 다시 말해서, 노인은 일반적으로 빈곤하기 때문에 주택을 확보하는 데 필요한 비용을 마련할 수 없다는 것이다. 그러므로 사회적 차원에서의 특별한 개입으로 노인이 저렴한 비용으로 또는 무료로 주거공간을 확보할 수 있도록 도와주어야 한다.

넷째, 주택은 안전의 욕구를 만족시켜 주는 주된 수단이 되는 것이며 주거보장은 바로 노인의 생존적 기본 욕구를 충족시켜 주는 가장 기본적인 수단이 되는 것이다.

이처럼 안전하고 안락한 주택을 갖고자 하는 욕구는 적당한 소득을 유지하고 적절한 의료적 보호를 받고자 하는 욕구와 더불어 노인의 가장 기본적인 욕구라 할 수 있다.

1. 노인주거의 기본 원칙

인간의 기본적 욕구이면서 노인의 생활에 매우 중요한 요소인 노인의 주거는 몇 가지 기본 원칙에 기초하여 제공하여야 한다(박신영, 2003).

첫째, 거주의 연속성이다. 노인이 오랫동안 생활해 왔던 지역사회와 주거공간을 벗어나 노후에 전혀 다른 주거환경으로 옮겨가는 것은 노인들에게 신체적·심리적 영향을 크게 줄 수 있다는 것이다. 따라서 가능한 한 그동안 생활해 왔던 지역사회와 주거공간에서 노후를 보낼 수 있도록 주거의 연속성을 보장해 줄 필요가 있다.

둘째, 주거의 안정성이다. 노인이 자신의 주거지에서 오랫동안 생활하기 위해서는 주거공간의 구조가 일상생활을 영위하기에 편리하고 안전한 공간이어야 한다. 만일 주거가 안전하지 못하고 위험하여 안전사고를 유발할 수 있다면 자신이 살던 주거공간을 떠나 다른 곳으로 이주하거나 시설에 입소하여 생활해야 할 것이다. 따라서 노인의 주거는 안전하고 편리한 공간이어야 한다.

셋째, 주거의 건강성이다, 노인들의 주거공간은 대개 노후화되고 협소하며 채광이나 통풍이 제대로 되지 않는 경우가 많다. 노인들은 자신의 주거공간에서 휴식을 취해야 하지만, 열악한 환경일 경우에는 노인의 건강을 악화시킬 수 있다. 따라서 노인의 주거는 건강하게 거주할 수 있는 공간이 되어야 한다.

넷째, 주거의 요양성이다. 신체적으로 허약하거나 뇌졸중이나 치매로 인하여 지역사회의 주거에서 요양을 하게 되는 노인이 점차 증가하면서 주거 내에서 요양이 가능하도록 구조와 공간을 제공해야 한다는 것이다. 즉, 방문요양과 같이 노인이 거주하는 공간에서 요양서비스를 받을 경우 이러한 서비스의 제공이 가능한 주거가 되어야 한다는 것이다.

2. 노인의 특성을 고려한 주거환경 조성

노인이 가장 많은 시간을 보내게 되는 주거환경은 노인의 삶의 질을 결정하는 중요한 요인이므로 노인이 안전하고 쾌적하게 살아갈 수 있는 조건을 갖추어야 한다. 2002년 4월 스페인 마드리드에서 개최된 UN 세계고령화대회에서 「마드리드 노화 관련 국제행동계획」(UN, 2002)을 천명하였다. 이때 "능력을 부여하고 지원하는 환경확보"가 우선 정책방향 중의 하나였는데, 그 과제 중의 하나가 바로 주택과 주거환경의 조성이다. 이러한 과제를 달성하기 위한 목표로는 ① 노인들의 개인적인 선호를 반영하며 다양한 형태의 주택을 공급함으로써 선택의 가능성을 넓혀주는 등 지역사회에서의 노화증진, ② 특히 장애노인과 같은 노인들의 욕구를 고려하여 독립적인 주거를 향상시킬 수 있도록 주택과 환경설계를 증진, ③ 노인들을 위한 접근 가능하고 공급 가능한 교통수단의 제공 등이다(UN, 2002). 이러한 목표는 무장애 설계(barrier−free design)의 노인주택과 더 나아가서는 모든 연령 계층이 이용 가능하고 접근 가능하게 만드는 유니버설 디자인(UD : Universal Design)에 의한 주거와 환경의 조성으로 가능하게 될 수 있다.

유니버설 디자인이란 세계적으로 노인에 대한 인식이 증가함에 따라 신체적 능력이나 정신적 능력은 필연적으로 변하고 있다는 사실을 이해하고, 또한 장애가 있는 사람들의 요구를 이해하게 되고, 이는 작업환경이나 생활환경 등 모든 환경에서 더 많은 접근성을 주어야 한다는 요구로 전환하게 되었다.

유니버설 디자인은 모든 연령과 다양한 능력을 가진 사람이 사용할 수 있도록 상품과 공간을 디자인하는 것이다. 유니버설 디자인은 전 생애를 통하여 모든 사람들에게 이용 가능한 환경을 만들려는 것이 그 핵심이며, 장애를 가진 사람뿐만 아니라 모든 사람들에게 이를 통하여 안전하고 기능적이며 편리한 환경을 제공하려는 것이다. 유니버설 디자인은 유사개념으로 '접근이 편리한 환경(Accessible Environment)', '장애가 없는 환경(Barrier Free Environment)', '전 생애를 위한 건물(Building for lifetime)' 등의 개념과 혼용되어 사용되고 있다.

다음의 내용은 미국 노인주택의 유니버설 디자인 적용사례의 분석내용이다.

유니버설 디자인의 특성 분류는 유사한 성격의 디자인 요소를 묶어서 크게 7가지로 분류하였으며, 그 세부항목은 다음과 같다(박석돈 외, 2016).

① **기본적 접근성** : 계단이 없는 실내공간, 단차가 없는 출입구, 낮은 문턱, 실내 리프트와 실내 엘리베이터, 문이 열릴 수 있는 80cm 폭의 공간 확보, 레버식 손잡이가 있는 실내문, 안전 손잡이대, 같은 위치에 나란히 문이 열리는 냉장실과 냉동실, 매립형 오븐, 가정기기의 앞에 설치된 조절기 등

② **작업 접근성** : 싱크대와 가열대, 작업대 아래에 무릎이 들어갈 수 있는 공간 확보, 문을 떼어내거나 옆으로 밀어서 넣을 수 있는 하부 수납장, 옮길 수 있는 하부 수납장, 여러 가지 단으로 구성된 높이가 조절되는 작업대, 높이를 자유로이 조절할 수 있는 작업대, 화상방지를 한 파이프, 잡아 뺄 수 있는 트레이 등

③ **욕실 접근성** : roll–in형 샤워기, 샤워의자나 욕조의 덱, 높이를 올릴 수 있는 변기, 한 손에 잡히는 샤워헤드가 있는 샤워기 등

④ **안전성**(안전 시스템) : 시청각적으로 알 수 있는 경보기, 동작 감지기, 전자식 출입구 잠금기, 외부 방문객을 볼 수 있는 측창, 인터콤 등

⑤ **이동 용이성**(쉽게 이동할 수 있는 바닥 특성) : 파일(카펫 털)의 길이가 짧은 카펫, 미끄럼 방지 바닥재

⑥ **조작 용이성**(리모컨으로 조정되는 특성) : 리모컨으로 조정되는 벽난로, 리모컨으로 조정되는 창문, 리모컨으로 조정되는 출입구, 리모컨으로 조정되는 조명, 리모컨으로 조정되는 TV와 스테레오 등

⑦ **시청각 손상 보조** : 초인종을 시각적으로 알려주는 조명, 전화벨을 시각적으로 알려주는 조명, 촉각적 신호가 있는 작업대, 경계가 보색테이프로 처리된 작업대, 보색의 전략적 사용 등

노인은 위험한 환경에 특히 노출되기 쉽다. 따라서 노인주거는 안전한 시설 및 설비를 갖추어야 하며, 특히 바닥이 미끄럽지 않도록 주의해야 한다. 그리고 노화에 수반되는 신체적 질병이 기억력 상실과 방향감각의 상실을 일으킬 수 있기 때문에 노인주거환경의 공간구성과 동선은 단순하고 직선적으로 계획되어야 한다(박석돈 외, 2016).

3. 노인주거의 유형

노인주거의 유형은 위치한 지역에 따라 도시형, 도시근교형, 휴양단지형 및 전원형으로 분류할 수 있으며(박재간, 2002), 노인주거의 계획성의 정도에 따라 계획주거와 반계획주거로 분류할 수 있다(박차상 외, 2008). 그리고 의존도에 따라 독립주거, 반의존주거, 의존주거로 분류하기도 한다.

1) 주거입지에 따른 유형

(1) 도시형

도시형은 일상생활에 필요한 서비스가 잘 정비된 도시에 소재하여 지역사회 내에 있는 공공시설, 상업시설, 편의시설, 의료시설 등과 밀접한 관계를 유지할 수 있는 형태이다. 그러나 도시형은 토지비용이 지나치게 비싸고, 부지를 확보하기 어려우며, 녹지의 확보가 어려운 단점을 지니고 있다.

(2) 도시근교형

도시근교형은 도심까지의 교류가 비교적 단시간 내에 이루어지고, 도시 내에 소재하는 각종 서비스를 이용할 수 있어서 주거환경이 양호한 형태이다. 그러나 도시근교형은 도시형만큼 공공시설, 의료시설, 상업시설, 여가시설 등과의 접근성이 양호한 것만은 아니다.

(3) 휴양단지형

휴양단지형은 주로 공기가 좋고 물도 맑으며 자연경관이 수려한 곳에 소재하는 형태이다. 이것은 주거로서 상주하는 시설이라기보다는 휴양을 위해서 일시적으로 거주하는 특성이 있으므로 온천지역, 경치가 아름다운 곳, 역사적·문화적 요소가 풍부한 곳 등에 설치하는 시설이다.

(4) 전원형

전원형은 도시에서 떨어진 곳에 농원, 화단, 연못 등의 전원을 즐길 수 있는 곳에 위치한 주거의 형태이다. 그러나 휴양단지처럼 일상생활에 필요한 각종 서비스에 접근하기가 어려우며, 작은 주거단지의 경우 주변에 가까운 이웃이 적다는 단점을 가지고 있다.

2) 주거의 계획성 정도에 따른 유형

(1) 계획주거

① 은퇴주거단지

은퇴주거단지(retirement community)는 은퇴한 노인을 위해 계획적으로 조성된 것으로 일반 주거지역과는 달리 노인을 위해 특별히 계획한 주거단지이다. 이것은 노인에게 편리하고 안전하게 생활할 수 있도록 한 주거지역이며, 자녀에게서 독립된 생활을 영위하는 노인들이 공동생활을 할 수 있도록 한 광범위한 공간이다. 은퇴주거단지는 노인을 위한 의식주, 여가시설, 문화시설, 기본적인 의료시설 등 노인에게 필요한 서비스를 제공하는 시설들을 갖추고 있다. 입주자는 주로 중류층이나 상류층의 은퇴한 노인들로서 독립적이면서 활동적인 생활을 추구하는 노인들이 주요한 대상이며, 조용한 환경에서 안정적인 생활을 영위하는 데 관심을 가진 노인에게 적합한 주거유형이다.

② 공동생활주택

공동생활주택(congregate housing)은 간호서비스를 필요로 하지는 않지만 완전히 독립적이지도 않은 노인에게 생활에 필요한 시설을 갖추어 놓고 비교적 독립적인 생활을 할 수 있도록 하는 주거형태이다. 이것은 가사가 힘에 겹고 덜 활동적인 노인들이 관심을 가지는 곳으로서 거주자는 대개 부유층 노인이다. 공동생활주택은 기본적인 서비스를 제공하여 노인의 독립적인 생활을 더욱 촉진할 수 있으며, 사회적 고립감을 감소시켜 정서적 안정감을 제공할 수 있다.

공동생활주택의 소유형태로는 소유권은 있으나 거주권리만을 갖는 형태, 주거 단위에 대한 완전한 소유권을 갖는 형태 또는 임대 형태 등이 있다.

③ 요양시설

요양시설(nursing home)은 병원시설이 통합되어 있는 주거형태로 지속적인 건강치료를 하는 노인을 돕기 위한 시설이다. 요양시설의 서비스는 일어나기, 약물치료, 몸 단장하기 등과 같은 일상생활을 돕는 것과 24시간을 연속적으로 간호해 주는 것이 있다. 이는 노년기의 마지막 단계에서 이용하는 시설로서 대개 일상생활을 돕는 서비스와 24시간 간호해 주는 서비스가 분리되어 제공되고 있다. 요양시설에 입소한 노인들은 건강상태에 따라 동일 주거시설 내에서 건강의 호전 여부에 따라 단계별로 거주지를 이동할 수 있다(이근홍, 2020).

(2) 반계획주거

① 공동사용주택

공동사용주택(shared housing)은 2인 이상의 비혈연관계에 있는 개인이 상호 이익을 위하여 인적·재정적 자원을 공동 부담하여 주택을 사용하는 것으로, 각 개인은 자신의 개인 침실을 독립적으로 소유하고 거실, 부엌, 식당 등과 같은 공동영역을 함께 사용하는 형태이다. 이 형태의 주택은 혼자 사는 노인이 고독과 소외 등과 같은 정서적 어려움을 혼자서 감당해 낼 수 없을 경우 선택할 수 있는 대안이 될 수 있다.

② 액세서리 주택

액세서리 주택(accessory apartment)은 성장한 자식들이 모두 분가하여 집을 나간 뒤에 생긴 여분의 빈방과 공간에 독립된 취사 설비를 해 놓고 타인에게 임대해 주는 형태의 주택으로 현관, 주차장 등은 공동으로 사용하나 침실, 거실, 식당 등은 독립적으로 이용하는 주거형태이다. 이것은 임대가 가능한 독립적인 공간을 별도로 마련해 주어야 하므로 주택 구조를 변경하는 경우가 많다.

③ 에코주택

에코주택(ECHO : Elder Cottage Housing Opportunity)은 자녀세대와 부모세대가 같은 울타리 내에서 독립적으로 살 수 있도록 계획한 가족 지향적인 주거 형태이다. 노인이 가족과 가까이 있으면서 독립적으로 살 수 있도록 기존의 주택이 위치한 대지에 노인을 위해 지은 작고 이동 가능한 일시적인 조립식 주택이다. 이 주택은 자녀의 집 옆에 조립식 주택을 세워 자녀와의 상호 교류가 가능하도록 함으로써 노인이 신체적 · 정서적 · 심리적 측면의 도움을 자녀로부터 받을 수 있도록 한 것이다. 이와 같은 주택은 노인과 그 가족에게 독립성과 사생활 보호, 안전성, 경제성 등을 제공해 준다(김기태 외, 2009).

3) 의존도에 따른 유형

보호욕구와 의존도 증대에 따라 독립, 반의존, 의존으로 이동하는 3단계 보호체계로 노인의 주거가 변하게 된다. 최근에는 노인이 새로운 주거공간으로 이동할 때 겪는 문제와 환경적 변화에 대한 적응 등을 고려하여 독립주거에서 반의존시설로 옮기지 않고 독립생활을 하던 거주단위에서 필요한 서비스를 제공받는 신축형 보호(flexi－care)의 주거모형이 각광을 받아 개발되고 있다(이연숙, 1995). 이는 노인들이 가능한 한 오랫동안 독립적인 생활을 하도록 하며, 공급자의 편리보다는 노인 소비자의 욕구와 보호를 우선시하는 경향을 보여주는 것이다.

(1) 독립형

독립형 노인주거로는 기존 주거의 질과 경제성을 고려하여 다른 사람의 도움 없이 독립적으로 일상생활을 할 수 있도록 계획된 주거형태를 모두 포함한다. 여기에는 노인전용의 대단위 공동주거단지인 은퇴촌락, 소규모의 노인을 위한 단독주택, 저소득층 노인을 위해 정부에서 주거비의 일부를 보조하는 노인전용 아파트, 다른 사람과 공동으로 생활하는 공동사용주택, 자녀와 노인이 가까우면서도 독립적으로 살 수 있도록 자녀의 주택 마당에 노인의 주거를 짓는 에코주택 등 다양한 유형이 있다.

(2) 반의존형

반의존형 주거는 독립형과 의존형의 중간 형태이다. 건강의 약화로 보호를 필요로 하는 노인들에게 식사, 집안일, 간호, 개인적 도움 등을 제공하는 주거 유형으로서 이러한 주거는 생활상의 도움뿐만 아니라 노년기에 비슷한 상황에 있는 동년배들과 어울릴 수 있어 정서적, 심리적인 안정을 제공하기도 한다(이연숙, 1995). 공동생활을 하면서 식사, 여가 및 취미 프로그램, 여러 가지 서비스 제공 등 독립적 생활을 지원하는 형태이다. 현재 우리나라에서는 노인양로시설이 반의존형 주거유형에 해당한다.

(3) 의존형

의존형 주거는 장기간 간호 및 보호가 필요한 노인들을 위한 시설이다. 만성질환의 노인을 위한 시설로는 현재 우리나라에서는 장기간 간호와 숙박 및 기타 서비스를 제공하고 있는 노인요양시설(Nursing Home)이 의존형 주거유형에 해당된다.

4. 주거기능 관련 노인복지시설 유형

노인복지시설 가운데 노인의 주거기능이 있는 시설로는 노인주거복지시설과 노인의료복지시설 그리고 재가노인복지시설 중 단기보호서비스가 있다.

1) 노인주거복지시설

노인복지법 제32조에 규정된 우리나라 노인주거복지시설은 양로시설, 노인공동생활가정(신설), 노인복지주택으로 구분한다. 각 시설의 설치목적을 살펴보면 다음과 같다. 양로시설은 노인을 입소시켜 급식과 그 밖에 일상생활에 필요한 편의를 제공함을 목적으로 하는 시설이다. 노인공동생활가정은 노인들에게 가정과 같은 주거여건과 급식, 그 밖에 일상생활에 필요한 편의를 제공함을 목적으로 하는 시설이다. 노인복지주택은 노인에게 주거시설을 분양 임대하여 주거의 편의・생활지도・상담 및 안전관리 등 일상생활에 필요한 편의를 제공함을 목적으로 하는 시설을 말한다.

2) 노인의료복지시설

노인복지법 제34조에 규정된 노인의료복지시설은 노인요양시설, 노인요양공동생활가정이 있다. 노인요양시설은 치매・중풍 등 노인성 질환 등으로 심신에 상당한 장애가 발생하여 도움을 필요로 하는 노인을 입소시켜 급식・요양과 그 밖에 일상생활에 필요한 편의를 제공함을 목적으로 하는 시설이다. 노인요양공동생활가정은 치매・중풍 등 노인성 질환 등으로 심신에 상당한 장애가 발생하여 도움을 필요로 하는 노인에게 가정과 같은 주거여건과 급식・요양과 그 밖에 일상생활에 필요한 편의를 제공함을 목적으로 하는 시설이다.

3) 재가노인복지시설 중 단기보호서비스

노인복지법 제38조에 규정된 재가노인복지시설 중 거주기능을 하는 단기보호(시설)서비스란 부득이한 사유로 가족의 보호를 받을 수 없어 일시적으로 보호가 필요한 심신이 허약한 노인과 장애노인을 시설에 단기간 입소시켜 보호하는 서비스이다.

PART 4

노인복지실천

CHAPTER

09 노인 사례관리

1. 사례관리의 개요

1970년대 후반 이후 미국을 비롯한 서구의 사회복지실천에 있어 보편적인 개입방법으로 등장하기 시작한 사례관리(case management)는 클라이언트들에게 그들의 욕구에 맞는 적절한 서비스를 제공하고 이를 통해 지역사회 내에서 독립적인 생활을 할 수 있는 효과적인 실천기법으로 널리 받아들여지고 있다.

미국 사회사업가협회(NASW : National Association of Social Workers)의 사례관리에 대한 정의에 따르면 "사례관리란 특정 클라이언트의 복합적인 욕구를 충족시키기 위하여 전문 사회복지사가 필요한 경우 클라이언트와 그 가족의 욕구를 사정하여 다양한 서비스 패키지를 배정하고 조정하며 점검하고, 평가와 옹호를 하는 서비스 제공의 한 방법이다. 사회사업 사례관리는 본질적으로 미시적 및 거시적 측면을 내포하고 있다. 그리고 개입은 클라이언트와 체계 측면에서 동시에 이루어진다"고 한다(NASW, 1992). 사례관리에 대한 이러한 정의들에 근거할 때 사례관리란 복합적이고 장기적이면서도 다양한 욕구와 문제를 가진 클라이언트(노인, 장애인, 정신질환자 등)를 대상으로 하여 제도화되어 있는 다양한 기관과 지역사회의 공식적 서비스와 가족, 친척, 이웃 등 비공식적 자원을 동원하고 연계하며, 조정하여 효과적인 서비스를 제공하되 클라이언트의 차원과 체계의 차원을 동시에 고려하는 통합적 사회복지실천방법이라고 볼 수 있을 것이다(김기태 외, 2004).

사회가 복잡해지고 의존 인구를 보호하고 보살피던 가족의 기능은 약화된 반면, 고령화로 인하여 사회가 돌보아야 할 노인 인구는 증가하면서 경제적·의료적·사회적·정서적 욕구 등 다양하고 복합적인 욕구를 가진 노인 클라이언트의 숫자도 증가하였는데, 한 기관이나 단일 서비스체계만으로는 그러한 욕구에 부응하기 어려웠다. 따라서 분산되고 단편적인 지역사회의 여러 서비스를 조직화하고 통합하여 클라이언트의 욕구를 효과적으로 충족시키기 위한 다원적이고 통합적인 서비스의 필요성에 따라 사례관리가 등장하게 되었다.

2. 노인 클라이언트에 대한 사례관리 모델의 적용

사례관리는 노인 클라이언트에 대한 사회복지실천에 있어 중요한 모델이다. 인간은 나이가 들어감에 따라 보다 다양한 원조욕구를 갖게 되며, 서비스 제공체계로부터 여러 가지 서비스를 필요로 하게 된다. 특히 노인의 서비스 욕구는 신체적·정서적·사회적·경제적·의료적 욕구 등 다양하고 복합적인 경우가 많으며 인간 수명의 연장에 따라 서비스 제공기간은 점점 장기화되고 있다는 점에서 사례관리의 필요성은 더욱 커진다고 볼 수 있다.

여러 가지 사례관리의 모델 중에서 노인 사례관리는 클라이언트 중심 모델이 매우 유용하다. 로즈와 무어(Rose & Moore, 1995)는 사례관리 모델을 클라이언트 중심 모델과 서비스 제공자 중심 모델로 구분하면서 클라이언트 중심 모델에서는 클라이언트가 서비스 계획과정에 적극적으로 참여한다고 하였다. 이때 클라이언트는 물론 클라이언트의 가족이나 여러 비공식적 지원자들이 참여하여 다양한 선택사항과 가능성, 미래의 계획 등을 함께 토론하고 결정할 수 있다. 클라이언트 중심 모델에서 사례관리자는 클라이언트의 편에서 자원을 할당하고 클라이언트에게 제공되는 서비스의 질을 높이며 서비스의 장애를 제거하는 옹호자의 역할을 한다. 특히 의료기관이나 시설에서 사례관리자들은 클라이언트의 "눈과 귀"로서 기관과 클라이언트를 유기적으로 연결시키는 역할을 한다. 복합적이고 장기적인 욕구를 가진 노인 클라이언트의 특성상 여러 가지 종류의 서비스와 서비스 제공에 관한 여러 가지 요소들을 체계적이고 긴밀하게 연결시키는 사례관리자의 역할은 매우 중요하며, 그러한 중요성은 앞으로 더욱더 증대될 것으로 생각된다(김기태 외, 2004).

3. 노인 사례관리의 과정

사례관리 과정은 클라이언트의 참여와 기관과의 협력적인 업무와 프로그램을 통하여 사례관리자에 의해 수행된다. 사례관리의 과정은 클라이언트의 특성, 환경적 맥락, 기관이 고용한 사례관리자의 유형, 담당사례의 규모, 서비스 전달체계의 성격에 따라 다양하게 나타난다(김기태 외, 1997).

로스만(Rothman, 1994)은 클라이언트 중심의 사례관리에 대한 포괄적 모델을 개발한 바 있다. 이 모델은 여러 가지의 사례관리에 적용될 수 있지만, 노인 클라이언트들의 복합적인 욕구에 대응할 수 있는 포괄적인 사례관리에 요구되는 기술, 지식, 자원들이 모두 포함되어 있어서 노인사례관리에 특히 유용하다(김기태 외, 2004).

1) 접 수

사례관리의 첫 단계는 클라이언트 접수인데, 접수는 다른 기관이나 개인에 의한 의뢰, 사례발견 등을 통해 이루어지게 된다. 노인 클라이언트 집단은 정보가 부족하고 문제해결의 방법을 찾는 데 소극적인 경우가 많으므로 서비스를 필요로 하는 노인 클라이언트가 스스로 찾아오거나 의뢰를 받지 않고도 노인 클라이언트를 조기에 발견하는 것은 매우 중요한 문제이다. 즉, 사례관리자가 노인 클라이언트를 직접 서비스에 연계시키고 확인하는 데 적극적이며 창조적으로 노력해야 할 필요가 있다. 이러한 클라이언트 발견 활동은 사례관리자가 클라이언트를 일일이 찾아다니며 행하기 어려우므로 지역사회에 존재하는 다양한 지원체계들이 긴밀히 협조하는 방식으로 이루어져야 한다.

접수에서는 사례관리가 필요한 노인에 대해 원조의 내용을 알기 쉽고 상세하게 설명하여 노인이 이러한 사례관리를 받을 것인가에 대해 판정하고 승낙과 계약을 한다. 이를 위해 사례관리기관에는 고지된 동의서(informed consent) 용지가 준비되어 있어 접수 후에 노인과 사례관리자가 추후 함께 사례관리를 진행하는 것에 대해 동의하고 서명을 하기도 한다(김기태 외, 2004).

2) 사 정

접수 단계에서의 간단한 사정이나 심사를 거치고 나면, 노인 클라이언트의 상태와 욕구를 보다 정확히 평가하고 동원 가능한 자원을 파악하기 위하여 본격적인 사정 과정을 거치게 된다. 이 단계에서 사례관리자는 노인 클라이언트와 관계를 확립하고 연속적인 서비스계획에 활용할 기초자료를 수집한다. 사정의 내용에는 주로 현재의 문제상황, 신체적·정신적인 건강상태, 일상생활동작, 심리·사회적 기능, 경제상황, 노인의 사기, 가치관 및 대인관계, 가족·이웃·친구에 대한 정보, 세대 구성, 거주상황, 자조능력이나 프로그램에 대한 적극성, 주로 이용하고 있는 서비스나 지원체계, 서비스의 자격요건과 관련된 경제상황이나 거주지 등이 포함된다.

사정은 표준화된 사정도구를 이용한 구조화된 면접뿐만 아니라 클라이언트와의 비구조화된 면접을 통해서도 행해질 수 있으며, 두 가지 방식을 함께 사용할 수도 있다. 노인과의 면접과정에서 사례관리자는 노인과 신뢰관계를 확립하고 대인관계에 있어서의 의사소통 기술과 다양한 면접기술 등을 사용하여야 한다. 클라이언트와의 비구조화된 면접을 통해서는 노인의 신체적·기능적 측면뿐만 아니라 정서적·인지적 측면에 대한 평가를 할 수 있는데, 이를 통해 노인 클라이언트의 욕구를 보다 정확하게 파악할 수 있다. 노인 클라이언트의 정서적 · 사회적 문제에는 외로움, 상실, 독립성 유지, 노화과정에 대한 적응 등의 문제가 포함된다(김기태 외, 2004).

3) 목표설정과 개입계획 수립

사례관리자가 현재 클라이언트의 욕구와 자원에 대해 수집한 정보들은 서비스 목표를 수립하고 개입계획을 세우는 데 사용된다. 사정결과에 기반한 개입계획은 포괄적이면서도 실현 가능한 것이어야 한다. 또한 개입계획을 수립하는 과정에서 사례관리자는 목표를 달성하는 데 필요한 실천기술이 무엇인지도 결정해야 한다.

페인(Payne, 1995)은 개입계획과 관련하여 우선순위의 영역을 정해야 한다고 주장한다. 특히 노인 클라이언트에게 제공되는 서비스에 있어 첫 번째 우선순위는 클라이언트의 독립적인 생활을 유지시키고 여기에 필요하다면 비공식적 원조를 제공받을 수 있도록 하여 독립적 생활을 장기적으로 유지하도록 하는 것이다. 두 번째 우선순위는 비공식적 서비스를 가지고 있거나 그렇지 않은 독립적인 노인을 지지하기 위하여 공식적 서비스를 제공하는 것이다. 이러한 공식적 서비스는 노인이 거주하는 지역사회에서 제공되는 서비스와 병원 및 요양원 등 시설 서비스가 모두 포함될 수 있다. 그리고 세 번째 우선순위는 클라이언트의 특별하고 복합적인 욕구에 부응하기 위하여 새로운 서비스를 개발하는 것이다. 이는 단순히 현재 존재하는 서비스를 연계하는 것에 그치지 않고 새로운 서비스를 발전시켜 서비스의 영역을 확장하는 것을 의미한다(Payne, 1995).

노인 사례관리의 개입계획 수립의 기본적인 원칙들을 제시해 보면 다음과 같다(Schneider, 1998).

① 계획은 전 단계에서 실시된 노인의 포괄적인 기능적 사정을 기초로 한다.
② 계획에는 노인 혹은 가족 구성원 등의 대리인이 과정에 참가한다.

③ 계획은 미리 정해진 목표를 지향한다.

④ 계획은 영속적인 것이 아니라 특정 기간의 계획이다.

⑤ 계획은 공식적인 서비스와 비공식적인 지원을 모두 포함한다.

⑥ 계획은 노인 및 가족의 부담액을 고려하여 작성한다.

⑦ 계획의 내용을 정형화된 계획용지로 문서화한다.

이러한 원칙을 바탕으로 사례관리자는 노인과 함께 다음과 같은 7단계의 순서로 개입계획을 작성한다(Schneider, 1998).

① 노인의 생활문제나 욕구를 일목요연하게 제시한다.

② 각각의 생활문제나 욕구에 대해 목표나 결과를 제시한다.

③ 각각의 바람직한 목표나 결과를 위해 필요한 원조의 종류를 제시한다.

④ 원조를 제공해 주는 공급주체를 일목요연하게 제시한다.

⑤ 원조에 대해 필요한 경우에는 시간수나 횟수를 제시한다.

⑥ 개입이 진행된 경우에 노인 및 가족의 자기부담 부분이 어느 정도인지를 책정한다.

⑦ 최종적으로 작성된 개입계획에 대해 노인 및 가족으로부터 허락과 양해를 얻는다.

노인 클라이언트들의 경우 목표설정과 개입계획 수립에 적극적으로 관여함으로써 스스로 케어방식을 결정하고, 자신의 삶에 대해 통제권을 행사할 수 있다는 점에서 클라이언트의 참여는 더욱 그 의미가 크다고 할 수 있다(김기태 외, 2004).

4) 계획 이행

개입계획을 실천하는 계획 이행 단계에서는 클라이언트와 서비스를 연결하게 된다. 즉, 사례관리자가 비공식적인 지원이나 공식적인 서비스 제공기관과 노인을 연결시킴으로써 노인이 필요한 서비스를 이용하도록 하는 것이다. 일반적으로 사례관리자는 대부분의 기본적인 서비스를 직접 제공하기보다는 클라이언트가 서비스를 이용할 수 있도록 돕고 조정하는 역할을 한다. 이때 조정이란 클라이언트의 서비스 계획이 이행될 때 서비스망을 조정하여 처리하는 것이다. 따라서 이 단계에서 사례관리자는 서비스의 공급자와 관계를 갖고 노인 클라이언트가 이러한 서비스를 이용할 수 있도록 연결하는 활동을 한다. 이때 노인 클라이언트가 서비스를 이용하는 데 있어 장애가 되는 문제들을 밝혀내어 그러한 장애들을 개선하거나 제거해 나가는 일도 필요하다. 복잡한 서비스체계와 기관의 미로를 여기저기 헤매고 다녀야 하는 것은 노인 클라이언트에게 매우 어려운 일이고, 그런 과정에 압도되면 서비스 이용을 포기하는 경우가 생길 수 있기 때문이다(Robinson, 2000).

계획 이행과정에서 사례관리자는 클라이언트의 목표와 욕구의 관점에서 도움이 될 수 있는 모든 가능한 관계망을 파악해야 한다. 이러한 관계망은 노인의 가족, 친척, 친구, 이웃, 자원봉사자, 제도화되지 않은 자조단체 등과 같은 비공식적인 지지체계와 행정, 사회복지법인, 제도화된 자조단체, 지역의 유상서비스 제공단체 등과 같은 공식적인 지지체계가 있다. 가족이나 친척, 이웃 등의 비공식적인 지지체계가 존재한다고 할지라도, 이들과 노인 클라이언트가 맺고 있는 개별적인 관계가 좋지 않다면 원조가 불가능할 수도 있으므로 이들과의 관계에 대해서도 주의를 기울일 필요가 있다(Robinson, 2000).

개입계획을 실시할 때 사례관리자는 항상 서비스 제공기관과 접촉을 가지고 좋은 관계를 형성해 갈 필요가 있다. 그러나 계획하고 있었던 서비스나 지원이 도저히 불가능한 경우가 발생할 수도 있다. 이런 경우 사례관리자는 노인의 입장을 대변·옹호하려고 노력하지만, 이러한 노력에도 불구하고 불가능한 경우에는 노인 클라이언트와 함께 개입계획을 일부 수정할 수 있을 것이다(白澤政和一, 1993).

5) 모니터링과 재사정

개입계획이 실행되고 나서 사례관리자가 해야 할 일은 모니터링과 재사정이다. 모니터링이란 노인 클라이언트에게 서비스가 적절하게 제공되고 있는가를 지속적으로 점검하는 것으로 약속한 서비스가 제때에 정해진 순서대로 잘 제공되었는지, 그리고 전반적인 서비스 제공계획이 잘 이행되고 있는지 등을 살펴보는 것이다. 이때 사례관리자는 비공식적인 원조체계와 공식적 서비스의 연결 모두를 살펴보아야 하며 개입계획이 제대로 이행되는지를 총괄적으로 살펴보는 역할을 하게 된다. 켐퍼(Kemper, 1990)에 의하면, 사례관리자는 클라이언트와 서비스 제공자 모두를 정기적으로 접촉하므로 어떤 서비스가 제공되고 있으며 제공되는 서비스의 질이 어떠한지 파악하기에 가장 좋은 위치에 있다고 한다.

신체적 기능이 취약한 노인 클라이언트의 경우, 욕구가 복합적이고 신체기능의 약화에 따른 욕구의 변화가 급속하기 때문에 사례관리자가 모니터링에 많은 노력과 시간을 투자해야 한다(Quinn, 1993). 모니터링 과정을 통해 사례관리자는 클라이언트의 입장에서 클라이언트의 이해를 주장하는 옹호자로서의 역할을 해야 한다. 특히 노인 클라이언트가 서비스 제공을 거절당하거나, 부당한 대우를 받을 경우 노인 클라이언트를 옹호하는 것은 사례관리자의 의무이다(Robinson, 2000).

재사정은 노인 클라이언트의 기능이나 사회환경의 변화에 의해 욕구가 변화하였는지를 살펴보고 클라이언트의 욕구가 변화한 경우 실시하게 된다. 기능이나 건강상 변화가 예상되는 노인 클라이언트들의 재사정은 3개월이나 6개월에 한 번씩 정기적으로 실시하는 것이 좋으며, 특히 신체기능 면에서 변화가 심한 말기케어를 받는 노인의 경우 보다 빈번하게 실시하는 것이 바람직하다. 재사정의 형태는 초기 사정의 반복 혹은 생략된 형태이다. 사정 면접과 마찬가지로 사례관리자는 노인 클라이언트의 집이나 주거시설에서 클라이언트를 직접 만나 재사정 면접을 실시한다. 그리고 클라이언트의 상황을 검토하고 서비스 제공자가 주목해야 할 변화를 알아내기 위하여 클라이언트의 모든 공식적·비공식적 서비스 제공자와도 대화를 해야 한다(김기태 외, 2004).

6) 종 결

종결은 사례관리의 마지막 단계로, 모니터링과 재사정 결과 서비스 제공이 계획대로 실행되어 노인이 사례관리자에게 의존하지 않고도 충분히 생활을 유지해 나갈 수 있는 능력이 있다는 것이 확인되면 사례가 종결된다. 노인사례관리의 모델이 클라이언트 중심 모델이라는 점을 염두에 둔다면, 사례관리의 다른 과정과 마찬가지로 종결도 사례관리자와 노인이 함께 결정해야 한다. 사례관리자는 노인의 능력이나 자립 정도가 높아졌거나 서비스를 유용하게 활용하고 있다고 판단될 때, 클라이언트와 함께 종결에 대해 대화를 갖는 것이 좋다. 그리고 사례를 종결하는 경우에도 노인이 다시 상담하러 올 수 있도록 관계를 유지하면서 재방문과 안부전화 등 사후작업을 준비해 둘 필요가 있다.

사례가 종결되면 사례관리에 대한 전체적인 평가를 하게 되는데, 평가는 목표설정과 개입계획 단계에서 설정한 목적과 목표를 달성하였는지에 초점을 맞추게 된다(김기태 외, 2004).

CHAPTER

10 노인상담

1. 노인상담의 개요

1) 노인상담의 정의와 목적

노인상담이란 도움을 필요로 하는 노인이 전문적 훈련을 받은 상담자와 전문적 원조관계를 형성하여 개인적·경제적 및 신체적 문제를 해결하고 감정, 사고, 행동 측면의 인간적 성장을 가져와서 성공적인 노후생활을 영위하기 위하여 노력하는 과정을 의미한다(김태현, 2000). 이와 같은 정의에 따르면, 노인상담은 ① 도움을 필요로 하는 노인과 노인문제를 경험하고 있는 가족이나 가족원이 주요 대상이 되고, ② 전문적인 교육과 훈련을 받은 전문가가 주체가 되며, ③ 노인 자신과 가족의 제반 문제를 해결하고 이들의 심리사회적 기능을 증진하려는 궁극적 목적을 위해, ④ 전문적인 원조관계하에 이루어지는 일련의 구체적이고 실천적인 서비스의 과정(현외성 외, 2001)이라는 네 가지 특성을 함축하고 있다.

벌링게임(Burlingame, 1995)은 노인상담이 일반상담과 다른 점으로 다음의 몇 가지를 들고 있다. 즉, 노인상담은 ① 문제해결이나 치료보다는 노인의 삶에 대한 지지를 더욱 강조하고, ② 상담과정에서 이루어진 성과를 실제생활에 적용하는 것을 더욱 중시하며, ③ 노인의 체면을 손상시키지 않기 위해 방어기제와 전이를 비교적 관대하게 다루며, ④ 노인이 사망하거나 살던 집을 떠나 요양원 같은 시설로 들어가면서 상담관계가 비계획적으로 종결되는 경우가 다른 연령층에 비해 높기 때문에 종결과정에서 에너지가 더 투입된다는 점이라고 하였다.

이러한 특성을 가지고 있는 노인상담의 목적을 살펴보면 다음과 같다.

첫째, 노인상담은 종래에 가족과 친척, 가까운 친구들에 의해 이루어지던 정서적 지지와 지원, 문제해결과 예방의 역할을 객관적으로 대행하여 줌으로써 현대사회에서 고립되고 소외된 많은 노인들에게 제1차적 사회관계망 역할을 해준다.

둘째, 노인상담은 노인들로 하여금 변화하는 현대사회에 기능적으로 잘 대처할 수 있도록 정보제공자의 역할을 한다.

셋째, 노인상담은 노인뿐 아니라 노인을 부양하는 가족원들에게 정서적 지지와 정보를 제공한다.

마지막으로, 노인상담은 노인의 숨은 욕구와 필요에 대한 실증적 탐색을 가능하게 한다. 즉, 노인상담은 노인들이 느끼는 심리적 박탈감과 소외감에 대하여 심리·정서적 지지를 통해 노인들의 문제를 예방하고 치료할 수 있게 하는 데 그 목적과 의의가 있다(김기태 외, 2009).

2) 노인상담의 필요성

노년기의 다양한 문제를 지닌 노인들에게 노인복지적 관점에서 노인상담의 필요성을 살펴보면 다음과 같다.

첫째, 노인의 신체적 기능의 변화와 상실은 노인의 활동성을 저하시키고, 이는 노인의 심리와 성격의 변화에 영향을 미치게 된다. 즉, 질병과 죽음에 대한 두려움, 젊음을 잃었다는 상실감, 의존성의 증가 등의 심리·사회적 변화를 경험하게 된다. 이때 노인상담을 통해서 노인 스스로가 이러한 변화를 수용하고 적응할 수 있도록 원조하고, 노인 주변의 사람들에게도 이러한 사실에 대한 이해를 증진시킴으로써 노인의 가족과 사회에 대한 적응과 통합에 도움을 줄 수 있다. 그리고 노년기의 성격적 특성인 우울증 경향의 증가 등으로 인한 정신적 문제에 대한 심리치료적 상담이 요구되는 경우도 많다.

둘째, 또한 급변하는 현대사회에서 젊은 세대와의 경쟁에서 뒤떨어진 노인 세대는 직업적 역할을 상실하게 되고 이에 따른 사회적 고립 문제가 발생한다. 이때 노인의 은퇴 전과 은퇴 후의 정신적 준비를 위해서도 상담이 필요하며, 은퇴 후의 휴식과 여가를 가장 잘 활용할 수 있는 방법과 경제적 문제 등 퇴직에 따른 다양한 변화에 대한 도움이 필요하다.

셋째, 상담을 통하여 노년기에 직면할 수 있는 다양한 문제에 대한 예방과 이의 효과적인 해결을 원조하여, 노인의 적응력을 향상시키고 노인복지의 향상을 도모할 수 있을 것이다.

이처럼 현대사회의 노인들은 다른 어떠한 연령집단보다도 더 많은 상실과 이에 따른 위기에 직면하여 비복지적 상태에서 처할 수 있는 위험이 높다. 이때 노인상담은 이러한 노인들에게 정신적 지지와 새로운 정보를 제공하여 노인들의 보다 나은 적응과 문제해결을 원조하고 다른 한편으로는 노인들을 부양하면서 어려움을 겪고 있는 자녀들에게 정서적 지지와 원조를 제공함으로써 이를 통한 간접적 효과로서 노인부양의 질적 향상을 도모하여 노인복지의 증진을 꾀할 수 있을 것이다.

이러한 다양한 필요성과 목적을 지닌 노인상담이 노인복지실천현장에서 활성화되지 못하고 있는 이유는 몇 가지로 정리해 볼 수 있는데, 첫째, 어려운 일에 직면했을 때 외부로부터 적극적인 도움을 구하기보다는 감추려는 성향이 강한 우리나라 사람들의 가족중심의 폐쇄적인 성격 특성을 들 수 있을 것이다. 특히 노인들은 자신들이 현재 처한 어려움을 타인에게 상담함으로써 자녀에게 폐가 될 수 있다는 인식 때문에 상담을 기피하는 경향이 많다.

둘째, 노인들은 노화로 인한 기동성의 저하 등으로 상담기관에의 접근성이 떨어지며, 노인상담의 한 방법으로 많이 활용되는 전화상담의 경우 노인들은 전화를 통해 상담자에게 자신의 문제를 말하는 것에 대하여 친밀감과 신뢰감을 가지기가 어려운 경우도 있다.

셋째, 정보력이 부족한 노인들의 경우 노인상담이라는 서비스 자체를 잘 모르거나 그 필요성을 인식하지 못하는 경우도 있다(현외성 외, 1998).

이상과 같은 이유로 활발하지 못한 노인상담을 활성화시키기 위해서는 먼저 노인상담제도에 대한 적극적인 홍보와 함께 노인들에게 상담에 대한 인식을 새롭게 유도할 필요가 있다. 그리고 우리나라 노인들의 특성과 정서에 맞는 상담이론과 상담기법을 연구·개발하여 보급하며, 노인상담전문가를 육성하여 상담의 질적 향상을 도모함으로써 노인상담의 활성화를 기대할 수 있을 것이다(김기태 외, 2009).

2. 노인상담을 위한 효과적인 의사소통

작가인 노먼 커즌즈(Norman Cousins)는 자신이 심장병을 앓았던 경험을 기록하기 전부터 의사와 작가가 적어도 하나의 공통점을 가지고 있다는 것을 알고 있었다. 그것은 바로 '의사소통(communication)'이었다(Cousins, 1982). 의사의 경우, 환자가 의사에게 표현하는 문제를 진단하는 능력은 그 의사의 과학적 기량을 잘 평가해 준다. 이와 함께 환자가 알아야 하는 내용에 대해 이야기해 주는 능력은 그 의사의 의술을 잘 평가해 줄 수 있다. 노인을 만나는 임상의나 다른 영역의 노인 전문가는 노인과 효과적으로 의사소통할 수 있어야 할 뿐만 아니라, 노인이 자신의 문제가 얼마나 고통스러운지를 드러내는 것이 어려울 때조차도 그들이 이야기하려고 하는 것이 무엇인지 정확히 들을 수 있어야 한다(김동배 외, 2007).

노인환자에 대한 어떤 치료가 실제적으로 성공할 수 있는가 아닌가는 노인이 겪고 있는 문제의 본질을 전문가가 얼마나 충분히 이해하는가에 달려 있다. 치료(심지어 진단적 검사까지도)를 시작할 때 노인이 그 치료를 받아들이는 정도는 노인이 가지고 있는 기대와 두려움을 전문가가 얼마나 잘 이해하고 있는지,

그리고 앞으로 진행될 치료의 장단점을 설명하면서 전문가가 얼마나 노인이 잘 이해할 수 있는 방법으로 표현해 주는지에 달려 있다(Blazer, 2007).

1) 효과적인 의사소통의 방해요인

(1) 지각의 문제

전문가와 노인 사이의 의사소통 장애는 생물학적·정신적·사회적 영역에서 비롯되는 다양한 문제에서 나타날 수 있다. 신체적인 문제에서 가장 치명적인 것은 감각의 상실이다. 노인은 점차 감각기관의 기능이 쇠퇴하여 사회 환경에서 오는 다양한 자극을 감지하고 구별하는 데 어려움을 갖게 되며, 이로 인해 의사소통을 유지하고 집중하는 데 훨씬 더 어려움을 겪는다. 청력장애는 노인에게 가장 흔하게 있는 문제이면서도 말을 통한 의사소통을 방해한다는 측면에서 감각손실 중 가장 치명적인 현상이라 할 수 있다. 노인에게 흔하게 나타나는 청각손실을 노인성 난청(presbycusis)이라 부른다. 이것은 노인이라면 당연히 나타날 수 있는 것으로, 65세 이상 노인에 대한 조사를 살펴보면, 많은 경우 노인 대부분이 청력에 대해 어떤 모양으로든 문제를 가지고 있는 것으로 나타나고 있다. 노인에게 나타나는 이런 청력문제는 대부분 심각한 상황은 아니다. 그러나 노인이 혼란한 소리로 인해 집중이 어렵다거나 스트레스를 받고 있는 상황이라면 감퇴된 청력으로 인해 문제가 발생할 수 있다.

시각문제 역시 노인을 괴롭힌다. 초기에 나타나는 노안(presbyopia)은 수정체가 딱딱해지면서 나타나는 문제로 대부분 안경을 사용하여 교정된다. 즉, 이전에 먼 사물에서 가까운 사물로의 초점 이동이 유연했던 수정체가 점차 경화되면서 초점이 먼 거리에 고정되고, 이에 더 이상 근거리(눈에서 30~45cm 사이)에 있는 물체에 초점을 맞출 수 없게 되는 것을 말한다. 이런 문제는 돋보기를 사용하는 것으로 쉽게 교정할 수 있다.

의사소통에 영향을 주는 문제는 뇌에서도 나타날 수 있다. 뇌와 관련된 질병을 가진 노인은 자극을 받아들이는 데는 문제가 없다고 하더라도 그들이 접하게 된 자극을 이해하는 능력에 방해를 받는다. 즉, 새로운 단어를 들을 수는 있으나 그 단어가 무엇을 의미하는지는 이끌어 낼 수 없다.

(2) 효과적인 의사소통을 방해하는 노인의 특성

의사소통을 방해하는 또 다른 문제는 노인이 노인전문가에 대해 가지고 있는 비현실적인 기대감에 있다. 흔히 노인은 노인전문가를 자신의 부모나 자녀와 같은 존재로 인식한다. 노인이 전문가를 부모로 바라볼 경우, 노인의 의존성은 더 증가하며 전문가를 매일 본다 하더라도 더 자주 자신을 도와줄 것을 요청하게 된다. 이에 반해 노인이 노인전문가를 자신의 자녀처럼 바라볼 경우에는 노인전문가가 주는 충고를 헐뜯으면서 지시를 따르지 않을 수 있다. 오히려 자신이 노인전문가에게 지시하려는 실수를 범하거나, 심지어 전문가의 건강에 대한 안부를 묻기까지 한다. 물론 대부분의 경우 노인은 그것이 비록 왜곡되었더라도 자신을 돕는 노인전문가에게 긍정적인 태도를 보인다. 이런 긍정적인 태도(심리치료자들은 긍정적 전이라 칭함)가 노인에게서 나타나면 노인전문가가 그 노인을 관리하는 데 도움이 될 수 있다(김동배 외, 2007).

(3) '주제'의 문제

노인전문가와 노인의 의사소통을 방해하는 또 다른 문제는 서로 이야기하려는 '주제'가 다르다는 것이다. 의사나 그 밖의 건강 관련 전문가는 질병(의학적 진단과 관련된) 자체에 초점을 맞춘다. 그러나 노인은 자신이 병에 걸린 상태, 즉 삶 속에서 그 질병으로 인해 겪고 있는 고통과 괴로움에 초점을 두게 된다. 따라서 '병의 상태'에 대한 특성을 인식하는 것은 정서적 어려움을 겪고 있는 노인과 효과적으로 의사소통하는 데 핵심이 된다.

노인은 병에 대한 불만을 호소하는 데 많은 시간을 들이고, 신체 기능상 나타나는 작은 문제까지도 자세하게 설명하려고 한다. 노인이 소외되거나 외로울 때는 질병이 고통일 수도 있지만 오히려 축복이 되기도 한다. 신체적인 문제는 사별의 슬픈 기억이나 심한 소외감을 느끼고 있는 노인에게 관심의 초점을 옮겨주기 때문이다. 여러 측면에서 노인의 몸은 노인의 이야기 상대가 된다.

(4) 사회적인 편견

효과적인 의사소통의 장벽이 오로지 노인에게서만 비롯되는 것은 아니다. 노인전문가는 흔히 노인들과 상호작용을 하면서 편견을 가지고 있는데, 이런 편견은 '노화(aging)란 상실과 무능력 그리고 자신의 몸에 대해 지속적인 불만을 호소하는 것'으로 생각하는 노인전문가의 태도에서 비롯된다. 노인전문가의 노인에 대한 태도, 특히 부정적인 태도는 노인을 충분히 이해하지 못하는 데에서 비롯된다. 노인전문가는 노화를 생각하면서 현실과 신화를 구분해야 한다. 노인에게는 노쇠하고 감정적으로 왜곡되어 있으며 무지하고 건강에 대해 지나친 걱정을 한다는 낙인이 찍혀 있다. 노인에 대한 이런 부정적인 태도는 정상적인 노화와 성공적인 노화를 편견 없이 이해함으로써 상쇄될 수 있다. 또한 노인전문가는 노인의 입장이 되어서 노인의 눈을 통해 삶을 바라보아야 할 것이다. 간혹 노인이 실망할 것으로 예상한 일이지만 실제로는 실망하지 않을 수도 있고, 반대로 노인을 고통스럽게 하는 문제를 전문가가 인식하지 못할 수도 있다. 공감이란 교과서를 통해 쉽게 배울 수 있는 것은 아니다. 아마도 주위의 나이 든 가족이나 친구들과 보내는 시간(몇 분이 아닌 몇 시간)이 노인의 삶을 이해하는 데 도움을 줄 수도 있을 것이다. 중년의 노인전문가가 노인이 실제 살아가는 상황의 맥락 속에서 그들을 관찰한다면 삶의 성쇠와 활동 그리고 태도에 놀라게 될 것이다(김동배 외, 2007).

2) 효과적인 의사소통을 위한 자세

정서적인 문제를 겪고 있는 노인과 효과적인 상담을 할 수 있는 가장 중요한 통로는 그들과 효과적인 상담을 진행할 수 있는 전문가의 능력이다. 많은 상담 기술이 진단과 치료를 위한 의사소통에 유용하다. 노인은 존경과 존엄을 가지고 접근해야 한다. 만약 노인전문가가 요양원이나 양로원에 있는 노인을 방문하게 된다면, 마치 임상의가 환자가 대기하고 있는 진료실에 들어가기 전에 노크를 하는 것처럼 노인의 방에 들어가기 전에 노크를 해야 한다. 또한 노인에게 적절한 호칭을 부르는 것이 좋다.

건강관리 전문가는 특별히 노인의 사생활을 침해하지 않도록 조심해야 한다. 사생활 침해는 병원이나 장기요양원에서 흔히 발생한다. 35세 여성 환자의 방에 들어갈 때 그녀가 옷을 다 갖춰 입었을 것이라고 가정하고 아무 때나 불쑥 들어가는 남성 의사는 없을 것이다. 방을 출입하는 것에 대해 자연스럽게 조심하는 것은 임상의가 환자의 성별을 인식하고 있음을 반영하는 것이다. 젊은 건강관리전문가는 노인 환자가 더 이상 성적인 매력이 없다고 생각해서(심지어는 성적인 매력이 있다고 생각하는 경우에도), 출입에 대해 조심하고자 하는 인식이 약화되어 노인이 옷을 제대로 입지 않고 있을 때에도 문을 벌컥 열고 들어간다. 그러나 노인은 자신의 외모와 정숙함에 대해 여전히 의식하고 있으며, 이는 35세건 85세건 다르지 않다. 신체검사 전에는 반드시 노인이 적절하게 옷을 갖추어 입고 있어야 하며, 옷을 벗는 경우에는 반드시 그 노인과 동성의 간호사가 자리를 같이해야 한다.

노인과 상담하는 동안 노인전문가는 가능한 한 노인과 가까운 곳에 자리해야 한다. 노인은 젊은 사람처럼 접촉하는 것에 대해 꺼리는 경우가 거의 없으며 또 감각자극을 구별하는 데 어려움을 겪고 있기 때문에 노인전문가가 가능한 한 자신과 가까운 곳에 있는 것을 고마워한다. 노인전문가는 노인에게 다가가거나 접촉하기에 충분히 가까운 거리에 앉아야 한다. 노인과 전문가 사이에 가장 편안한 의자 배열은 상대방과 45도 정도의 각도다. 의자는 같은 높이의 것으로 해야 하고 전문가는 상담하는 동안 서 있거나 걸어 다녀서는 안 된다. 노인과 상담하는 동안 노인전문가는 충분한 시간을 갖도록 한다.

다음으로 노인전문가는 반드시 노인이 이해할 수 있도록 정확하고 천천히 말해야 한다. 상담실의 조명을 적당히 밝히고(노인이 잘 들을 수 없을 때 입술을 읽을 수 있도록) 산만한 소음을 줄이는 것(노인이 가능한 한 정확하게 들을 수 있도록)이 필요하다. 노인전문가는 말을 천천히 그리고 분명하게 해야 한다. 간단한 문장은 노인, 특별히 청력상실이나 기억상실을 겪고 있는 노인과 의사소통을 하는데 가장 효과적인 방법이다. 예를 들면, '만나서 반가워요. 오늘 기분 어떠세요? 어르신께서 두 달 전에 호소하셨던 수면문제가 더 나빠지셨는지 궁금했어요.'라고 말하는 것보다는 '오늘 기분이 어떠세요?'와 같이 한 번에 하나씩만 질문하는 것이 좋다. 별로 관계가 없는 일을 한꺼번에 이야기하는 것은 의사소통을 방해한다.

노인이 지난 일을 회상하고 회고하면서 두서없이 이야기를 하면, 짧은 시간 내에 노인에 대한 더 많은 정보를 얻고자 하는 바쁜 전문가는 좌절하게 된다. 그럼에도 불구하고 노인전문가는 노인이 전문가의 질문에만 응답하는 것이 아니라 문제에 대한 자신의 견해를 노인전문가에게 제대로 이야기하였다는 것을 인지할 수 있을 만큼 충분한 시간을 가지고 상담을 진행해야 한다. 대부분의 노인은 침묵을 불편해하지 않는다. 침묵의 시간은 자신이 현재 겪고 있는 문제와 관련이 있다고 믿고 있는 사건과 이슈를 노인이 생각하고 기억하고 명확히 할 수 있는 기회를 제공한다(Blazer, 2007).

노인전문가는 비언어적 의사소통에 민감해야 한다. 대화에서는 명확하게 드러나지 않던 문제가 얼굴 표정이나 동작 혹은 자세의 변화에서 나타나기 때문이다. 예를 들면, 우울증 노인은 비록 우울한 상태를 불평하지는 않는다 해도 웅크리고 앉아 있거나 슬픈 표정을 짓고 방 건너편을 응시하고 전문가와의 눈맞춤을 피할 수 있다. 상담하는 동안 노인은 느리게 응답하면서 이런 의사소통의 과정이 아무 의미가 없다고 생각하는 메시지를 보낸다.

가벼운 신체적 접촉은 노인의 긴장을 풀어주어, 치료자와의 관계를 원활하게 해주어 효과적인 의사소통을 가능하게 해준다. 노인은 젊은 사람보다 신체적 접촉에 대한 거부감이 덜하다. 만약 노인이 전문가에게서 거리감을 느끼고 있다면(나는 소외감을 느껴요!), 가벼운 신체적 접촉이 의사소통의 갈라진 틈을

메우는 다리 역할을 해줄 수 있다. 이는 특히 병원이나 장기요양시설에서 그렇다. 노인 환자의 손을 잡거나 그의 어깨에 손을 얹는 것은 기운을 북돋워 줄 수 있으며 언어적 의사소통을 향상시킬 수 있다.

정직은 치료적 의사소통을 시도하는 데 가장 중요한 요소다. 대부분의 노인은 신체적, 정서적 문제의 본질에 관하여 현실적이다. 만약 전문가가 '별거 아닙니다. 걱정하지 마세요. 아마 백세 장수하실 겁니다'라고 문제를 가볍게 이야기한다면, 노인은 전문가가 자신이 겪고 있는 문제의 본질을 이해하려 하지 않는다고 생각하고 그를 더 이상 만나려 하지 않을 것이다. 치료자에게 현실적인 것이 중요한 만큼 희망을 유지하는 것도 똑같이 중요하다. 노인이 현재 상태에 몰입하여 부정확한 미래의 희망을 회피하려고 하는 경우에는 전문가가 그에게 희망을 불러일으켜 줄 수 있다(김동배 외, 2007).

3. 성공적인 노인상담을 위한 자세와 기술

상담 초기에 많은 클라이언트들은 양가감정을 가진다. 특히 자신의 문제를 남에게 드러내는 데 익숙하지 않은 노인들의 경우 이러한 경향은 더욱 강하다. 노인들의 초기 저항에 상담가가 적절하게 대처할 때 성공적인 라포 형성이 가능할 것이다. 노인들은 타인의 지각과 태도에 민감하다. 노인들은 그들이 수용되고 있는지 혹은 거절되고 있는지를 잘 안다. 노인상담에서는 노인 클라이언트와의 만남의 초기에 노인에 대하여 진정한 존경을 나타내는 것이 필수적이다(김기태 외, 2009).

노년기의 특성 등을 고려할 때 노인과의 효과적인 상담을 위해서 상담자는 다음과 같은 자세를 취하는 것이 필요하다(Corey, 1977).

① 노인에 대한 진정한 존경

② 노인들과의 긍정적인 경험

③ 노인을 케어하기 위한 깊은 사려

④ 노인으로부터 배우려는 욕구와 능력

⑤ 노화의 생물학적 측면을 이해하려는 것

⑥ 노인의 심리적 욕구에 대한 지식

⑦ 노후생활은 도전할 수 있는 것이라는 확신

⑧ 노인의 부담과 불안에 대한 민감성

⑨ 노화의 신화에 대하여 도전하는 능력

⑩ 결국 자기 자신도 맞이하게 되는 늙음에 대하여 건전한 태도를 가지는 것

내담자의 문제와 상담의 목표에 관계없이 모든 상담에서 기본적으로 활용하는 방법들이 있다. 이 기본 방법에는 경청, 명료화, 요약·환언, 교육 그리고 지지의 기술 등이 포함된다. 이것은 유능한 상담자의 태도인 동시에 기술이라고 할 수 있다. 이러한 기술에 대해 살펴보면 다음과 같다(김기태 외, 2009).

1) 경 청

내담자를 올바르게 깊이 이해하기 위해서 경청은 필수적이다. 특히 주변에 대화상대가 별로 없는 노인들의 경우에는 노인의 이야기를 잘 들어주는 것만으로도 중요한 지지적 그리고 치료적 의미를 가질 것이다. 상담자가 내담자의 말을 잘 경청하고 있음을 내담자에게 확인시켜 주기 위해서는 다음과 같은 주의집중기술(김계현, 1990)이 필요하다.

① 내담자를 향하여 앉는다.

② 개방적인 몸 자세를 취한다.

③ 때때로 상대방을 향하여 몸을 기울여 앉는다.

④ 시선을 통한 접촉을 적절히 한다.

⑤ 상담자가 긴장을 푼다.

2) 명료화

명료화는 내담자의 말 속에 내표되어 있는 것을 내담자에게 명확하게 해주는 것을 뜻한다. 명료화의 자료는 내담자 자신은 미처 자각하지 못하는 의미 및 관계이다. 내담자가 애매하게만 느끼던 내용이나 자료를 상담자가 말로 표현해 준다는 점에서 내담자에게 자기가 이해를 받고 있으며 상담이 잘 진행된다는 느낌을 갖게 해준다. 또한 내담자로 하여금 미처 생각하지 못했던 측면을 생각하도록 하는 자극제가 되는 것이다.

가끔 노인이 무엇을 말하려고 하는지 이해하기 어려운 경우가 있다. 이런 경우에는 상담자가 노인 생각의 핵심이라고 인식되는 것을 간결하게 다른 말로 바꾸어 노인에게 간략히 재언급하여 확인시키는 것이 도움이 된다.

3) 요약 · 환언

노인들의 이야기는 대개 길고 반복적이다. 너무 긴 이야기는 상담의 목표를 흐리게 하거나, 초점을 흩트리게 된다. 이때 요약의 기법이 사용된다. 요약은 상담자가 내담자의 말을 듣고 이해한 바를 내담자에게 확인받는 효과가 있다.

요약과 환언이 적절한 시기로는 다음과 같다.

① 내담자가 전달하려는 바가 분명치 않을 때

② 내담자가 여러 가지 주제 · 내용 · 상황 · 사건 등을 한꺼번에 말하고자 할 때

③ 내담자가 너무 오래 말할 때

④ 내담자가 무슨 말을 하고 있는지 혼돈에 빠졌을 때

⑤ 상담자 역시 내담자를 충분히 확실히 이해하고 있는지 의심스러울 때

4) 교 육

노인교육의 의의는 노화에 따른 자신의 변화와 그리고 변화하는 사회에 적절히 적응해 가기 위해 필요한 힘을 기르기 위한 것이다. 노인의 문제해결 노력은 자신이 처한 상황을 잘 이해하는 것에 기초하므로 다양한 정보를 공유하고, 설명하며 해설해 주는 것이 상담자의 주요한 임무 중의 하나이다. 그런 후에 노인과 가족이 적합한 계획을 세우기 위해 어떤 정보를 필요로 하는가 하는 결론에 이르러야 한다.

5) 지 지

노인을 지지하는 데 우선적으로 할 일은 노인 자신의 삶에 대한 견해가 옳다고 수긍하는 것이다. 이것은 상담자가 노인의 모든 지각에 대해서 노인과 동일하게 공유한다는 것이 아니라 단지 그것의 의미를 이해한다는 것이다. 지지는 종종 재보증으로 해석되기도 한다. 그리고 감정이입의 언어적·비언어적 표현은 종종 지지적 개입으로 사용된다.

PART 5

노인문제의 주요 쟁점

CHAPTER

11 노년기의 일과 은퇴

1. 노년기 일과 은퇴의 의미

일은 사람에게 정체감과 자아존중감을 부여해 주므로 일생 동안 종사했던 일로부터 떠난다는 것은 개인의 정체감이나 역할상실의 측면에서 상당히 적응을 필요로 하는 사건이라고 볼 수 있다. 특히 오늘날과 같이 일에 높은 가치를 두는 사회에서 자신이 원하지 않은 시기에 자신의 의지와는 무관하게 직업으로부터 물러난다는 것은 하나의 위기라고 볼 수 있다. 그러므로 은퇴에 적응해 나가는 것은 노년기의 또 하나의 발달과업이라고 볼 수 있다.

과거와는 달리 최근의 조기퇴직 현상으로 인해 노년기까지 직업을 가지고 있는 사람들의 비율이 실제로 높지 않다는 점에서 은퇴는 오히려 중년기의 문제라고 볼 수도 있다. 그러나 중년기의 은퇴는 또 다른 직업으로 연계되는 전환점이 될 수도 있지만 노년기의 은퇴는 직업에서 완전히 물러났다는 의미를 지니고 있다. 그러므로 일을 통해 자신의 정체감을 찾았던 사람들에게 은퇴는 일종의 위기라고 볼 수 있다(정옥분, 2008). 프로이트는 인간에게 있어 가장 중요한 두 가지는, 일하고 사랑하는 것이라고 하였다. 그만큼 일이라는 것은 인간의 삶에 의미를 부여해 주는 중요한 사건이므로, 일로부터 떠나게 되는 은퇴는 누구에게나 상당한 적응을 필요로 하는 사건이라고 볼 수 있다.

은퇴는 전일제의 고용상태에서 시간제의 고용상태로 전환하거나 고용관계가 완전히 종결되는 것을 의미한다. 은퇴제도가 본격적으로 시행되기 시작한 것은 20세기에 들어와서부터이다. 노인인구는 증가하는 데 반해 이들이 가진 지식은 산업사회에서 그다지 유용성이 없어지기 시작한 것이 주요한 원인이 된다. 사회가 산업화되면서 기계화나 자동화의 비율이 높아지게 되고 그 결과 종전에 사람이 하던 일을 기계가 대신하게 됨으로써 종전에 비해 노동인구의 필요성이 감소하게 된 것이다. 일자리는 적어지는 데 반해 일할 사람은 많아지게 됨으로써 자연적으로 노동자 간에 경쟁이 일어나게 되고 이러한 과정에서 작업의 효율성이 떨어지는 고령자들이 작업현장에서 밀려나게 된 것이다. 이처럼 고령자들을 작업현장에서 물러나도록 제도화한 것이 은퇴라고 볼 수 있다(정옥분, 2008).

은퇴는 단순히 경제적인 차원뿐만 아니라 대부분의 산업사회에서는 은퇴의 시점을 노년기의 시작으로 보고 있다는 점에서 그 의미가 크다. 그러므로 은퇴 이후의 적응을 돕고 이로 인한 부정적인 영향을 최소화하기 위해 개인적인 차원에서의 준비와 아울러 교육이나 상담과 같은 사회적인 차원에서의 노력과 더불어 제도적인 보완이 필요하다.

2. 은퇴 후 적응

1) 은퇴 후 적응에 영향을 미치는 요인

은퇴는 한평생을 일한 사람에게 주어지는 휴식의 시기이며, 자신의 내면세계를 풍요롭게 하고 자신이나 가족 이외의 여러 곳에 관심을 쏟을 수 있는 긍정적인 시기로 볼 수 있다. 즉, 은퇴는 지금까지 열심히 일한 사람에게 주어지는 일종의 휴식이자 보너스의 의미가 있으므로 축복받아야 할 사건이다. 그러나 이러한 은퇴의 긍정적인 측면에도 불구하고 우리나라에서 은퇴에 대한 시각은 긍정적인 측면보다는 부정적인 측면이 강조되고 있다.

은퇴 이후의 적응은 개인의 경제 능력이나 은퇴에 대한 태도 등 여러 요인의 영향을 받게 된다. 일반적으로 건강하고, 적당한 수입이 있으며, 활동적이고,

교육수준이 높으며, 친구와 가족을 포함한 사회적 지원망이 넓고, 은퇴 전 생활만족도가 높은 사람들이 은퇴에 잘 적응한다(Palmore, Burchett, Fillenbaum, George & Wallman, 1985). 반면 건강이 좋지 못하고, 수입이 적으며, 은퇴와 거의 동시에 일어나는 배우자의 죽음 같은 스트레스에 대처해야 하는 사람들의 경우에는 은퇴에 적응을 가장 못한다(Stull & Hatch, 1984). 은퇴에 대한 적응은 은퇴에 대한 인식과도 밀접한 관련이 있다. 은퇴를 부정적인 경험으로 인식하는 경우는 대체적으로 건강이나 경제적 문제 때문에 은퇴를 스트레스를 주는 사건으로 지각하기 때문이다(Iams & Mccoy, 1991; Ruchlin & Morris, 1992).

은퇴로 인해 노인들이 직면하는 가장 어려운 문제는 경제적인 문제이다. 우리나라의 경우 아직까지 노후보장정책이 정착되어 있지 못한 실정이어서 은퇴 이후에 심각한 경제적 위기에 직면하게 되는 경우가 많다. 오늘날 노인의 사회적 지위가 하락하고 이에 따른 갖가지 노인문제가 발생하는 가장 직접적인 원인은 노년기의 빈곤에 기인하는 것으로 볼 수 있다. 대다수의 노인세대는 퇴직으로 인한 수입격감이나 사회보장 미비, 자녀교육 과정에서의 과다지출, 질병 등의 원인으로 경제적인 문제를 경험하게 된다.

인간에게 있어 일이라는 것은 단순히 경제적인 문제 외에도 정신적인 욕구를 충족시켜 주는 중요한 역할을 한다. 그러므로 경제적인 문제 이외에는 당장 할 일이 없다는 것은 노년기의 심리적 적응에 중요한 영향을 미치게 된다. 남성은 여성에 비해 역할상실에서 보다 심각한 문제를 경험하게 되는데, 이는 사회적인 역할상실이 가족이나 친지에 대한 역할상실에 비해 그 정도가 훨씬 강하기 때문이다. 특히 외부의 직업적 역할에 치중한 남성인 경우에 역할상실로 인한 문제는 더욱더 심각하다.

오늘날과 같은 노동지향적 산업사회에서 직업은 개인에게 정체감을 심어주고, 자신에 대한 가치와 자아존중감을 형성하게 해주기 때문에 일생을 바쳤던 직업으로부터의 이탈은 정체감 및 역할의 상실이나 전환을 초래하고 자아정체감의 재확립을 요구하게 된다. 즉, 은퇴는 단순히 직업의 상실이라는 차원을 넘어 새로운 신체적·심리적 적응을 필요로 하는 생애의 일대 사건으로 개인에게 다가오는 것이다. 특히 가족부양을 남성다움으로 여기는 남성이나 자신의 가치를 자신이 벌어오는 돈으로 정의하는 사람들은 직업을 잃음으로써 봉급 이상의 것을 잃게 된다. 이들은 자신의 일부를 잃으며, 자아존중감을 상실하게 된다(Brenner, 1991; Merva & Fowles, 1992).

직업역할의 상실은 개인의 심리적 적응에서 문제를 초래하기도 하지만, 가족 내에 또 다른 역할갈등을 유발하는 요인으로 작용하기도 한다. 은퇴 이후 부부가 함께하는 시간이 많기 때문에 서로 친밀감을 나누고 공통의 관심사나 취미생활을 하면서 즐거움을 느끼고 위안이 되기도 하지만, 하루 종일 나가 있던 남편이 은퇴 후 매일 집에 있게 됨으로써 아내가 스트레스를 받게 되고 부부관계에 긴장을 초래하기도 한다.

그리고 은퇴는 신체적, 정신적인 건강에 큰 영향을 미치게 된다. 은퇴 자체로 인해 건강이 악화되는 것은 아니지만 은퇴 이후의 불규칙한 생활습관이나 역할의 단절, 수입의 감소는 신체적인 건강뿐만 아니라 정신건강에도 문제를 초래할 수 있다. 또한 은퇴로 인해 정해진 시간에 출퇴근하던 규칙적인 생활리듬을 상실하게 되고 식사도 규칙적으로 하지 않게 됨으로써 건강문제에도 영향을 미치게 된다. 그러므로 사회적인 역할상실을 보완할 정도는 아니라 하더라도 가정 내에서 자신이 수행할 수 있는 적절한 역할을 찾아보거나 규칙적인 생활습관을 유지함으로써 건강을 유지하고자 하는 노력이 필요하다.

은퇴에 대한 사회적인 고정관념도 은퇴 이후의 적응에 부정적인 영향을 미치는 요인이다. 실제로 은퇴자 자신은 은퇴를 부정적으로 생각하지 않더라도 다른 사람들이 이를 부정적으로 생각하고 은퇴한 사람들에 대해 부정적인 시선을 보낸다면 적응에 어려움을 갖게 된다. 일반적으로 은퇴한 사람들은 건강이 좋지 못하고, 덜 활동적이고, 생활만족도가 낮다는 등과 같이 은퇴에 대한 부정적인 시각을 많이 가지고 있지만, 연구 결과는 그렇지 않은 것으로 나타났다(정옥분, 2008).

칸과 오트넉시(Kahn & Autonucci, 1980)가 제안한 호위이론(convey theory)에서는 친밀도의 정도에 따라 인간관계의 종류를 구분하고, 친밀도가 적은 외집단과의 사회적 접촉만이 은퇴의 영향을 크게 받는다고 하였다. 즉, 이 집단에 속한 직장동료는 멀어지는 경향이 있고, 여가활동을 함께하는 새로운 친구들이 이들을 대체하게 된다. 은퇴자들에게는 여전히 안정적인 내집단의 가까운 친구와 가족이 있고, 이들로부터 사회적 지원을 받기 때문에 은퇴 후 상실감을 느끼지 않는다는 것이다.

2) 은퇴 후 적응과정

어떤 학자들은 은퇴에 대해 적응해 나가는 것을 하나의 과정으로서 파악하고자 하였다. 노년학자인 애철리(Atchley, 1976)는 은퇴의 과정을 시간의 흐름에 따라 변화하는 단계적 현상으로 파악하고 은퇴 과정을 7단계로 구분하였다가 이후 은퇴 과정에 대한 자신의 모델을 다소 수정하여 <표 11-1>과 같이 8단계로 구분하여 설명하였다(Atchley, 2003).

〈표 11-1〉 은퇴의 단계

단 계	주요 특성
은퇴 전 단계	• 먼 단계 : 은퇴에 대한 막연한 인식을 가짐 • 근접 단계 : 은퇴를 의식하고 말년의식을 보이거나 은퇴 후 생활에 대한 환상을 가짐
밀월 단계	• 일에서의 해방으로 인해 도취된 시기임 • 대부분의 시간을 자신의 관심사나 흥미와 관련된 영역에 소모함 • 경제적 지출이 있게 되므로 재정상태에 따라 밀월 단계 지속기간이 결정됨
안정 단계	• 은퇴 이전에 은퇴 후 활동이나 사회관계에 대한 선택을 한 사람일수록 은퇴 후 생활이 쉽게 안정됨
휴식 단계	• 활동적인 밀월 단계와는 대조적으로 전체적인 활동량이 감소함 • 충분한 이완과 휴식을 취하면서 지난 생을 반추해 보고 퇴직 이후의 생활 계획을 수립함

환멸 단계	• 은퇴생활에 대한 환상에서 벗어나 실망하거나 우울을 경험함 • 은퇴 전 단계에서 은퇴에 대해 비현실적인 환상을 가진 경우에 환멸이나 공허감이 더 심하게 나타남 • 환멸 단계에 이르는 퇴직자는 많지 않으며, 대부분의 경우 이 단계를 거치지 않음
재지향 단계	• 재정상태나 어떤 일의 실천 가능성을 재고하여 정확한 현실인식을 하고 현실적 생활양식을 선택하려 함 • 새로운 인간관계 속에서 자아를 정립해 나감
일상화 단계	• 은퇴 후 생활 변화를 일상적으로 처리할 수 있게 됨 • 예측 가능한 생활을 영위함 • 장기간 지속되는 단계임
종결 단계	• 질병이나 장애에 의해 은퇴자의 역할이 중단됨 • 독립적 생활이 줄어들고 가족 등의 지지망에 대한 의존성이 증가함

1990년대 초반까지 은퇴 이후의 적응에 대한 연구의 초점은 애칠리가 제시한 은퇴 단계 모형에 모아졌다. 그러나 이제는 은퇴가 단계 개념으로 진행된다는 생각은 지지를 받지 못하고 있다(Stems & Gray, 1999). 그 대신 연구자들은 은퇴에 대한 적응은 신체적 건강, 경제적 상태, 은퇴 형태(강제퇴직 또는 자의퇴직), 개인적 통제력 간의 복잡한 관계의 결과로 진행된다고 주장한다(Gall, Evans & Howard, 1997).

사람들은 각기 다른 연령에, 각기 다른 이유로 은퇴하기 때문에 모든 사람들이 일률적으로 이러한 단계를 거치는 것은 아니다. 그러나 은퇴 과정에서 각 개인이 경험하게 되는 일반적인 심리상태를 파악하는 데에는 애칠리가 제시한 은퇴 단계 모형이 유용한 모델이라고 볼 수 있다.

3) 은퇴생활 준비

은퇴에 대한 적응은 은퇴 전에 얼마나 은퇴를 잘 준비하였는가와 자신의 시간을 어떻게 활용하는가에 달려 있다. 그런데 대부분 아직 은퇴 이후의 삶에 대한 준비가 미흡한 실정이다.

평균수명이 길어짐에 따라 앞으로 많은 사람들이 20~30년 이상의 은퇴기를 보낼 수 있으므로 은퇴 이후의 시간을 어떻게 보낼 것인가의 문제는 매우 중요하다고 할 수 있다. 은퇴에 대한 계획은 이상적으로는 중년부터 시작해야 하며 빠를수록 좋을 것이다. 은퇴를 위한 계획을 할 때는 인생이 즐겁고 성공적인 것이 될 수 있도록 인생을 설계하며, 재정적인 필요에 대비해 그것을 적절히 준비하고, 신체적 또는 정서적 문제를 얼마간 예상하며 은퇴가 자신에게 어떠한 영향을 미칠지에 관해서 배우자와 의논하는 것 등이 포함된다(Bergstrom, 1990; Kirkpatrick, 1989; Weistein, 1991). 이러한 문제에 관해서는 은퇴준비 연수회나 기업에서 주관하는 프로그램으로부터 도움을 받을 수도 있다.

은퇴생활의 준비에 대해 좀 더 구체적으로 살펴보면 다음과 같다(이인수, 1995).

첫째, 노년기에 발생하는 문제 중 경제문제, 건강문제, 여가문제, 주거문제 등과 같은 문제에 대해 다양한 정보를 수집한다.

둘째, 은퇴 후 생활에 대해 주위 사람들의 경험을 들어보고, 자신이 결정하고자 하는 사항에 대해 자세히 털어놓고 자문을 구한다. 그리고 주거문제, 연금관리, 부동산관리 등 전문분야는 전문가와 상담한다.

셋째, 은퇴 후의 소득방안, 활동, 건강관리 등에 대해 목표를 설정한다. 예컨대 저축에 관한 계획을 기간별로 설정하여 기록하고, 단계적으로 점검하면서 적절히 투자할 대상에 연결해 본다.

넷째, 은퇴 후의 계획은 은퇴 이전부터 미리 조금씩 시도해 본다. 예를 들면, 새로운 친구도 사귀어 보고, 자원봉사도 일주일에 한두 번씩 해보는 습관을 조금씩 들이도록 한다.

다섯째, 이러한 계획들을 그때그때 변하는 주변 환경, 경제적 여유, 가족사항에 비추어 종합적으로 검토해 보고 수정 보완하여 은퇴생활 계획에 대한 준비를 완료한다.

은퇴에 대한 준비가 필요하다는 사실은 널리 인식되고 있다. 이처럼 노후 대비의 필요성과 중요성을 인식하고 있음에도 불구하고 대부분의 중장년층은 자녀의 사교육이나 주택마련에 대한 부담증가 등으로 노후준비를 '안 하는 것'이 아니라 '못 하는' 상황에 처해 있다. 은퇴 이후의 적응을 돕고 성공적인 삶을 영위할 수 있도록 하기 위해 여러 기업체를 중심으로 은퇴준비 프로그램이 실시되고 있다. 그러나 아직까지는 은퇴에 대한 전반적인 이해 부족으로 형식적으로 이루어지고 있는 실정이다.

그리고 여가교육은 그 중요성이 더욱 강조되고 있다. 은퇴 이후의 여가시간을 어떻게 사용하는가에 따라 여가는 개인에게 하나의 훌륭한 자원이 될 수도 있고 오히려 무료함이나 권태감을 갖게 하는 부정적인 자원이 될 수도 있다. 여가시간이 주어졌다고 해서 모든 사람들이 이를 제대로 활용할 수 있는 것은 아니며 평소 이에 대한 교육이 얼마나 이루어졌는가에 따라 그 활용도나 은퇴 이후의 적응에서는 차이를 보이게 된다. 그러므로 은퇴 이후의 대책은 개인적인 복지 차원에서도 필요하지만 사회적으로도 은퇴 이후의 적응을 도와주기 위한 노력이 필요하다. 또한 체계적인 은퇴준비 프로그램이 사회복지 서비스의 중요한 영역으로 자리 잡을 수 있도록 사회 전반에 걸친 관심이 필요하다(정옥분, 2008).

4) 은퇴준비교육의 필요성과 목표

은퇴준비교육이란 교육을 통해서 은퇴준비를 적절하게 할 수 있도록 하는 활동을 총칭한다. 은퇴준비교육은 노후생활을 이해하고, 노년기의 삶의 질을 향상시키며 삶의 보람을 재발견하고, 급속한 사회변동에 성공적으로 적응하도록 하며 연령에 따른 생애 단계별 가치 및 은퇴 후의 생활에서 오는 문화적 갈등을 좁히는 데 도움을 준다(김남숙, 2004). 또한 은퇴준비교육을 통해 노년기의 삶에 대해 계획하고 준비할 수 있는 기회를 줌으로써 노년기의 삶을 여유롭고 보람있게 보낼 수 있도록 도와주는 역할을 하기도 한다(허정무, 2001).

은퇴에 대한 적응 연구결과들을 살펴보면 개인의 은퇴생활에 대한 적응 정도는 은퇴자의 은퇴에 대한 계획 정도와 매우 높은 상관관계가 있는 것으로 나타났다. 은퇴준비교육 프로그램이 은퇴자의 재정적 관심사, 건강, 생활태도 등에 대한 인식을 증가시킨다는 연구결과들이 있다. 은퇴준비교육은 은퇴를 앞둔 근로자나 그의 배우자를 포함하여 그와 가까운 사람들에게 퇴직 후에 일어나는 변화의 특성을 이해하고 그 변화에 준비하도록 함으로써 퇴직 후 생활에 효율적으로 적응할 수 있도록 각종 정보를 제공할 뿐 아니라 그에 필요한 지식과 기능을 습득하도록 돕는 것이다. 따라서 은퇴준비교육의 의의는 성인 및 노인들로 하여금 자신의 삶을 주체적으로 계획하고 변화시켜 나갈 수 있도록 하며, 퇴직 및 실직이라는 갑작스러운 변화를 미리 대비하고 적극적으로 대응해 나갈 수 있도록 함으로써 퇴직 후 노인기의 삶의 질을 향상시키는 데 있다(한정란, 2005).

은퇴는 중요한 삶의 변화이기에 적절한 준비와 계획이 필요하다. 성공적 은퇴는 계획과 준비를 통하여 새로운 역할에 대한 기대가 제공되는 것이다. 은퇴준비는 은퇴생활의 성공적 적응을 위한 핵심요소인 것이 연구를 통하여 밝혀졌다. 은퇴준비와 계획을 가지고 있는 은퇴자는 은퇴에 대하여 좀 더 호의적이고, 은퇴 이후의 삶에 대하여 자신감을 가지고 편안하게 수용하는 경향이 있다. 결국 은퇴준비교육은 성공적 노화를 가능케 하는 동시에 노인복지증진에 지대한 영향을 미치는 활동으로 판단된다. 그러므로 은퇴준비교육은 노인 개인뿐만 아니라 가족이나 사회적으로도 유용한 노인복지와 연관되는 분야로 포함되어야 마땅하다.

은퇴는 생애발달과정상 큰 사건이다. 더욱이 21세기 지식정보사회에서 세상이 빠르게 변화하고 있기 때문에 은퇴 이후의 생활에 대한 준비와 계획이 없을 경우에 노인은 사회적응에 어려움을 가지게 된다. 그리하여 불행한 노후를 보내는 경우가 많다. 은퇴준비교육은 은퇴의 충격에서 벗어나 은퇴 후 성공적 노후생활을 영위할 수 있도록 돕는 사회복지적・교육적 활동이다. 몬크(Monk)는 은퇴준비교육의 목표로 다음과 같은 내용을 지적하고 있다(Monk, 1984, 현외성, 2010 재인용). 은퇴 후 생활적응과 관련하여 적절한 선택을 할 수 있도록 기술과 정보를 제공함으로써 은퇴 후의 생활을 미리 예견하고 대처하도록 돕는다. 또한 은퇴에 대한 긍정적 태도를 가지게 함으로써 은퇴 후의 생활을 사전에 계획하고 계획을 현실적으로 실행할 수 있도록 하는 것을 목적으로 한다.

은퇴준비교육 프로그램이 제공되는 방식에 관계없이 은퇴준비교육 프로그램이 갖는 일반 목표를 정리하면 다음과 같다(현외성, 2010).

첫째, 노화와 퇴직으로 인해 정상적으로 일어나는 상황에 대한 이해를 증진시킴으로써 건강, 경제상황, 가족관계, 역할변화, 사회적 변화, 주택 등에 대한 정확한 인식을 돕는다.

둘째, 상황판단능력, 대안고려능력, 문제해결능력 등을 강화시켜 미래생활에 대한 관리능력을 향상시킨다.

셋째, 수입, 건강, 주택, 여가활동, 사회적 관계 등 은퇴 후 생활 전반에 대한 계획을 수립하도록 한다.

넷째, 은퇴에 대한 불안과 근심을 감소시키고 은퇴 후 생활에 대한 긍정적 인식을 배양한다.

다섯째, 은퇴에 대한 성공적 적응으로 은퇴 후 사기, 생활만족도, 자아실현을 가능케 한다.

CHAPTER

12 노년기 우울증

우울증은 정동장애 중 가장 심각한 질환이다. 때로는 엄청난 실망감 같은 사건들이 이 장애를 일으킬 수 있다. 노인들에게 우울증은 배우자를 잃거나 말기 질환의 발병에 수반되기도 한다. 병리적인 것이 아니라 감상적인 우울 감정은 상황에 따라 일상적으로 일어나기도 한다. 많은 사람들은 나이에 상관없이 때때로 우울한 경험을 한다. 일반적으로 우울한 사람은 슬퍼하며, 자기존중감이 낮고, 무기력하며, 삶이 혼란스럽고, 희망이 없으며, 삶의 의미가 없다고 여긴다. 우울장애의 신체 증상으로는 수면장애, 식욕부진, 주의집중 곤란 등이 있다(김동기 · 김은미, 2010).

1. 노년기 우울증의 특징

청소년기나 성인기에 비해 노인들은 흔하게 경험하게 되는 실직, 경제적 어려움, 자녀의 무관심 및 갈등, 배우자의 사망, 신체기능의 저하 및 만성통증, 권위의 상실, 그리고 노화에 따른 세로토닌 · 도파민 같은 신경전달물질의 감소 등으로 인해 우울증이나 심리적 고통에 노출된다. 또한 나이와 우울증은 관련이 있는 것으로 보이는데, 노인들에게는 늙는 것 자체가 우울한 일이 될 수 있다. 남성 노인들보다는 여성 노인이 우울증에 더 노출되는 것으로 알려져 있다. 여성 노인은 남성과 비교하여 유전적인 요인이나 내분비적인 차이의 가능성이 제기되며, 정신적인 스트레스가 남성에 비해 많은 것이 한 요인으로 여겨진다. 부부간의 만족도가 높을 때, 한쪽 배우자의 사별은 우울증의 유발 가능성을 높인다(Hillier & Barrow, 1999).

그러나 우울증으로 고통받는 65세 이상의 대부분의 사람들은 정식으로 정신과 치료를 받지 않고 있다. 노인들은 어려움에 직면해도 표현을 하지 않고, 늙어서 그렇다고 생각하며, 소극적으로 대응하기 때문에 증세가 상당히 진행된 후에 문제가 별견되기도 한다. 때로 자살 시도와 같이 극단적으로 대응하는 경우도 적지 않다. 노인들의 자살은 선택방법이 훨씬 더 위험하고 성공률도 높아서 주의가 필요하다.

노년기에 나타나는 우울장애는 삶의 다른 시기와는 다른 특징을 가진다. 우선 이 시기의 우울감은 유전적인 요인보다는 상황적인 요인이나 질병으로 인한 경우가 많다. 기분장애의 가족내력은 드물다는 것이다. 그래서 반응성 우울증이 노년기에 주로 보고된다. 노인들은 우울하다거나 흥미나 즐거움이 상실되었다고 하기보다 '힘이 없다', '밥맛이 없다'와 같은 신체적인 증상을 보고하는 경우가 많아 감별하기가 쉽지 않다. 또한 노년기의 우울증은 대부분 적극적인 치료가 이루어지지 않는 경우가 많아 가면성으로 간주되기도 한다.

선행 연구에서는 노인들 가운데 대략 15~20% 정도가 약한 우울증을 겪고 있으며, 단지 1~2% 정도만이 병적으로 우울하다는 것을 밝혔다(Kausler & Kausler, 1996). 노인들 사이의 병적인 우울증 발병은 실제로 젊은이들의 4%보다 더 낮다는 보고도 있다(Kant et al., 1997; Richardson & Hammond, 1996). 노인의 사망률은 우울증이 있을 경우 3배 정도가 더 높다는 보고가 있어 그 예후가 좋지는 않다(NIH concensus Development Panel on Depression in Later Life, 1992). 그러나 일반적인 인식과 달리 조기에 발견하면 완치 가능하며, 젊은 환자들과의 비교연구에서도 노인 우울증의 예후가 크게 나쁘지 않다는 결과가 보고되기도 한다. 하지만 적절한 시기에 치료적 개입을 하지 못하면 신체적 기능 약화에 따른 사망률과 자살 위험성이 높은 노인 우울증의 특성상 일반 성인에 비해 부정적 결과를 야기할 가능성이 대단히 높다. 또한 인지기능 장애를 동반하는 경우가 흔하여 치매로 발전될 수도 있는데, 실제로 치매가 없는 노년기 우울증 환자의 57%에 대한 추적조사에서는 그들이 치매로 진전되었다는 결과가 있다(Reding et al., 1985).

노년기 우울증은 '가성치매(pseudo dementia)'로 표현되기도 한다. 우울시기에 나타나는 정신운동 속도의 지연이나 인지적 능력의 빈약함으로 인해 치매로 오인될 수 있기 때문이다. 또한 노년기에 흔히 발생하는 신체질환으로 인해 우울 증상을 간과하거나 정상적인 노화과정으로 간주할 가능성이 높다. 최근에 우울증과 치매의 혼재성 장애(mixed cognitive and affective symptoms; Reifler, 1997)의 개념까지 제기되었는데, 이 두 가지 질환은 감별이 대단히 어렵고 공존하는 경우가 많다. 인지적 손상의 원인이 우울증이라면 완전한 회복이 가능하며, 알츠하이머라 하더라도 우울증을 치료해 주면 증상이 완화되기도 한다. 우울증의 치료 후에도 이전 수준에 비해 약화된 인지적 상태가 계속된다면 알츠하이머 혹은 초기 치매의 진단을 내릴 수 있다. 이는 치매로 발전될 가능성이 높은 것으로 볼 수 있다(김동기 · 김은미, 2010).

2. 노년기 우울증의 유형

1) 주요 우울증

우울증은 다양한 형태로 나타나는데, 주요우울장애는 이 장애군을 대표하는 전형적인 질환이다. 정신질환의 진단 및 통계편람-5(DSM-5 : Diagnostic and Statistical Manual of Mental Disorder-5)에서 주요우울장애(Major Depressive Disorder)로 진단을 받으려면 다음의 증상 가운데 5가지(또는 그 이상)의 증상(증상 가운데 적어도 하나는 우울 기분이거나 흥미나 즐거움의 상실이어야 함)이 2주 연속 지속되며, 명백하게 다른 의학적 상태로 인한 증상은 포함되지 않아야 한다.

① 하루 중 대부분 그리고 거의 매일 지속되는 우울 기분에 대해 주관적으로 보고(예 슬픔, 공허감 또는 절망감)하거나 객관적으로 관찰됨(예 눈물흘림)
② 거의 매일, 하루 중 대부분, 거의 또는 모든 일상 활동에 대해 흥미나 즐거움이 뚜렷하게 저하됨
③ 체중 조절을 하고 있지 않은 상태에서 의미 있는 체중의 감소(예 1개월 동안 5% 이상의 체중변화)나 체중의 증가, 거의 매일 나타나는 식욕의 감소나 증가가 있음(주의점 : 아동에서는 체중 증가가 기대치에 미달되는 경우)
④ 거의 매일 나타나는 불면이나 과다수면
⑤ 거의 매일 나타나는 정신운동 초조나 지연(객관적으로 관찰 가능함, 단지 주관적인 좌불안석 또는 처지는 느낌뿐만이 아님)
⑥ 거의 매일 나타나는 피로나 활력의 상실
⑦ 거의 매일 무가치감 또는 과도하거나 부적절한 죄책감(망상적일 수도 있는)을 느낌(단순히 병이 있다는 데 대한 자책이나 죄책감이 아님)
⑧ 거의 매일 나타나는 사고력이나 집중력의 감소 또는 우유부단함(주관적인 호소나 객관적인 관찰 가능함)
⑨ 반복적인 죽음에 대한 생각(단지 죽음에 대한 두려움이 아닌), 구체적인 계획 없이 반복되는 자살 사고, 또는 자살 시도나 자살 수행에 대한 구체적인 계획

이상과 같은 증상이 사회적, 직업적, 또는 다른 중요한 기능영역에서 임상적으로 현저한 고통을 초래하고, 그리고 삽화가 물질의 생리적 효과나 다른 의학적 상태로 인한 것이 아니어야 한다고 하였다.

주요 우울증은 멜랑콜리 우울증(melancholic depression)과 정신증적 우울증(psychotic depression)으로 나눌 수도 있는데, 먼저 멜랑콜리 우울증은 의욕상실, 즐거운 자극에 대한 반응 결핍, 아침에 증상 악화, 과도한 정신적 동요 혹은 지체, 뚜렷한 체중 감소, 우울증 발현 시 전기충격 요법이나 항우울제와 같은

생물학적 치료에 대한 빠른 반응, 이전의 발병에서 유사한 증상이 호전된 경험 등의 증상 가운데 적어도 다섯 가지 증상을 보여야 한다.

또 다른 유형의 주요 우울증인 정신증적 우울증은 심각한 역기능과 관련된 망상과 환각이 특징적인 증상이다. 멜랑콜리 우울증과 정신증적 우울증은 약물치료나 전기충격 요법과 같은 생물학적인 치료에 더욱 잘 반응하는 것으로 알려져 있다. 정신증적 우울증은 중년층보다는 노인에게 상대적으로 더 흔하게 나타난다. 정신증적 우울증을 겪고 있는 노인은 대개 전기충격 요법에 잘 반응한다(김동배 외, 2007).

주요 우울증의 재발은 때때로 과도한 흥분 혹은 조증과 교대로 나타나기도 한다. 조증은 수면 감소, 지나친 에너지, 과대망상적 사고과정(이 때문에 무분별한 책임감을 갖거나 업무상 무능한 의사결정을 내릴 수 있다), 과장된 자신감, 판단력의 상실 등으로 특징지을 수 있다. 어떤 연령계층이든 조증을 발현하는 사람은 과대망상적이고 도취적인 기분에 사로잡히지만, 노인은 신경이 과민해지고 자주 화를 내는 전형적인 증후를 보인다. 양극성 기분장애(bipolar mood disorder) 혹은 조울증(manic depressive illness)은 노년기에는 별로 흔하지 않은 증상이다.

2) 기분부전장애

노인에게는 주요 우울증보다 기분부전장애(dysthymic disorder, 만성적 우울증 혹은 우울증적 신경증)가 더 흔하게 나타난다. 기분부전장애는 우울증을 적어도 2년 정도 겪고 있는 경우일 때 진단이 가능하다. 이 2년 동안 대부분의 시기에 심각하지는 않더라도 우울 증상을 겪은 경우라면 기분부전장애로 진단 내릴 수 있다. 기분부전장애와 주요 우울증은 흔히 함께 나타난다. 만성적 우울증을 겪고 있는 사람들은 주요 우울증으로 발전될 가능성이 훨씬 농후하기 때문이며, 결과적으로 '이중 우울증'이 되는 것이다. 이 만성적 우울증은 멜랑콜리 우울증이나 정신증적 우울증의 특징을 가지고 있는 주요 우울증보다 심리적, 심리사회적 요인의 영향을 더 많이 받는 것으로 보인다.

3) 적응장애

우울한 기분이 함께 나타나는 적응장애는 앞에서 언급된 장애와는 구별되는데, 우울증의 증상이 신체적 또는 환경적 스트레스 요인과 관련되어 있기 때문이다. 신체적 질병은 노인의 적응장애를 유발하는 가장 흔한 스트레스 요인이다. 퇴직과 경제적 어려움, 새로운 사회적 역할에 대한 적응문제, 부부문제, 거주지의 변화 등의 요인도 적응장애를 일으킬 수 있다. 적응장애는 본래 일정한 시간이 지나면 사라진다. 그러나 일부 스트레스 요인은 몇 달 또는 심지어 몇 년 동안 지속되며(예 만성적 질병 등), 그 스트레스 요인은 계속적으로 우울한 기분을 수반한다. 일반적으로 어느 연령 계층이든 사람들은 모두 스트레스 요인에 적응하며 어느 정도 시간이 지나면 적절한 대처수단을 개발한다. 스트레스 요인이 없어진 후에도 우울 증상이 몇 달 동안이나 지속된다면 주요 우울증이나 기분부전장애와 같은 다른 진단을 고려해 보아야 한다(김동배 외, 2007).

3. 노년기 우울증의 치료

노년기 우울증의 임상적 치료와 관리에 최상의 효과를 얻기 위해서는 생물학적 치료(biologic therapy)와 심리치료(psychotherapy), 가족치료(family therapy)가 상호보완적으로 이루어져야 한다. 그런데 생물학적 치료에 속하는 약물치료와 전기충격요법은 의학적 분야에 속하기 때문에 본 서에서는 구체적인 언급을 생략하고 심리치료와 가족치료에 대해 살펴보고자 한다.

1) 심리치료

심리치료 개입은 교육과 함께 시작해야 한다. 우울증은 의욕 감소와 자기비하를 유발한다. 이와 같은 부정적인 자기 귀인(self-attributes)은 노인의 치료방법 모색과 치료에 대한 협력 의지를 방해한다. 노인은 자기 자신 때문에 우울증이 생겼다고 생각하거나 혹은 치료를 받으려면 가족에게 지나친 부담이 될 것이라고 믿는다. 환자와 가족은 우울증이 질병임을 알아야 한다. 의사는 첫 번째 진단검사에서 우울증의 특성을 설명해 주어야 한다. 의사는 많은 책과 팸플릿을 활용해 노인이 우울증을 이해하도록 도울 수 있다(김동배 외, 2007).

인지심리치료(cognitive psychotherapy)가 노인의 우울증 치료에 효과가 있음은 주지의 사실이다. 우울증의 특성에 대한 교육과 더불어 치료자는 노인에게 우울 증상을 악화시키는 태도를 바꾸도록 권유하고 격려해야 한다. 현재의 문제를 해결하기 위해 과거를 찾아가는 전통적인 심리치료와는 대조적으로 인지심리치료의 핵심은 '지금－여기'라는 현재적 개념이다. 인지심리치료는 대개 15~25회기의 진행을 요한다. 따라서 대부분의 노인은 통찰을 지향하는 전통적인 장기치료보다 인지심리치료를 더 선호한다.

인지심리치료는 노인이 생각과 감정 사이에 상호작용을 인식하도록 도움을 주는데, 이를 통해 생각하는 것을 느끼고 느끼는 방법을 생각하게 된다. 하지만 이들 중 어떤 것이 먼저인지는 알기 어렵다(아마도 무엇이 먼저인지는 중요하지 않을 것이다). 예를 들어, 일차적으로 생물학적인 우울증은 우울의 감정, 즉 무기력과 집중의 어려움, 수면장애, 즐거움 감소 등을 촉진시키는데, 이는 결국 '나는 게으른 사람이다'와 같은 부정적인 생각으로 귀결된다. 한편 아무도 돌봐주지 않으며 사회적으로 고립되어 있고 미래는 불행을 가져올 뿐이라고 지속적으로 생각하는 것은 수면장애, 식욕감퇴, 원기결핍, 대부분의 활동에서의 즐거움 상실 등의 문제를 유발한다.

인지심리치료의 창시자인 벡(Aaron Beck, 1979)은 이런 부정적인 생각을 극복하기 위한 많은 방법을 제시하였다. 우선 노인은 자신의 내면화된 비판에 대해 응답해야 한다. '나는 이제 애들에게 쓸모없는 사람이야'와 같은 부정적인 생각이 떠오르면 그 생각을 종이에 적어본다. 그러면 그 생각이 과연 합리적인가가 평가될 것이다. 그동안의 생각이 왜곡되었다는 것이 밝혀지면서 '애들이 내가 며칠 동안 자기 아이들을 돌봐주어 아주 고마워하는 것 같다'와 같이 생각이 바뀔 수 있다.

우울증을 앓고 있는 노인은 전혀 움직이고 싶지 않다는 생각을 자주 하게 된다. 아침에 일어나면 옷도 갈아입지 않고 하루 종일 의자에 앉아서 프로그램에 집중하지 않으면서도 그저 TV를 멍하니 쳐다본다. 그런 행동은 자기 패배적이라고 할 수 있는데, 그것은 '나는 아무에게도 쓸모가 없어', '나는 정말 게으르고 아무것도 할 수 없어'라는 믿음을 강화시키기 때문이다. 그러므로 인지심리치료자는 노인에게 매일의 활동계획표를 만들라고 권유한다. 계획표는 현실적이어야만 한다. 벅찬 일정으로 계획된 활동을 다 실행하지 못하면 우울증이 더 악화될 수도 있기 때문이다. 매일 몇몇 활동을 다 실행할 수 있게 되면 긍정적인 강화가 뒤따른다. 우울증을 겪는 노인은 규칙적으로 식사하고 잠자야 하며, 집에 있기를 선호한다고 해도 외출해서 친구나 친척을 만나야 한다. 또한 경제적으로 여유가 된다면 우울증 주기를 깨뜨리기 위해 1~2주 정도 여행을 가는 것도 좋다. 여행은 많은 우울한 생각이 집에서의 일상적인 활동과 연관되어 있다는 것을 노인에게 일깨워 주는 데 도움이 된다(김동배 외, 2007).

부정적인 태도를 극복하는 또 다른 방법으로는 '인생 회고(life review)' 기법이 있는데, 이는 로베르트 버틀러(Robert Butler, 1963)가 제안한 방법이다. 노인은 종종 자신들의 삶이 가치가 없다고 생각한다. 만일 자서전을 쓰거나 생에 대한 의미를 발견하도록 용기를 북돋워 주면, 노인은 회상을 통해 낙담하던 것과는 반대로 자신의 삶에 대해 더욱 균형적인 안목을 회복한다. 자녀와 손자들은 노인 세대의 생생한 역사를 소중히 생각한다. 회고는 시나 노래 짓기, 가족사진 모으기, 가계혈통 찾기 등을 포함한다. 1950년대 이후 골동품과 유물에 대한 관심이 높아지는 등 최근 20세기 전반부에 대한 젊은 세대의 관심은 노인의 과거 삶의 위상을 높여주고 있다.

2) 가족치료

우울증 노인을 치료하는 대부분의 의사는 노인 한 사람만을 치료하는 것이 별로 도움이 되지 않는다는 것을 알고 있다. 노인은 혼자 오지 않고 대부분 가족과 함께 진료를 받으러 온다. 우울증 노인이 치료를 받기로 결정하기는 쉽지 않지만, 그들은 가족의 의견을 기꺼이 들으며 의사를 함께 방문함으로써 가족을 안심시킨다. 그러므로 임상의는 생물학적·심리적·사회적 치료계획에 대한 협력을 확보하기 위해 가족과 함께 하는 노력을 아끼지 말아야 한다. 양 세대로부터의 지원은 우울증을 앓고 있는 노인이 배우자에게 돌봄을 받기가 어려울 때 특히 중요하다. 일반적으로 노인은 의사가 가족과 함께 이야기하는 것에 저항하지 않는다. 사실상 대부분의 치료자는 노인이 약물복용 관리와 심리치료를 받을 때마다 가족과 많은 이야기를 한다.

가족치료가 가장 중요한 예로는 자살할 위험이 있는 우울증 노인의 경우이다. 자살은 완벽하게 예방될 수 없으며, 앞에서 언급한 바와 같이 생애주기의 다른 단계보다 우울증을 앓고 있는 노인에게서 더욱 빈번하게 나타난다. 자살에 대한 위험이 인지되면 몇 가지 예방적인 방법을 시도해 볼 수 있다. 예를 들어, 노인에게서 약물을 제거해야 하며 가족의 특별한 보살핌이 있어야 한다. 주의 깊게 노인을 지켜보아야 한다. 그러나 의사는 가족에게 너무 많은 책임을 부과하지 않도록 신중해야 한다. 심각하게 자살할 위험이 있다고 판단되면 노인은 입원해야 하는데, 이런 결정은 의사가 내려야 한다. 따라서 의사는 가족의 책임을 줄여주어 우울증 상태가 지속되는 동안 노인과 가족 사이의 갈등을 감소시켜 주어야 한다.

가족 역시 우울증을 앓고 있는 노인과 적절하게 의사소통할 수 있도록 지시된 방법을 따라야 한다. 계속 자신을 비하하고 미래에 대해 전혀 긍정적이지 않은 사람을 어떻게 대해야 할까? 가족은 '나는 당신의 말을 듣고 있으며 이해합니다'와 같은 뜻을 노인에게 강조하도록 교육받아야 한다. 그리고 가족은 노인에게 우울증이라는 질병 때문에 올바르게 사물을 판단하지 못할 수도 있음을 상기시켜 주어야 한다.

때때로 노인은 더 이상 살고 싶지 않다고 말하며 약물치료든 심리치료든 모든 것을 거부하기도 한다. 그런 경우에는 가족이 함께 협력하여 적절한 평가를 내리도록 해야 한다. 종종 가족 중 누군가는 노부모의 자기 파괴적 행동 가능성이 높을지라도 사랑하는 노부모님의 의도에 반하여 행동하기를 주저하기도 한다. 그러나 심각한 우울증 노인에 대한 정신의학적 평가와 치료는 노인의 존엄성을 저해하지 않는다. 오히려 효과적인 치료는 많은 경우 노인의 존엄성을 되찾아 준다. 가족은 또한 노인이 지나치게 가족에게 의존하지 않도록 도와주는 행동치료 기법의 혜택을 받을 수 있다. 치매노인 등 우울증을 앓고 있는 노인은 가족의 지속적인 관심을 원하지만, 우울증을 앓고 있는 노인들 가운데 혼자 있기를 원하는 경우도 있다.

우울증은 생애주기적 관점에서 환자를 치료하려는 전문가에게는 시간도 많이 걸리고 해결도 쉽지 않은 문제이다. 그러나 우울증을 앓고 있는 노인을 돕기 위한 적절한 개입방법은 아주 많다. 우울증을 극복하기 위한 효과적인 방법이 많이 있으므로 우울증에 대한 태도도 고무적이어야 한다. 그래서 영국의 심리학자 마틴 로스(Martin Roth)는 “우울이 있는 곳에 역설적으로 희망이 존재한다”라고 말하기도 했다(김동배 외, 2007).

CHAPTER

13 노인과 알코올

노인과 알코올중독 분야는 과학적 연구에서는 상대적으로 새로운 분야이다. 노인들이 지닌 문제로서 알코올중독은 최근까지는 대체로 무시되어 왔다. 은퇴 후 노인들이 눈에 띄지 않는 삶을 살게 되면 알코올 문제가 잘 은폐되어 알코올중독에 이르기가 쉬울 것이다. 그래서 10대와 젊은 층 그리고 중년의 알코올 문제에 대하여 우리가 알고 있는 것에 비교하여 노인의 알코올남용이나 알코올중독 문제에 대한 우리의 현재 지식수준은 빈약하다. 최근까지 연구자들은 노인알코올 문제에 특별한 관심을 가지지 않았다. 그러나 노인인구의 증가와 함께 음주문제를 가지고 있는 노인들도 증가함에 따라 노인알코올 문제에 대한 이해와 이에 대한 적절한 대처가 필요한 시기이다. 따라서 본 장에서는 노인 알코올중독에 대한 이해를 돕기 위해 노인의 알코올중독을 촉진시키는 요인과 알코올이 노인에 미치는 영향, 노인 알코올중독의 진단, 그리고 예방과 치료 등에 대해 살펴보고자 한다(김기태 외, 2005).

1. 노인의 음주현황과 유병률

릭스(Rix, 1982)는 노인인구가 증가함에 따라 노인 음주자도 많아질 것이라고 했다. 그리고 카트라이트(Cartwright, 1975)는 영국에서 술 소비량이 증가함에 따라 55세 이상 연령층의 술 소비량이 젊은 연령층보다 더 많이 증가하고 있고 따라서 노인 알코올중독의 유병률도 증가하고 있다고 했다. 한 보고서(Alcohol

Health and Research World, 1975)에 의하면 노인의 알코올중독은 중요한 노인문제의 하나라고 주의를 환기시키고 있다. 알코올남용은 노인 정신의학 영역에서 우울증, 불안, 치매와 함께 가장 흔한 진단명 중의 하나이다. 또한 음주문제는 나이가 많은 노인(old-old)보다는 나이가 적은 노인들(young old-60대와 70대 초반)에서 더욱 흔하다(Atkinson, 1990).

미국에서의 노인 알코올중독 유병률은 조사지역과 조사자에 따라 2~10%로 다양하게 보고되고 있다(Osgood et al., 1995). 우리나라의 경우, 1995년 보건사회연구원의 조사에 의하면 우리나라 60세 이상 노인의 알코올 의존도는 8.1%로 나타나 전 연령 평균치 9.9%보다는 다소 낮게 나타났지만 노인 알코올중독 인구가 상당히 높은 것을 알 수 있다.

남녀별 노인 알코올중독 실태를 살펴보면, 대부분의 연구들에서 남자 노인의 알코올중독 비율이 여자 노인에 비해 월등히 높은 것으로 나타나는 것은 사실이지만, 남녀 비율에 대해서는 일치된 보고를 찾아보기가 어렵다.

2. 노인 알코올중독의 촉진 요인

1) 스트레스 가설

스트레스 가설은 노년기에 혼자되고, 퇴직하고, 다양한 상실을 경험하고 그리고 좋지 않은 건강과 같은 스트레스는 음주의 계기가 되거나 혹은 음주를 영속시킨다는 것을 시사한다. 노년기에 처음으로 알코올을 많이 마시기 시작하는 노인이나 혹은 금주나 가벼운 음주의 시간을 보낸 후에 늦게 폭주를 시작한 노인들은 알코올남용을 통해 노화와 관련된 스트레스와 생활변화에 적응하거나 대처하려는 것으로 보인다(김기태 외, 2005).

스트레스 가설은 여러 임상연구들(Glatt, 1961; Droller, 1964; Robinson & Glatt, 1971; Wells-Parker, Miles & Spencer, 1983; Hurt, Finlayson, Morse & Davis, 1988)로부

터 지지를 받아왔다. 연구에 따르면 노년기에 처음 알코올중독을 경험한 사람 중 81%가 알코올을 사용하게 된 스트레스 요인을 가지고 있었다(Finlayson et al., 1988). 이런 스트레스의 요인으로는 은퇴, 배우자나 친지의 죽음, 가정 내 불화, 건강문제 등이 있다. 이와 같은 스트레스 요인은 노년기 초기보다 노년기 후기에 알코올중독을 일으키는 데 더 중요한 요인으로 작용하였다(김동배 외, 2007).

그러나 일반 인구조사로부터의 자료들(Borgatta et al., 1982; Meyers et al., 1982; Barnes, 1979; Christopherson, 1980; La Greca et al., 1988)은 스트레스 가설의 타당성에 대해 의구심을 던져왔다. 이들 연구에서는 노인들의 생활상의 스트레스와 음주문제 사이에 관련성이 없다는 것을 발견했다. 이러한 연구들로부터의 결과는 스트레스 가설의 타당성에 대한 심각한 의심을 갖게 한다(Osgood et al., 1995). 따라서 보다 최근의 연구자들은 노년기에 상실과 스트레스를 직면한 노인들 가운데서 어떤 노인은 음주문제를 일으키는 반면, 왜 어떤 노인들은 괜찮은가에 대해 생각하면서 스트레스와 알코올 사이의 관계를 중재할 수 있는 요인들을 탐구해 왔다. 주목을 받아온 두 중재요인은 사회적 지지와 대처반응이다. 무스 등(Moos et al., 1990)은 사회적 자원과 긍정적인 대처자원들이 스트레스와 알코올 관계를 중재할 수 있다는 생각에 대한 지지를 발견했다. 자료분석 결과에 따르면 스트레스적 상황에 직면했을 때, 문제 음주자 집단들은 그렇지 않은 집단보다 훨씬 더 부정적인 생활사건을 보고했다. 그리고 문제 음주자 집단들은 그렇지 않은 집단보다 지도와 지지를 구하는 대신에 인지적 회피에 더 의존했다. 그리고 사회적 자원을 많이 가지고 있다고 보고한 노인 음주자들이 사회적 자원이 적은 사람들보다도 더 적은 알코올 문제와 보다 낮은 우울, 그리고 보다 높은 자기확신을 가진다는 것이 나타났다. 이러한 연구 결과들은 사회적 지지자원과 대처반응 등이 노년기의 스트레스와 알코올중독 관계를 중재한다는 것을 지지한다(김기태 외, 2005).

2) 무력감

호크호저(Hochhauser, 1978)는 배우자의 상실, 치명적인 병의 진단과 같이 자신이 통제할 수 없고, 예견치 못한 다양한 사건들을 경험한 노인들은 스스로를 무력한 존재로 느끼고 환경에 의해 그들이 통제되고 있다고 믿는다고 한다. 증가된 무력감은 우울, 불안, 혼돈, 낮은 자기 존중, 무가치함, 일이 변화되지 않을 것이라는 믿음, 그리고 높은 긴장을 초래할 것이다. 이러한 통제의 상실에 대처하고 통제를 재단언하기 위해 노인들은 알코올 사용 혹은 남용에 의지할 수도 있다. 알코올은 개인적 통제감의 회복과 무력감과 관련된 어떤 디스트레스를 감소시키는 것 같은 환영을 제공한다. 노인들이 그들의 환경적 사건을 예견하거나 통제할 수 있다고 믿는 정도는 그들의 물질사용과 미사용 그리고 남용의 수준에 중요한 영향을 미칠 것이다(김기태 외, 2005).

3) 우울, 고독, 소외

우울은 노인 알코올중독의 촉진요인으로 인지되어 왔다. 노년기에 복합적인 상실과 스트레스를 직면하게 되면, 이러한 것들은 무력감과 무희망감을 야기하게 되어 많은 노인들은 우울해진다. 압도적인 슬픈 감정과 심리적 고통을 피하기 위해 노인들은 알코올에 의존한다. 여러 임상가들(Zimberg, 1978; Carruth, 1974; Nowak, 1985)은 우울을 노인 알코올중독의 중요한 촉진요인으로 인지해 왔다.

고독, 소외, 불만족 또한 노인에게 알코올중독에 대한 촉진요인으로 인지되어 왔다. 여러 지역사회에서 행해진 연구(Rosin & Glatt, 1971; Mryers et al., 1985-86; Rathbone-Mccuan et al., 1976; Glasock, 1980)에서 알코올문제가 있는 노인집단들은 알코올문제가 없는 집단과 비교해서 가족, 친구들로부터 더 소원하고, 고독하며 이러한 관계에 불만족을 느낀다는 것을 발견했다. 그러나 현존하는 자료만으로는 우울, 불만족, 고독, 그리고 소원함이 알코올중독을 촉진시켰는지 혹은 과음이 이러한 감정과 행동을 초래했는지를 구분하는 것은 불가능하다. 이러한 관계를 명확히 하기 위한 미래의 연구가 더 행해져야 할 것이다(Osgood, 1995).

4) 기타 요인

내성적이며 고독하고 충동적, 신경질적인 노인이 특히 알코올의 위험에 가장 크게 노출되어 있다. 이른바 '중독적 성격(addictive personality)'을 가진 이들은 노년기에도 알코올의 위험에 크게 노출되어 있으므로 이러한 집단에 대한 관심을 가지는 것이 예방적 차원에서 중요할 것이다(김동배 외, 2007).

그리고 문화적 환경은 또 다른 주요 요인이다. 유대인, 보수적 신교도, 아시아인은 자유주의적 신교도, 구교도보다 음주 빈도가 상대적으로 낮다. 하지만 의사들은 음주를 금하는 매우 보수적인 문화나 종교적 배경을 가진 사람들에서도 심각한 알코올 문제가 나타날 수 있음을 염두에 두어야 한다. 경제적으로 여유가 있는 은퇴자촌(retirement community)도 알코올 섭취를 증가시키는 문화적 환경이다. 비교적 부유하여 부유한 은퇴자촌(단독 혹은 집합 주택을 막론하고)으로 이사를 왔으나 오랫동안 사귄 친구가 없는 노인은 알코올 문제가 나타날 위험성을 가지고 있다. 이런 은퇴자촌은 일반적으로 기후가 따뜻하고 살기에 적당하며, 사회적인 친교를 목적으로 칵테일파티나 댄스파티 등에 자주 참석하게 된다. 원래 음주를 하지 않거나 음주량을 스스로 제한해 왔던 사람도 이런 은퇴자촌에 이사를 오게 되면 그곳에서 자신이 따돌림당할지 모른다는 불안감 때문에 음주량이 늘어나는 것을 깨닫게 된다. 이런 환경 내에서 불규칙한 일상생활 또한 증가하는 음주의 한 원인이 될 수 있다(김동배 외, 2007).

3. 알코올이 노인에게 미치는 영향

알코올은 실제적으로 모든 연령대의 성인들에게 모든 신체기관 조직에 광범위하게 부정적인 영향을 미친다. 그러나 노인들은 나이와 관련된 신체적 변화 때문에 이러한 알코올의 부정적인 영향에 특히 더 민감하다.

1) 노화에 따른 알코올 신진대사의 변화

다양한 이유로 알코올은 젊은 사람보다 노인에게 더 파괴적인 결과를 초래한다. 노인은 알코올에 대해 감소된 내성을 가진다. 젊은 사람과 노인이 같은 양의 알코올을 복용했을 때 노인에게서 더 높은 혈중 알코올 농도를 발견할 수 있다. 이처럼 같은 양의 알코올이라도 젊은 사람보다 노인에게 더 심각한 영향을 미치는 이유는 노화에 따른 다음과 같은 변화 때문이다(한국음주문화센터, 2002). 첫째, 체액이 지방으로 변화하여 알코올을 분해할 수분이 부족하다(김기태 외, 2005). 즉, 나이를 먹을수록 체내 수분 및 세포외액은 적어지며 체지방 비율은 높아진다. 알코올은 지방조직에는 침투되지 않기 때문에 동일 체중의 젊은 연령층과 비교해 볼 때 같은 양의 알코올을 섭취해도 체내 알코올 농도가 더 높아진다. 둘째, 체내 알코올은 대개 간에 의해 산화된다(이는 신진대사의 첫 단계이다). 알코올 탈수효소인 디히드로제나제(dehydrogenase)가 이 역할을 하게 되는데, 이 효소의 효능은 연령이 증가함에 따라 감소하기 때문에 노년기에는 알코올이 효율적으로 분해되지 않는다. 셋째, 뇌의 감응도의 변화로 알코올이 뇌에 더 빨리 영향을 미친다. 따라서 노인 운전자는 비록 소량의 알코올이라도 섭취하면 사고를 일으킬 가능성이 젊은 사람의 3배이므로 운전 시 절대 알코올을 섭취해서는 안 된다(김기태 외, 2005).

나이와 관련된 간의 기능 변화뿐 아니라 신장의 기능 변화 역시 노인에게 알코올의 영향을 증가시킨다. 나이가 듦에 따라 콩팥의 기능이 감소되고, 콩팥의 혈액과 혈장의 흐름이 감소한다. 결과적으로 노인은 알코올과 다른 약물의 종합적인 신진대사와 제거에 취약해지기 쉽다(Bosmann, 1984).

2) 신체적 문제

알코올은 실제적으로 노인의 모든 신체기관 조직에 광범위하게 유해한 결과를 가져온다. 노인 알코올리즘 환자에게 동반되는 신체적 질환은 알코올성 간 질환(43%), 고혈압(34%), 만성 폐쇄성 폐질환(31%), 양성 전립선 비대증(23%), 퇴행성 관절 질환(20%), 관상 동맥 질환(19%), 소화성 궤양질환(15%), 각종 암(15%), 당뇨(8%) 등의 순으로 나타난다. 알코올성 간 질환의 대부분은 무증상의 지방간이나 간 기능 이상 소견으로 나타나고, 알코올성 간염이 7%, 간경화가 9%를 차지한다. 만성 폐쇄성 폐질환은 일반 노인 인구집단에서는 5%인 것에 비해 31%로 상당히 많은 편이다. 노인 알코올리즘 환자에게 흔한 신경과적 질환은 기질성 뇌 증후군(25%), 소뇌퇴행 또는 운동실조증(11%), 말초신경장애(10%), 뇌혈관질환(7%) 등의 순으로 나타난다(김기태 외, 2005).

노인들은 알코올에 민감하기 때문에 잠행성(latent)의 인지기능장애, 고혈압, 당뇨병, 우울증 등을 악화시켜 명백한 증상으로 드러나게 하고 수면장애, 위염, 낙상 및 화상을 일으키기도 한다. 알코올 섭취는 노인의 광범위한 신진대사 변화를 초래하는 내분비 체계에 영향을 미친다. 특히 남성 노인들에게 가장 일반적으로 드러나는 내분비계 문제는 손상된 성적 기능과 감소된 성적 동기이다(Osgood et al., 1995). 또한 알코올 섭취는 노인에게 중요한 영양부족의 원인이다. 알코올은 비타민 B와 비타민 C의 흡수를 방해하며, 과도한 마그네슘과 칼륨(potassium)의 배설을 초래한다. 단백질 부족과 탄수화물 비흡수 그리고 유당 분해효소 부족 증후가 노인 알코올 중독자에게는 일반적이다.

알코올 섭취는 노화를 촉진시키고 뇌기능을 저하시킨다는 것은 잘 알려진 사실이다. 만성적인 알코올 사용과 남용은 노인의 치매와도 관련이 있을 수 있고, 뇌 쇠퇴를 초래할 수도 있다. 슈키트와 패스터(Schuckit & Pastor, 1978)는 노인 알코올리즘의 25%에서 뇌 증후군을 진단할 수 있었다고 했으며, 게이츠와 베어(Gaitz & Baer, 1971)는 61%에서 뇌 증후군을 보고했다. 이러한 결과는 우리나라에서 실시한 노인 알코올성 정신장애에 대한 연구(정철호·박종한, 1984)에서 뇌 증후군이 65%로 나타난 것과 비슷한 수준이다(김기태 외, 2005).

3) 정신적 문제와 자살

노인의 문제음주는 치매와 혼돈, 우울증, 정서·행동적 문제, 망상 등의 정신증상들을 유발한다. 노인의 문제음주에서 흔히 나타나는 것이 초조이다. 초조의 저변에 있는 불안과 민감성은 알코올의 양과 관계가 있다. 적은 양의 알코올은 비교적 진정 효과를 보이지만, 많은 양의 알코올은 오히려 불안을 유발한다. 노인의 불안은 우울증상과 신체증상들을 동반하기 때문에 저변에 있는 음주문제를 간과하기가 쉽다.

젊은 문제 음주자들에게서 일반적으로 나타나는 공격적이고 호전적인 행동은 급성 중독기에는 모든 연령의 환자에게서 나타날 수 있다. 또한 기능이 감소된 노인 문제 음주자는 치료진이나 다른 사람들을 자신의 필요에 맞추어 조작하려는 행동을 흔히 보인다. 편집적 사고 역시 음주에 의해 유발되거나 악화될 수 있다.

자살은 노인 알코올중독의 가장 심각한 정신적 합병증이다. 고령과 알코올중독은 모두 자살의 강한 위험 인자이다. 특히 노인의 자살 성공률은 높고, 자살한 노인 남자 중 25%는 알코올중독이다. 비록 모든 연령집단에서 알코올과 자살 사이의 관련성이 높지만 노인이 되면 이것은 크게 증가한다. 노인 알코올중독자의 자살위험은 비알코올중독 노인보다 5배나 더 크다는 주장(Bienenfeld, 1987)도 있다. 메닝거(Menninger, 1938)는 자살을 내부로 향한 분노로 주장했고, 알코올중독을 만성적인 자살의 한 종류로 이름 지었다. 알코올중독자와 자살시도자는 모두 그들 자신의 신체적 고결함에 대한 관심과 보호가 부족한 것으로 나타났다(김기태 외, 2005).

알코올은 중추신경계의 억제제로서 작용을 한다. 심한 음주는 슬픔, 불안, 죄책감, 후회감을 느끼게 한다. 알코올은 두뇌에 화학적인 변화를 일으켜서 무드를 변화시키고 자아의 중요한 생활 평가기능을 감소시켜서 무의식적인 자기파괴적 충동을 허락한다. 알코올의 억제 효과는 금지와 자기통제를 감소시키고 어떤 감정은 자살의 요인인 용기에 기여한다. 이러한 이유로 노인의 알코올중독은 자살을 촉진하고 자살에 기여하게 된다고 한다(Osgood et al., 1995).

4) 알코올과 약물의 상호작용

알코올과 약물의 상호작용은 노인들에게 심각한 문제이다. 다른 나이 집단과 비교하여 65세 이상의 노인들은 더 많은 처방약과 약국에서 구매한 약을 복용한다. 65세 이상 노인의 75%는 최소한 1개 이상의 처방 약을 먹는다. 노인들에 의해 복용되는 일반적인 약의 대부분이 알코올과 해롭게 상호작용하기 때문에 위험하다. 알코올 섭취는 어떤 약의 독성 효과를 증가시키기도 하기 때문에 노인 알코올중독 환자에게 약물을 처방할 때는 주의가 필요하다. 알코올이 급성으로 섭취될 때는 간에서 다른 약물들과 대사적으로 경쟁적 관계에 있기 때문에 다른 약물들의 대사를 느리게 할 수 있다. 그러나 만성적으로 알코올을 사용하는 경우에는 효소의 활성을 유도하기 때문에 다른 약물들의 대사를 빠르게 할 수 있다. 노인환자는 간장과 신장 기능의 감소 등으로 인해 약물의 부작용을 일으키기 쉬운 상태이다. 이러한 상태에서 노인환자가 알코올을 남용하게 되면 그 위험은 훨씬 증가하게 된다.

알코올은 노인환자에게 흔히 사용될 수 있는 진정제, 수면제 등의 효과를 강화시키며, 관절염 등에 사용되는 일부 약물들은 알코올과 함께 투여되는 경우 위염을 일으키기 쉽기 때문에 특히 위장 출혈의 병력이 있는 노인 알코올중독 환자에게는 주의해야 한다(김기태 외, 2005).

중추신경억제제 등과 같은 약물과 알코올을 같이 먹었을 때는 한 가지 약물만을 섭취했을 때의 효과보다 훨씬 더 심각하게 혼돈과 진정을 초래할 수 있으며, 이러한 약물의 시너지는 호흡의 저하와 죽음으로 이어질 수도 있다. 알코올은 항정신성 그리고 항진정제를 포함하여 많은 약물의 신진대사를 방해한다. 그래서 중독상태를 이끌 수 있다(Bosmann, 1984).

4. 노인 알코올중독의 진단

노인의 임상적 특성과 사회적 특성 그리고 치료진의 편견 등의 복합적인 원인에 의하여 노인 알코올 의존환자들은 젊은 사람에 비해 빠른 진단이 더 힘들고, 치료를 받는 경우도 드물다(Curtis et al., 1989). 노인 알코올중독자들은 젊은 이들에 비하여 음주운전을 덜 하고, 술집에서의 말다툼이나 거리에서의 싸움 혹은 다른 범죄행동에 덜 연관된다. 그리고 많은 노인 알코올중독자들은 직장에서는 이미 퇴직을 하였고, 배우자와도 사별을 했으며, 그들의 자손들과도 멀리 떨어져 살아 가족 구성원들과의 접촉도 매우 적다. 그렇기 때문에 이처럼 소외된 알코올중독자들은 집에서 혼자 술을 마시기 때문에 그들의 문제를 인지하여 그들이 치료를 받을 수 있도록 도울 수 있는 서비스제공자나 간호제공자의 관심을 받지 못한다. 이러한 이유로 노인 알코올중독자들의 발견과 진단 그리고 치료가 힘들 수 있다.

노인 알코올중독은 그 증상이 젊은 사람에 비해 뚜렷하지가 않고, 비전형적이며 비특이적이라는 점이 진단을 어렵게 만드는 또 하나의 요인으로 작용한다. 노인 알코올 환자들은 노인의 특성상, 노인의 다른 질환에서와 같이 어느 한 기관에 국한된 증상이나 증후를 보이지 않고 기능상의 저하를 나타낸다. 특히 알코올은 신체의 모든 기관에 손상을 주기 때문에 국한된 증상보다는 광범위한 증상을 보이는 경향이 더욱 심하다. 젊은 사람들에게는 알코올중독의 신체적 증상이 알코올성 간염이나 췌장염 등과 같이 보다 특이적인 질환으로 나타나지만, 노인 알코올중독자는 사회적 고립, 자기 소홀, 영양장애, 혼란, 행동문제, 체중감소, 전신쇠약, 전반적인 신체기능의 저하 등과 같은 비특이적인 기능장애를 복합적으로 보이는 경우가 많다. 따라서 의사가 노인의 알코올중독을 의심하기 쉽지 않은 것이다. 그리고 가족들 역시 이러한 증상들을 노인성으로 생각하여 치료를 위해 병원으로 모셔오는 경우가 적다. 따라서 다른 질환으로 입원을 한 후에 비로소 드러나는 경우가 많다.

치료를 담당하는 임상의가 노인의 알코올중독을 의심을 하는 것이 진단에 가장 중요한 요소이다. 그러므로 노인 알코올중독을 진단하지 못하는 가장 큰 요인은 치료진의 경각심 부족과 교육의 미흡이다. 치료진들이 음주문제와 관련된 의학적, 사회적, 정신적 증상들에 대한 지식이 부족하면 노인 알코올중독자가 나타내는 비특이적 증상에 대해 알코올중독을 의심할 수 없게 된다. 노인 알코올중독을 인식하고 진단하는 방법에 대한 전문적 교육과 지식의 부족은 노인 알코올중독의 정확한 인지에 대한 중요한 장애물이다. 따라서 노인환자를 자주 접하게 되는 병원, 사회복지기관이나 시설 등에 종사하는 의사나 간호사 그리고 사회복지사 등에게는 노인 알코올중독에 대한 특별교육이 필요하다(김기태 외, 2005).

5. 노인 알코올중독의 예방과 치료

노인 알코올중독에 대한 예방은 고독하고 소외되고 우울한 노인들에 대한 교육과 적극적인 아웃리치(outreach)가 그 열쇠이다. 알코올중독이 더 진행되기 전에 노인 알코올 남용자들을 찾아서 표적으로 삼는 예방 전략과 프로그램은 이러한 집단의 알코올중독 예방에 본질적이다. 노인 알코올중독자들은 종종 노화와 알코올중독에 대한 잘못된 신념과 편견 때문에 그리고 적절한 정보와 의뢰서비스의 부족, 노인에게 적절한 치료 프로그램의 제한된 수 때문에 치료를 거부한다. 과학 문헌들은 노인 알코올중독은 치료가 가능하고 실제적으로 젊은 알코올중독자들보다 더 잘 치료될 수 있다고 한다(김기태 외, 2005).

1) 예 방

미세라(Mishara, 1985)는 노인 알코올중독에 대한 1차 2차 3차 예방을 강하게 주장했다. 그의 주장에 따르면, "1차 예방은 알코올 문제가 시작되기 전에 알코올 문제의 발달을 막는 것에 목표를 두며", "2차 예방 노력은 새로운 문제음주자들에게 초점이 맞춰진다." 그리고 "3차 예방은 만성 알코올중독자에게 초점이 맞춰진다."

1차 예방 노력은 알코올중독자나 알코올남용자가 아니지만, 알코올 문제를 일으킬 가능성이 있는 노인들에게 표적을 맞출 필요가 있음을 제시한다. 노년기에 알코올중독의 위험이 가장 높은 사람을 찾고, 알코올중독을 예방하는 데 있어서 어떤 개입이 가장 효과적인지에 연구노력의 초점을 맞추어야 한다. 스트레스 이론에 대한 지지는 최근에 혼자되거나 퇴직한 사람들이 표적이 되어야 한다고 시사한다. 미세라(Mishara, 1985)는 최근에 사별한 사람들을 돕기 위한 프로그램과 퇴직할 사람들을 돕기 위한 퇴직 전 준비 프로그램이 보다 많아야 한다고 주장한다. 긍정적인 정신적·육체적·정서적 건강을 강조하고 좋은 영양과 운동 그리고 사회적 참여의 가치에 대한 교육을 제공하는 것이 또 다른 1차 예방 전략이다. 또 다른 예방 전략은 노인을 자기가치를 신장시키고 자아존중감을 증가시키는 활동에 참가시키는 것이다. 시간제 일, 지역사회활동 그리고 자원봉사활동은 모두 가치가 있다. 1차적 예방이 가장 비용 효과적인 예방 형태이다.

2차적 예방 노력은 새로운 문제음주자가 표적이 된다. 그들은 아직까지는 알코올중독자가 아니거나 혹은 최근에 알코올중독자가 된 사람들이다. 늦게 발병한 알코올중독자와 반응적 문제음주자가 2차 예방 노력의 주 표적이다. 이러한 노인들은 초기에 발견되어서 치료를 위해 의뢰되는 것이 필요하다. 성공적인 2차 예방의 장애는 미세라(Mishara, 1985)가 '느린 의뢰 증후군'이라고 부르는 것, 혹은 너무 늦을 때까지 도움을 찾는 것을 거부하는 것이다. 노인 알코올중독자와 그들의 가족 구성원 그리고 간호제공자들의 부정(denial)이 초기에 치료를 받지 못하는 중요한 이유이다. 개입이 초기에 일어나지 못하는 또 다른 이유는 노인이나 그들의 간호제공자뿐만 아니라 의사들과 다른 서비스제공자들도 노인 알코올중독자들의 알코올중독의 경고 사인을 인지하는 데 실패하기 때문이다. 교육과 조기 사례의 인지 그리고 적극적인 아웃리치(outreach)가 2차 예방의 본질적인 요소이다.

노년기 알코올중독의 증상과 신호, 알코올중독이 신체에 미치는 영향 그리고 알코올과 다른 약물의 혼합복용의 위험성에 대한 교육이 노인과 노인의 가족 구성원이나 간호제공자뿐 아니라 의사, 간호사, 사회복지사 그리고 다른 원조전문가들에게 제공되어야 한다. 일반 대중을 대상으로 하는 교육도 또한 중요하다. 의사와 다른 전문가들은 그들의 지역사회 안에 있는 알코올중독자들을 위해 이용할 수 있는 유용한 치료선택에 대해 교육받을 필요가 있다.

문헌들에서 묘사되는 적극적인 아웃리치 프로그램들은 라스체코(Raschko, 1991)가 개발한 감시자(gatekeepers) 프로그램과 듀프리(Dupree, 1989)가 개발한 사례발견 전략이다. 감시자 프로그램은 스포켄(Spokane)의 지역사회건강센터에서 실시하는 노인 서비스의 한 부분으로 감시자는 검침원, 은행원, 연료상 등과 같이 고립되고 위험성이 높은 노인을 발견할 수 있는 일을 하는 사람들이며, 그들은 노년기알코올 증상을 인지하여 치료를 위해 노인들을 의뢰하도록 훈련을 받았다. 일단 알코올중독 노인이 발견되면, 이러한 노인들은 '스포켄의 지역사회건강센터의 노인서비스'에서 제공하는 평가, 치료 그리고 임상적 사례관리서비스를 집에서 받을 수 있다(김기태 외, 2005).

2) 치 료

노인을 위한 특별 알코올 치료 프로그램이 부족하고, 음주문제는 오래될수록 심각한 경과를 보이긴 하지만, 오래된 노인 중독자의 치료가 불가능하다고 단언해서는 안 된다. 여러 선행연구들에 따르면 노인 알코올중독은 치료가 가능할 뿐만 아니라 오히려 젊은 알코올중독자들보다 훨씬 회복이 잘 된다고 주장한다.

알코올중독의 치료에는 환자의 회복하려는 의지가 아주 중요한 요인이다. 비교적 젊은 환자들은 직장문제에 대한 위기감, 가족 구성원들의 압력 등과 같은 주로 외부적인 요인에 의해 치료 동기가 강화된다. 그러나 노인 알코올중독 환자에게는 이러한 요인들이 비교적 적으며 건강에 관련된 의사의 경고조차 별 효과를 나타내지 못하는 경향이 있다. 장기적인 신체적 합병증에 대한 교육보다는 따뜻하게 건강에 관한 관심을 보여줌으로써 동기 유발이 더 잘 되는 경향이 있다. 외부적인 동기유발 효과가 적은 노인 알코올중독 환자에게는 내면적인 동기가 보다 중요하다.

최근에는 노인 알코올중독자를 치료할 때 노인들만으로 구성된 치료 프로그램이 더 좋은지, 아니면 다양한 연령층으로 구성된 집단으로 치료하는 것이 더 좋은지에 대한 논쟁이 있다. 노인들만으로 구성된 치료 프로그램을 선호하는 사람들은 노인들은 젊은이들과는 다른 독특한 쟁점과 관심 그리고 문제를 가지고 있다고 주장한다. 그리고 노인 알코올중독자들은 젊은 사람들보다 더 긴 기간 동안의 집단지지와 덜 직면적인 치료를 필요로 하기 때문에 젊은 알코올중독자들과는 다른 접근법이 요구된다고 주장한다. 이와 같이 노인 알코올중독자들을 위한 치료 프로그램은 혼합된 연령 치료보다는 같은 연령끼리의 치료가 더 우수하다는 연구결과들이 많다(김기태 외, 2005).

알코올중독자 자조모임(AA : Alcoholics Anonymous)은 생애주기에 걸쳐 금주를 권장하는 단체 중 가장 활발한 활동을 보이는 단체이다. 이 모임을 통해 환자는 치료자나 가족보다도 서로를 잘 이해하게 된다. 그러나 노인은 불행하게도 알코올중독자 자조모임에서 다른 구성원과 편안한 관계를 갖지 못하는 경우가 많다(특히 자신의 사회적·문화적 배경이나 자신과 같은 연령대의 사람이 없다면). 그렇다 해도 알코올중독자 자조모임은 연령에 관계없이 알코올중독자의 욕구를 인지하고 매우 지지적이기 때문에 노인 만성 알코올중독자는 이런 모임에 반드시 참석하도록 격려되어야 한다. 가족 또한 알코올중독의 결과로 고통을 받으므로 '알아논(Al-Anon : 알코올중독자 가족모임)'이나 '알코올중독자의 성인자녀들(Adult Children of Alcoholics)'과 같은 모임의 도움이 필요하다.

행동치료 역시 치료 효과를 극대화시켜 주는 처방 중 하나이다. 이를 통해 환자는 좀 더 편안하고 자신감 있는 태도를 가지게 되며, 인간관계에서 새로운 활로를 찾게 되고, 지속적인 훈련과 치료사의 지지를 통해 충동적인 욕구를 억제할 수 있게 된다. AA 프로그램의 긍정적인 측면은 바로 이 행동치료에서 따온 것인데, 구성원 중 성공적인 치료 경과를 보이는 이에게는 '칩'을 주는 등의 보상기법을 취하고 있다.

심리치료는 한때 제시되었던 만큼의 효과는 보이지 못하고 있다. 그럼에도 불구하고 여러 치료법을 효과적으로 적용하기 위해서는 초진 시에 맡았던 임상의가 환자를 끝까지 지지하여 지속적인 심리적 안정을 주는 것이 무엇보다 중요하다(김동배 외, 2007).

노년기 알코올중독에 대한 개입과 치료는 본질적으로 젊은 사람을 위한 개입과 치료와 유사하다. 그러나 노인들에게는 과정이 좀 더 길고 어떤 치료전략은 다른 사람들보다 노인들에게 더 효과적이다. 개입과 치료는 문제의 정확한 인지, 해독, 재활, 추후관리를 포함한다.

CHAPTER

14 노인과 치매

1. 치매의 정의

치매란 뇌의 질환으로 인해 생기는 하나의 증후군으로 대개 만성적이고 진행성으로 나타나며, 기억력, 사고력, 지남력(指南力), 이해력, 계산력, 학습능력, 언어 및 판단력 등을 포함하는 고도의 뇌피질 기능의 다발성 장애라 할 수 있다. 정신질환의 진단 및 통계편람 제5판(DSM−5 : Diagnostic and Statistical Manual of Mental Disorder−5)에 의하면 치매는 DSM−5부터 주요신경인지장애(Major Neurocognitive Disorder)로 그 용어가 바뀌었으나 DSM−5에서도 여전히 치매라는 용어는 주요신경인지장애의 대체용어로서 사용된다고 한다. 치매의 진단기준은 <표 14−1>과 같다.

〈표 14-1〉 **주요신경인지장애(치매) 진단기준(DSM−5)**

A. 하나 또는 그 이상의 인지영역(복합적 주의, 집행 기능, 학습과 기억, 언어, 지각−운동 또는 사회 인지)에서 인지 저하가 이전의 수행 수준에 비해 현저하다는 증거는 다음에 근거한다.
   1. 환자, 환자를 잘 아는 정보 제공자 또는 임상의가 현저한 인지기능 저하를 걱정, 그리고
   2. 인지 수행의 현저한 손상이 가급적이면 표준화된 신경심리 검사에 의해, 또는 그것이 없다면 다른 정량적 임상 평가에 의해 입증

B. 인지 결손은 일상 활동에서 독립성을 방해한다(즉, 최소한의 계산서 지불이나 치료약물 관리와 같은 일상생활의 복잡한 도구적 활동에서 도움을 필요로 함).

C. 인지 결손은 오직 섬망이 있는 상황에서만 발생하는 것이 아니다.

D. 인지 결손은 다른 정신질환(예 주요우울장애, 조현병)으로 더 잘 설명되지 않는다.

치매란 하나의 특정한 질환이나 진단에 대한 명칭이 아니라, 여러 가지 원인 질환에 의해 발생되는 뇌기능의 전체적인 저하상태를 뜻한다(김범생, 1993). 치매가 진행되어 지적 기능의 감퇴가 뚜렷해지면 매일매일의 일상생활, 즉 식사, 착의, 세면, 개인위생, 배뇨 및 배변 등에 이르기까지 장애를 초래하게 된다(우종인 · 이정희, 1995).

이러한 치매가 노년기에 나타나면 노인성 치매라 한다. 그런데 중요한 것은 치매란 정상적인 노화에 따른 건망증과는 분명히 다른 병적인 현상이라는 점이다. 즉, 노화에 의한 건망증은 뇌세포의 활력이 감소하여 두뇌작용의 속도나 강도가 떨어지는 현상으로서 뇌의 전반적인 기능은 유지되기 때문에 일상생활이 거의 지장을 받지 않는다. 반면 노인성 치매는 뇌세포가 병적인 요인에 의해 심하게 그리고 지속적이고도 반복적으로 손상을 입어 기억력, 추상력, 판단력 등이 떨어지는 병적인 현상이다(김범생, 1993).

2. 치매의 증상

1) 기억력 장애

치매환자에서 가장 흔하게 나타나는 증상인 기억력의 장애는 알츠하이머병뿐 아니라 모든 치매에서 공통적으로 나타날 수 있는 증상으로서 초기에는 단기 기억력의 감퇴가 주로 나타나며 점차 장기 기억력도 상실하게 된다.

2) 언어장애

언어의 장애는 기억력의 감퇴와 마찬가지로 치매의 초기에서부터 나타날 수 있는데, 처음에는 그 변화를 매우 포착하기 어렵고 신경심리학적 검사에서나 발견될 수 있다. 명칭실어증은 올바른 단어의 명칭을 찾는 것이 어려운 것으로 알츠하이머병의 경우 매우 특징적인 증상의 하나이다.

3) 시공간능력의 장애

시공간능력의 장애는 환자가 익숙한 거리에서 길을 잃거나 심하게는 집안에서 방이나 화장실 등을 찾아가지 못하는 증상으로까지 발전할 수 있다. 또한 이는 자동차를 운전하는 경우에 목적지를 제대로 찾아갈 수 없는 상황을 초래하기도 한다.

4) 실행능력의 장애

실행능력의 장애는 감각 및 운동기관이 온전한데도 불구하고 어떤 목적 있는 행동을 실행하지 못하는 것을 일컫는다. 초기에 환자는 운동화 끈을 매지 못하는 등의 증상에서부터 시작하여 몇 가지 순서를 거쳐야 하는 일, 예를 들면 식탁을 차리는 일에 어려움을 느끼게 된다. 치매가 진행됨에 따라 식사를 하거나 옷을 입는 단순한 일에서조차 장애가 나타나게 된다.

5) 판단력 장애

치매환자가 판단력 장애의 증상을 보이게 되면 직장에서뿐만 아니라 가족과 친지들에게도 뚜렷한 이상이 있는 것으로 인식된다. 예를 들어, 환자는 크고 작은 규모의 돈 관리를 제대로 하지 못하게 되며 때로 필요없는 물건을 사기도 한다. 치매가 진행됨에 따라 대개 재산관리권의 법적인 양도절차가 필요하게 된다.

6) 행동 및 인격의 변화

행동 및 인격의 변화 등 치매환자에서 보이는 병적 행동들은 가족들이 환자를 간호하는 데 매우 어려운 점을 야기하기 때문에 환자를 병원이나 요양원에 맡기게 되는 경우가 많다. 망상이나 환각 때문에 나타나는 행동의 장애로부터 의심증, 남의 물건을 훔치거나 숨기는 일, 심한 충동적 행동 등이 이에 속한다.

환자가 목적 없이 방황하거나 수면－각성 주기가 바뀌어 야간에 섬망(delirium) 증세를 보이게 되어 신체적 상해를 입을 수 있는 사고의 위험성이 높아진다. 이러한 심각한 행동의 장애가 출현하기 이전에도 서서히 진행되는 인격의 변화로서는 자기중심적 태도, 은둔, 수동적 경향의 증가 등이 나타나며, 외부에 대한 관심의 저하나 에너지의 감퇴 등의 증상으로 인해 초기에는 우울증으로 오인되기도 한다.

7) 신체적 장애

일반적으로 환자의 신체적 장애는 비교적 후기에 나타나는데, 시간이 갈수록 보행의 장애로 인하여 주로 의자나 침대에서만 지내게 되며 전신의 근육 경직이 나타나고 요실금 또는 변실금이 빈번해진다(이정희, 1995).

3. 치매의 유형

치매는 하나의 원인에 의한 질병이 아니라 여러 가지 원인질환에 의해 나타나는 임상 증후군으로 발병 원인 규명이나 치료에 대한 연구 결과, 현재까지 알려진 원인질환은 70여 종류이다. 따라서 그 분류방법도 여러 가지이다(이은희, 1997).

치매가 일어나는 뇌 부위에 따라서 피질성 치매와 피질하성 치매로 구별하거나, 뇌신경의 병리소견에 따라 퇴행성 변성질환에 의한 치매와 비퇴행성 변성질환에 의한 치매로 구별하고, 가역성 여부에 따라 가역성 치매와 비가역성 치매로 분류하기도 한다(권중돈 외, 2002).

1) 뇌신경의 퇴행성 변화에 의해 일어나는 치매

(1) 알츠하이머병(Alzheimer's disease)

알츠하이머병은 서서히 시작하여 진행하는 뇌신경의 퇴행성 변화에 의해 일어나는 질병으로서, 노인성 치매에서 가장 흔한 질환이며 전체 치매 중 50~60%를 차지한다. 알츠하이머병은 보통 기억능력의 손상이 초기에 나타나고 진행되면서 실어증, 실행증, 실인증 등의 장애가 일어난다. 돈 계산을 하거나 요리를 하는 등의 수행능력의 장애도 비교적 초기에 일어나며 때로 초조, 불안 등의 정서적인 변화와 성격의 변화도 나타난다. 병이 진행되면서 망상이나 환각 등의 정신병적인 증상이 나타나며 대소변을 못 가리거나 걸음걸이가 부자연스러워지는 등의 운동기능의 장애도 일어난다. 근경련 발작과 뇌전증 발작 증상 또한 치매 말기에 일어날 수 있다. 65세 이상에서 발병이 빈번하며 65세를 기준으로 조기발병 치매와 후기발병 치매를 구별하기도 한다.

알츠하이머병이 잘 일어날 수 있는 조건, 즉 위험인자는 나이, 여성, 두부 외상, 치매의 가족력, 낮은 교육수준 등이며 반대로 치매가 잘 일어나지 않도록 보호해 주는 것으로 알려진 것은 높은 교육수준, 비스테로이드 소염제의 사용, 에스트로겐 대체요법 등이다.

나이는 알츠하이머병의 가장 중요한 위험인자로 알려져 있다. 보통 65세 이전에는 매우 드물게 발병하지만 65세 이상에서는 급속하게 증가하여 5년이 많아질수록 2배씩 증가하여 85세 이상에서는 노인인구 중 약 1/3에서 1/2이 치매에 해당한다. 알츠하이머병은 남자보다 여성에게 많이 발생하나 그 이유는 아직 분명치 않다. 폐경기 이후 에스트로겐 감소와 관련이 있는 것으로 생각되며, 여성이 남성보다 수명이 길기 때문에 병에 걸릴 확률이 높아서일 것이라고 생각하기도 한다. 갑작스러운 두부외상이나 권투선수와 같은 반복적인 두부외상 모두 알츠하이머병을 잘 일으키는 위험인자로 알려져 있다. 한 보고에 의하면 두부외상은 알츠하이머병 발병을 약 5~7년 정도 촉진시킬 수 있다고 한다.

가족력은 알츠하이머병 발병의 주요한 위험인자로서 가족력이 있는 경우 발병위험은 일반인에 비해 4배 정도 높은 것으로 알려져 있다. 상기의 위험인자와 보호인자 대부분은 미리 조절하기 어려운 것들이기 때문에 실제 알츠하이머병을 효과적으로 예방할 수 있는 방법은 없다고 하겠다.

(2) 전측두엽 치매(Fronto-temporal dementia)

전측두엽 치매는 임상증상만으로 알츠하이머병과 구별하기 어렵다고 하여 임상적으로 크게 주목받지 못하였으나 최근 스웨덴과 영국을 중심으로 한 체계적인 연구에서 전측두엽 치매가 알츠하이머병과 감별될 수 있는 임상적 특징과 검사소견 등이 있음을 보고하고 있다.

전측두엽 치매는 전두엽과 측두엽에 주로 퇴행성 변화가 일어나 발생하는 치매를 말하며 여러 가지 다양한 병리적 원인을 가지고 있는 질환에 의하여 일어난다. 전측두엽 치매는 알츠하이머병에 비해 비교적 젊은 나이에 발병하며 초기에 기억력 장애보다는 인격변화나 행동장애가 두드러지는 특징을 보인다. 이와 같은 임상적 특징 때문에 다른 기능적 정신병으로 오인되기도 한다. 주요 증상으로는 충동적인 행동, 즉 부적절한 성적 행동, 과식 등이 나타나며 보속증, 상동증, 주의산만 등의 행동장애와 성격의 변화, 무관심한 정서, 우울과 분노발작 등의 정서적인 문제가 잘 일어난다(권중돈 외, 2002).

(3) 파킨슨병과 헌팅톤병(Parkinson's disease, Huntington's disease)

파킨슨병은 운동완만, 근강직, 진전(tremor), 보행장애 등의 운동장애를 특징으로 하며 서서히 진행되는 퇴행성 질환으로서 중년기와 노년기에 주로 발생한다. 파킨슨병 환자의 약 20~60%에서 치매를 동반하며 발병 후기에 잘 나타난다. 파키슨병은 치매뿐만 아니라 정신병 증상과 우울증을 잘 동반하므로 이에 대한 진단과 치료가 중요하게 여겨지고 있다.

헌팅톤병은 4번 염색체의 상염색체 우성으로 유전되는 질환으로서 20~30대에 시작하는 무도증 등의 행동증상이 특징적이다. 헌팅톤병의 주요 병변부위는 미상핵이며 약 20~30%에서 치매를 동반한다. 파킨슨병과 헌팅톤병은 피질하성 치매의 특징을 보여 운동증상이 잘 동반되고 실인증 혹은 실어증과 같은 피질성 치매의 특징적인 증상은 잘 나타나지 않는다.

2) 혈관성 치매(Vascular dementia)

혈관성 치매는 알츠하이머병 다음으로 많은 치매의 원인질환이며 전체 치매의 약 20%를 차지한다. 다양한 원인의 뇌혈관 질환에 의해 발생하며 병리학적으로는 뇌경색에서부터 미만성 소혈관의 병변까지 다양하다.

혈관성 치매의 위험인자는 뇌졸중, 고지혈증, 고혈압, 당뇨병, 흡연 등이다. 따라서 이를 잘 조절하는 것이 예방과 치료적 관점에서 중요하다. 발병은 노인 시기 어느 때나 가능하나 75세 이상에서는 적은 편이다. 임상적으로는 혈관성 치매는 알츠하이머병에 비해 갑작스러운 발병, 계단식 악화, 반사항진과 경직과 같은 운동장애 등의 증상이 특징이다. 또한 우울증상이 더욱 잘 나타난다.

3) 감염질환에 의한 치매

(1) 신경매독

페니실린 등의 항생제가 소개되기 전에 신경매독은 중요한 치매의 원인질환이었으나 최근 급격히 감소하였다.

(2) AIDS에 의한 치매

AIDS 환자의 반 이상에서 치매증상을 일으킨다. 임상증상은 서서히 시작되며 무감동, 건망증, 집중곤란, 정신병적 증상, 보행실조, 간대성 근경련 등을 보인다.

(3) 크로이츠펠트-야콥병(Creutzfeldt-Jakob disease)

크로이츠펠트-야콥병은 소위 slow 바이러스에 의해 일어나는 감염질환의 하나로서 초기증상으로 주로 불안, 충동적 행동을 보이며, 소뇌이상 소견, 시력저하, 실어증 등이 동반된다. 인격변화, 초조, 망상증, 기억력 장애로 시작하여 반응 없는 상태를 거쳐 사망에 이르며 대부분 약 1년 안에 사망한다.

4) 독성물질에 의한 치매

(1) 알코올성 치매

알코올성 치매는 전반적인 인지기능의 장애를 보인다. 알코올 중독이 많은 우리나라에서 특히 중요한 문제가 되며 예방적인 차원에서 알코올 중독을 초기에 잘 치료하거나 알코올에 따른 급성 기질성 뇌증후군, 즉 베르니케(Wernike) 뇌증의 적절한 치료를 통하여 치매로의 진행을 예방하는 것이 필요하다.

(2) 중금속과 화학물질에 의한 치매

여러 가지 종류의 독성물질들이 중추신경계에 각종 장애를 일으키며 심한 경우 뇌손상을 일으켜 치매상태에 이르게 한다. 구리와 납 등의 중금속과 살충제, 가스, 화학물질 등이 원인이 된다.

5) 기타 원인에 의한 치매

(1) 두부외상

두부외상 후의 치매는 극심한 상태인 식물상태로부터 경미한 인지기능 장애까지 다양하다. 교통사고와 같은 단발성의 원인과 권투선수와 같이 만성적 원인의 두부외상이 있으며 주의력 결핍, 만성적인 피로감, 기억력과 언어장애, 정신기능의 둔화 등을 호소한다. 두부외상은 때로 알츠하이머병의 위험인자로 생각되기도 한다.

(2) 대사성 장애에 따른 치매

저산소증, 저혈당, 요독증, 갑상선 기능 저하증, 비타민 부족 등에 의해 치매가 발생할 수 있다. 특히 갑상선 기능저하증과 비타민 B12 부족에 의한 치매는 노인에게 비교적 자주 발생하는 것으로 알려져 있으므로 이에 대한 철저한 검사가 필요하다.

4. 치매의 경과와 예후

치매증상이 언제 시작하여 어떠한 경과를 거치며 결국 사망에 이르는지를 정확하게 아는 것은 쉬운 일이 아니다. 아직까지 치매의 임상증상이 나타나기 전 언제부터 뇌세포의 병리적인 변화가 일어나는지 알 수 있는 방법이 없기 때문이다.

치매는 알츠하이머병의 경우 발병 후 사망까지의 생존기간이 평균 10.3년으로 알려지고 있으나 환자에 따라 수개월에서 21년까지 다양하다. 치매의 경과와 예후는 발병시기, 성별, 교육 정도, 발병 시 임상양상, 다른 정신병적인 증상 등에 영향을 받는다. 치매는 여러 가지 원인질환에 의해 일어나므로 임상양상과 증상의 진행이 다양하며 때로는 같은 진단을 받은 환자들 사이에서도 서로 다르게 나타난다.

인간의 출생 후 발달 단계를 거꾸로 진행하는 것처럼 기능의 장애가 일어난다. 즉, 일상생활능력 중에서 언어, 보행능력, 대소변 가리기, 앉아 있기, 미소 짓기, 식사하기 순으로 치매가 진행되면서 여러 가지 기능을 상실하게 된다. 일반적으로 치매가 진단되기 전에 병이 진행되어 온 속도가 앞으로 증상이 진행될 속도를 예측할 수 있게 해준다. 즉, 처음 치매를 진단하였을 때까지의 시간이 짧을수록 예후는 더욱 나쁜 것으로 알려지고 있다.

치매환자의 증상, 즉 행동이나 인지기능에 갑자기 변화가 있을 때에는 철저한 재검사가 필요하다. 이러한 변화가 있을 때 치매증상이 단순히 악화된 것으로 간과해서는 안 된다. 보통 치매를 갑자기 악화시킬 만한 신체적 문제가 있을 수 있기 때문이다. 즉, 감염, 약물중독, 뇌졸중, 심근경색 등의 문제가 있을 수 있으므로 이에 대한 철저한 검사와 치료가 필요하다. 일반적으로 치매환자의 사망률은 일반인들에 비해 높은 편이며 알츠하이머병 환자의 1년 사망률은 병의 정도에 따라 7~37%로 보고되고 있다. 치매진단 후 평균 생존기간은 65세에서 80세까지의 치매노인은 약 7.7년, 80세 이상의 노인은 3.8년으로 보고 있다.

성별에 따른 예후의 차이를 보면 여성이 남성보다 좀 더 오래 생존하는데, 이는 일반적으로 여성이 남성보다 기대수명이 길기 때문인 것으로 생각하고 있다. 또한 여성은 기능의 장애가 있을 때 남성에 비해 집안일 등을 통해 쉽게 노출되므로 보다 일찍 치매진단을 받는 경향이 있다. 원인질환에 따라서는 알츠하이머병 환자가 혈관성 치매환자보다 좀 더 오래 살며 일찍 치매가 발병한 경우 인지기능의 악화가 더욱 빨리 진행되는 것으로 알려져 있다(권중돈 외, 2002).

5. 치매노인 부양가족원의 부양부담과 가족의 반응과정

1) 부양부담

치매노인을 부양하는 것은 가족에게 많은 부담을 준다. 더욱이 핵가족화, 여성의 사회진출에 따른 맞벌이 가정의 증가 등의 추세를 나타내고 있는 오늘날 치매노인에 대한 부양은 가족 전체의 큰 부담이며 이에 따른 가족의 심각한 갈등과 스트레스는 부양의 질을 저하시키고, 이로 인해 가족 전체의 복지에도 심각한 영향을 미친다.

부양자들이 경험하는 부양부담의 수준은 부양자들과 노인들의 일반적인 속성, 부양자들과 노인의 관계, 사회적 지지 그리고 기타 여러 요인에 따라서 크게 다를 것이라는 것은 명백하다. 따라서 이러한 가족 구성원들에게 제공되는 전문적 도움도 획일화되어서는 안 되고 각각의 주부양자가 어떤 순간에 경험하는 특수한 부담에 적합해야만 한다는 결론이 나온다(이은희, 1997).

2) 노인성 치매에 대한 가족의 반응과정

질병의 진행이 다소 예측 가능한 노인성 치매 환자를 부양하고 있는 부양가족들의 부양부담을 줄이고 안녕감을 높이도록 돕기 위해서는 병의 진행에 따른 각기 다른 시점에서의 가족의 정서적 반응의 고려가 중요하다.

튜싱크와 말러(Teusink & Mahler, 1984 : 152–156)는 치매환자의 가족들은 다음의 5단계로 구성되는 적응과정을 겪는다고 했다.

- 1단계(부정) : 가족 구성원들은 환자의 병적 증상에 대해 구실을 만들고, 노인에게서 나타나는 변화들을 정상적인 노화, 스트레스 등의 탓으로 돌린다.
- 2단계(과잉관여) : 가족 구성원들은 환자들의 증상악화가 명백해짐에 따라 환자의 여러 가지 기능의 상실에 대해 보상을 하려고 시도한다.
- 3단계(분노) : 가족 구성원들은 환자의 행동으로 야기되는 육체적 부담, 혼란, 좌절 때문에 화를 내기 시작한다.
- 4단계(죄책감) : 가족 구성원들은 자신들의 참을성 없음, 분노 그리고 환자의 비논리적 그리고 비현실적 행동과 요구들을 조정하는 데 대한 어려움에 대해 죄책감을 느낀다.
- 5단계(수용) : 질병의 초기 단계에서의 환자의 상대적으로 정상적인 육체적 정력과 외모의 보존에 의해서뿐 아니라 질병의 잠행성(潛行性) 발병과 긴 진행과정 때문에 수용은 천천히 나타난다. 가족 구성원들은 연장된 비탄의 과정을 경험한다. 이것은 환자의 육체적인 사망 오래전에 나타난 환자의 정신적 사망 때문이다. 가족들은 환자가 아직 살아 있기는 하지만 환자의 정신적 사망으로 인하여 그들이 한때 알았던 그 사람은 이미 상실했다. 리작(Lezak, 1978 : 593–598)은 “배우자는 온당하게 슬퍼할 수 없다. 비록 그는 그의 배우자를 죽음에 의한 것처럼 확실히 그리고 영구적으로 잃었는데도 불구하고 친숙한 육체가 남아 있기 때문에 사회는 배우자의 비탄을 인정하

지도 않고 죽음에 의해 상실감을 맛본 사람들을 돌보는 지지와 편안함을 제공하지도 않는다"고 했다. 질병의 과정을 통하여 부양자들은 종종 우울, 소외, 그리고 육체적인 건강저하를 경험한다. 휴식이나 긍정적 변화 없이 치매환자를 계속 부양하게 되면 부양자들은 정서적인 고갈감에 빠질 수 있다. 24시간의 간호요구는 그들이 외부 관심을 유지하는 것을 방해하기 때문에 이에 따른 고립감은 문제를 악화시킨다. 그 결과로 부양자들은 육체적으로 아프게 되고 스트레스-관련 부적응을 일으키게 되는 경우가 많다. 종종 질병의 이상한 특성 때문에 친구들 그리고 확대가족들까지도 떠나버리게 된다. 이것은 부양자들의 고독감과 우울을 더하게 된다. 새로운 친구를 사귀고 정기적으로 사적 활동에 참가하는 것은 이러한 느낌을 감소시키는 데 기여할 수 있다.

이러한 연구결과들은 가족의 적응과정에 대한 지식을 우리에게 제공하지만 그러나 각 개인마다 유일하고 독특한 상황 때문에 모든 가족이 이 순서대로 이러한 단계를 겪지 않을 수도 있다. 개별적인 가족 적응은 보다 다양할 수 있다(이은희, 1997).

3) 가족 내 역할 변화에 대한 교육

노인의 치매증상이 악화됨에 따라 가족들은 노인에 의해 수행되어 오던 책임과 역할을 새롭게 떠맡을 필요가 발생할 수도 있다. 따라서 가족체계에 있어서는 큰 혼란이 생기며 성인 자녀들에게는 많은 개인적·재정적 그리고 정서적 측면에서 기여하도록 점차 요구가 증가된다. 일단 부모를 양육해야 할 위치에 처하게 되면 성인 자녀들은 부모들이 강하고 독립적이라는 아동기 환상을 거두어야 한다. 이때 부모로서의 존엄과 환자로서의 보살핌을 동시에 만족시키는 방법을 쉽게 찾을 수는 없겠지만, 가능하면 부모로서의 존경을 유지하면서 환자로서 보살펴 드린다는 생각을 하여 마음의 평정을 찾도록 한다.

이때 사회복지사는 가족 구성원들의 노인에 대한 그들의 기대를 현실적으로 변화시키고, 각자의 역할과 책임의 변화에 대해 미리 생각하고 준비하도록 도와주어야 한다. 갑작스러운 역할변화로 처음에는 당황스럽고 행해보지 않은 새로운 역할에 대해 자신이 없지만, 일단 현실을 받아들이고 나면 새로운 역할에의 적응도 서서히 가능하다.

그리고 환자에게도 자연스럽게 자신의 현재 상황에 적응할 수 있도록 도움을 제공해야 한다. 노인이 발병 전의 역할을 예전처럼 수행할 수는 없지만 의도적으로 노인에게 작은 일이나마 자문을 구하고 자주 대화를 나누며 또 노인의 이야기를 경청하는 자세를 취하여 노인과의 좋은 관계를 유지하는 것이 필요하다. 그렇게 함으로써 노인의 예기치 못한 행동이나 파국적인 행동을 막을 수 있다.

가족의 역할 변화는 한 번으로 끝나는 것이 아니고, 노인의 상태에 따라 변화될 수 있다. 그래서 시간이 지나면 가족들 간의 역할과 책임에 대해 다시 의견조정을 하는 것이 반드시 필요하다. 그때마다 가족들은 처음과 같은 마음의 부담을 겪을 수 있다. 그러나 그 때문에 필요한 의견조정을 회피하는 것은 더 큰 어려움으로 이어진다는 사실을 인식시켜 줄 필요가 있다. 이러한 과정을 거쳐 새로운 가족의 지지체계가 강화되고 개발되면 공평한 과업의 분담도 저절로 가능해지며 이에 따라 주부양자의 부양부담도 감소될 수 있을 것이다(이은희, 1997).

6. 치매환자 간호의 원칙과 과업의 공평한 분배

1) 치매환자 간호의 원칙

치매노인을 부양하는 가족원들은 부양자로서의 새롭고 힘든 역할을 수행하면서 많은 정보와 도움이 필요하다. 주부양자들은 미래를 위한 결정과 계획을 하기 위해 질병과 그것의 진행에 대해 구체적인 정보와 원조를 필요로 한다. 이때 가족들에게 제일 먼저 제공해야 할 것은 질병의 원인, 의료적 치료, 그리고 질병의 특성과 진행과정 및 부양자들이 앞으로 직면하게 될 노인의 여러 증상들과 행동상의 문제들, 그리고 이에 따른 간호 시 주의사항 등이다. 이러한 정보는 부양자들의 미래에 대한 두려움을 감소시키고, 그들이 변화를 미리 예견하고 대처하도록 도울 것이다(이은희, 1997).

우선 치매노인의 행동이 가족생활을 파괴하거나 주부양자를 힘들게 하기 위한 환자의 계획적이거나 의도적인 것이 아니라는 것을 가족들에게 납득시키는 것이 필요하다. 그렇게 함으로써 부양자와 노인과의 관계의 악화를 예방할 수 있을 것이다. 선행 연구(이은희, 1997)의 조사결과에서도 노인의 치매발병 후 주부양자와 노인과의 관계악화가 현저하게 드러났는데, 이것은 노인의 질병에 의한 여러 증상과 이에 따른 부양자의 부양부담이 노인과 부양자의 관계를 악화시킨 것으로 추론할 수 있다. 그리고 부양자들은 일반적으로 치매노인의 반복적인 질문에 의해 당황하게 된다. 이러한 문제들은 노인의 심각한 기억상실 때문인 것으로 설명해 주고, 기억상실은 환자의 노력 부족의 결과가 아니라는 설명이 필요하다. 한 연구에서는 치매환자들의 기억력을 증가시키기 위한 노력들이 환자들에게도 매우 적은 이득을 가져왔고, 부양자들에게는 그들의 노인이 얼마나 심각하게 나빠졌는지를 인식시켜 주어 우울한 효과를 가져왔다는 것이 발견되었다.

부양자들은 또한 치매노인이 어떤 행동을 계속 수행할 수 있는지 없는지 혹은 얼마나 많은 원조를 그들이 제공해야만 하는지에 대해 의문을 가질 것이다. 치매는 심각한 기억상실을 가져오기 때문에 환자의 일상적 습관에 있어서 한 번 혼란이 생기면 그들은 더 이상 그러한 행동을 수행할 수 없게 된다. 그러므로 부양자들은 치매노인이 가능한 한 스스로 할 수 있게 하고 명백하게 위험이 있을 때만 개입해야 한다. 그래서 부양자들에게 "치매환자를 보살필 때는 어떻게 해야만 하는가"의 개념에 근거할 것이 아니라, "각자의 특수한 상황에 대한 사정에 근거를 두어야 한다"는 것을 교육시켜야 한다(이은희, 1997).

치매환자의 간호에서는 일상생활의 변화, 신체적 질병으로 인한 긴장, 피로, 부적절한 자극, 그리고 과다하고 불필요한 요구라는 다섯 가지 기본적인 자극 요인을 제거해 주어야 하는데, 이러한 간호의 원칙과 간호자가 따라야 할 행동 원칙을 살펴보면 다음과 같다(권중돈, 2012).

- 병원이나 장기요양시설에 입원시키기보다는 가능하면 익숙한 생활환경인 가정에서 간호한다.
- 치매환자의 증상과 이에 대한 간호방법을 학습하여 치매환자의 요구에 적절히 대응한다.
- 환경의 변화를 최소화하고, 환자의 일상생활이나 생활환경은 단순하고 변함없게 유지한다.
- 환자에 대한 불필요한 자극을 피하고, 주변 환경을 안전하고 소란스럽지 않게 유지하고 안정된 분위기를 조성한다.
- 규칙적이고 체계적인 일상생활을 유지하도록 배려한다.
- 치매환자의 간호 방법과 내용을 결정할 때 가능한 범위 내에서 치매환자를 의사결정과정에 참여시킨다.
- 치매환자가 잔존 기능을 활용하여 혼자서 할 수 있는 것은 혼자 하게 하며, 상실 또는 약화된 기능만을 보완해 준다.
- 치매환자가 감당하기 힘든 복잡한 일이나 선택사항이 너무 많은 일은 피하고 일을 단순하게 만든다.
- 치매환자와 원활하게 대화할 수 있는 방법을 습득한다.
- 환자의 증상이나 문제행동 때문에 화를 내거나 대립하지 않으며, 말다툼이 생기지 않도록 주의하고, 유머 감각을 잃지 않는다.
- 치매환자의 자존심과 감정을 상하게 해서는 안 되며, 환자의 언행을 있는 그대로 수용한다.

- 치매환자가 자신의 상태에 맞는 적절한 운동을 하게 함으로써 현재의 정신 및 신체적 기능과 건강 상태를 유지하도록 한다.
- 정신병적 증상이 있을 경우에는 정신과 치료를 받는다.
- 치매환자는 정신적 문제뿐 아니라 신체질병도 동시에 가지고 있으므로 합병증의 예방과 치료를 적극적으로 행한다.
- 치매환자의 안전을 고려하여 보호적이고 안전한 환경을 조성하며, 예상치 못한 사고와 위험에 미리 대비한다.
- 치매환자는 쉽게 피로해지므로 편안하게 휴식을 취할 수 있는 기회를 자주 부여한다.
- 치매환자가 가족, 지인 등과 친밀한 사회적 관계를 맺고 유지할 수 있도록 한다.
- 치매환자의 간호를 담당하거나 보조하는 사람 간의 정기적인 간호회의를 통하여 환자의 변화된 치매 상태나 증상, 욕구를 정확히 파악한다.
- 치매환자의 간호뿐 아니라 간호자의 일상생활과 휴식, 건강관리를 위한 계획까지 간호계획에 포함하며, 가족이 간호에 적극적으로 협조하여 책임을 분담하도록 한다.
- 혼자서 힘든 간호를 전담하기보다는 가족이나 친척, 이웃, 복지기관의 도움을 받으며, 해결하기 어려운 문제가 생기면 전문의나 간호사, 사회복지사와 상담하여 즉시 해결한다.
- 기억장애, 판단장애 등 치매로 인해 장애와 증상이 심화되고 의사결정능력에 제한이 올 것에 대비하여 재정이나 법적 문제에 대한 대비책을 미리 세워 둔다.

2) 과업의 공평한 분배

부양과업의 불평등한 분배는 대부분 가족갈등을 조장하는 원인이 된다. 환자를 돌보는 부담을 주부양자 한 사람에게 전담시키는 것은 잔인한 일이다. 주부양자에 대한 배려가 선행되지 않고 비난만 한다면 그 사람은 마음에 큰 상처를 입을 수 있으며 환자를 한 명 더 만드는 결과를 초래할 수도 있다. 그러한 상황에서는 전문적 개입을 통해 불공평한 과업분배나 혹은 고통스러운 갈등의 해결을 도와야 한다. 이때 이용될 수 있는 것이 가족회의이다. 이러한 불공평이나 갈등의 해결은 주부양자의 스트레스를 경감시키고 따라서 노인에 대한 부양의 질도 높일 수 있다.

그러나 가족회의가 모두 가족 구성원들에게 반갑고 이로운 것은 아니기 때문에 가족 구성원들의 가족회의에 대한 반응이 매우 다르다. 그래서 사회복지사는 가족회의를 주도하기 전에 제노그램(genogram)을 이용하여 가족관계의 구조와 가족관계의 질을 사정하여 환자와 주부양자를 위한 가족 내의 지지자원을 인지하고 그리고 노인간호에 지장을 주는 가족의 역기능과 스트레스 영역에 대한 인지가 필요하다. 이때 제노그램을 통해 사회복지사는 가족들의 윤리적 배경, 생활형태, 가치, 그리고 관계의 독특한 방법에 대해 알게 됨으로써 가족과의 협력적 관계를 형성할 수 있다. 가족회의의 주요 목적이 부양과업의 불공평한 분배를 바로잡는 것일 경우에, 사회복지사는 간호에 매우 소극적으로 관여해 온 가족 구성원들의 참석을 적극적으로 촉진해야 한다. 사회복지사의 적극적인 노력 없이는 공평한 과업분배를 위한 가족모임에 반드시 참석이 요구되는, 그동안 노인부양에 비협조적인 가족 구성원은 빠지고 항상 많은 도움을 제공하고 있는 사람들만이 참석할 수도 있다.

어떤 가족모임에서는 가족 구성원들이 함께 모였을 때 그동안에 쌓인 집단적 감정이 폭발하기도 한다. 이때 사회복지사는 만나기만 하면 다투는 가족 구성원들 사이에 메시지를 전달하거나 혹은 약속을 정해주는 정도의 역할을 넘어서 가족 구성원들의 서로의 입장을 이해하고 앞에 놓인 공동의 문제를 함께 대처해 나가는 데 있어서 공평하고 서로에게 납득이 가는 과업분배에 도달할 수 있도록 가족회의를 이끄는 것이 필요하다. 그리고 사회복지사는 지금까지 비협조적이었던 가족 구성원들과도 꾸준히 접촉하면서 새로운 시각에서 비협조자들의 입장을 이해할 수도 있으며, 이러한 이해와 수용을 통해 비협조자들을 가족회의로 인도할 수 있을 것이다(이은희, 1997).

CHAPTER

15 노인학대

1. 노인학대의 개념

노인학대는 1975년 영국에서 베커(Baker)의 「매맞는 할머니(Granny Battering)」라는 논문에서 최초로 소개되었으며(Bennett & Kingston, 1993), 미국의 경우 1978년 미국의 사회학자 스타인메츠(Steinmetz, 1978)의 「구타당하는 부모(Battered Parents)」라는 보고서가 출판되기 이전까지는 노인이 사회적 존경의 대상이라는 기존의 '사회적 고정관념' 때문에 대다수의 일반인과 전문가들의 관심의 대상이 아니었다. 1970년대 후반부터 노인학대에 대한 많은 연구자들은 재가노인들(학대자와 희생자의 가정 내 학대)을 중심으로 노인학대의 정도와 본질을 연구했다(김기태 외, 2004).

일반적으로 노인학대란 노인이 신체적 혹은 정신적 외상으로 고통을 받거나 부양자 혹은 보호자의 태만적 행동의 결과로 노인의 기본적인 욕구를 박탈당하는 상황(Valentine & Cash, 1986)을 의미한다. 또한 노인학대의 종류를 살펴보면 노인학대에는 신체적, 정신적 손상을 의도적으로 가하는 것뿐만 아니라 비의도적인 손상도 포함되며, 생존에 필요한 재화와 서비스를 본인이 스스로 제공하지 않거나 부양자가 제공하지 않는 방임상태도 포함되고, 금전적인 갈취나 착취도 포함된다고 할 수 있다. 우리나라 노인복지법은 노인학대를 "노인에 대하여 신체적·정신적·정서적·성적 폭력 및 경제적 착취 또는 가혹행위를 하거나 유기 또는 방임을 하는 것"으로 정의하고 있다(노인복지법 제1조의 2).

노인학대를 정의하는 기준은 사회문화적 차이로 인하여 국가와 학자에 따라 다양하게 정의되고 있으며, 통일된 정의는 내려지지 않고 있다. 노인학대의 개념은 단순히 누군가가 의도적으로 노인에게 위해를 가하는 소극적이고 협의적인 개념에서부터 노인의 인권보호를 전제로 하는 적극적이고 광의의 개념에 이르기까지 매우 다양하다. 이와 같이 현재까지 노인학대에 대한 학자 간의 개념적 합의가 이루어지지 않고 있지만, 광의의 개념을 따르는 것이 시대적 추세가 되고 있다(김미혜, 2001). 따라서 노인학대를 '노인 자신, 노인의 가정이나 전문노인시설의 모든 관계에서 발생하는 노인에게 해가 되거나 장애를 일으킬 수 있는 일회성이거나 반복적 행동 또는 적절한 행동의 부족'으로 정의하는 것이 바람직하다(권중돈, 2018).

2. 노인학대의 유형

1) 형태적 분류

노인학대의 유형은 형태적 분류와 발생공간에 따른 분류로 설명할 수 있는데 먼저 노인학대를 형태적으로 분류하면, 신체적 학대, 정서적 학대, 성적 학대, 경제적 학대, 방임, 자기방임, 유기의 7가지 유형으로 설명할 수 있다. 노인학대의 유형 및 유형별 대표적 학대행위는 <표 15-1>과 같다.

〈표 15-1〉 노인학대의 유형별 대표적 행위

학대유형	대표적 학대행위
신체적 학대	• 노인을 폭행한다. • 노인을 제한된 공간에 강제로 가두거나, 노인의 거주지 출입을 통제한다. • 노인의 신체를 강제로 억압한다. • 신체적 해를 가져올 위험성이 큰 행위로 노인을 협박하거나 위협한다. • 노인의 신체적 생존을 위협할 수 있는 행위를 한다. • 약물을 사용하여 노인의 신체를 통제하거나 저해한다. • 노인이 원하지 않거나 수행하기 어려운 노동을 하게 한다.

정서적 학대	• 노인과의 접촉을 기피한다. • 노인의 사회관계 유지를 방해한다. • 노인을 위협·협박하는 언어적 표현이나 감정을 상하게 하는 행동을 한다. • 노인과 관련된 결정사항에 대해서 의사결정 과정에서 소외시킨다.
성적 학대	• 노인에게 성폭력을 행한다. • 노인에게 성적 수치심을 주는 표현이나 행동을 한다.
경제적 학대	• 노인의 소득 및 재산, 임금을 가로채거나 임의로 사용한다. • 노인의 재산에 관한 법률적 권리를 침해하는 행위를 한다. • 노인의 재산 사용 또는 관리에 대한 결정을 통제한다.
방임	• 거동이 불편한 노인의 의·식·주 등 일상생활 관련 보호를 제공하지 않는다. • 경제적 능력이 없는 노인의 생존을 위한 경제적인 보호를 제공하지 않는다. • 의료 관련 욕구가 있는 노인에게 의료적 보호를 제공하지 않는다.
자기방임	• 자신을 돌보지 않거나, 돌봄을 거부함으로써 노인의 생명이 위협받는다.
유기	• 의존적인 노인을 유기한다. 즉, 보호자 또는 부양의무자가 노인을 버리는 행위 • 연락을 두절하고 왕래하지 않는다. • 시설이나 병원에 입소시키고 연락을 두절한다. • 낯선 장소에 버린다.

출처 : 중앙노인보호전문기관(2022). 노인학대 알기.

(1) 신체적 학대

신체적 학대는 노인의 신체에 상해나 손상을 입히거나 위협을 가하여 공포심을 일으키게 하는 폭력적 행위를 말한다. 즉, 이것은 노인을 주먹으로 때리거나, 발로 차거나, 밀치거나, 넘어뜨리거나, 목을 조르거나, 흉기로 위협을 가하거나, 강제노동을 시키거나, 집 안에 감금하거나, 침대에 묶어놓는 행위 등을 말한다(양옥남·김혜경·박화옥·정순둘, 2016).

(2) 정서적 학대

정서적 학대는 위협·협박·멸시·무례·굴욕·모멸감·겁주기 등을 통하여 심리적·정신적으로 고통을 주는 행위이다. 이것은 노인에게 위협이나 협박을 하는 말을 하거나, 수치심을 느끼는 모욕적인 말을 하거나, 욕설이나 폭언을 하거나, 시설에 보내겠다고 위협하거나, 자존심을 상하게 하고 화를 내거나, 집안의 의사결정에서 고의로 소외시키거나, 무례한 태도를 취하거나, 친구나 친지의 방문을 싫어하거나, 물건을 던지고 부수면서 화풀이를 하거나, 부양하는 것이 부담스럽다고 불평하거나, 사회활동이나 종교활동을 방해하는 행위 등을 말한다(서 윤, 2007).

(3) 성적 학대

성적 학대는 노인과의 합의가 없는 상태에서 모든 형태의 성적 접촉을 행하거나 성적 수치심을 유발하는 행위를 말한다. 이것은 노인과 강제적으로 성행위를 하거나, 노인의 성적 부위를 고의적으로 노출시키거나, 성 관련 언어 표현, 시각적 자료 등을 통하여 성적 수치심을 유발하는 행위를 하는 것 등을 말한다.

(4) 경제적 학대

경제적 학대는 노인의 재산이나 권리를 부당하게 착취하거나 필요한 생활비를 제대로 제공하지 않는 것을 말한다. 즉, 이것은 노인의 부동산, 통장, 현금, 수당 등을 강제적으로 빼앗거나, 유언장을 허위로 작성하거나, 임금을 제대로 지급하지 않고 노동력을 착취하거나, 값진 물건을 돌려주지 않고 빼앗거나, 노인의 허락 없이 부동산을 담보로 대출을 받거나, 노인에게 적절한 생활비를 제공하지 않는 것 등의 행위를 말한다.

(5) 방임

방임은 부양의무자가 의도적으로나 비의도적으로 의식주, 의료서비스, 신체적 수발 등을 적절하게 제공하지 않는 것을 말한다. 이것은 노인에게 음식을 제대로 제공하지 않거나, 배변의 처리를 방치하거나, 가족을 포함한 부양 의무자들이 노인에게 무관심하거나, 보호 의무를 제대로 수행하지 않고 노인을 방치하거나, 치료가 필요함에도 불구하고 병원에 모시고 가지 않는 것 등을 말한다.

(6) 자기방임

자기방임은 노인 스스로가 음식을 제대로 먹지 않거나, 치료가 필요함에도 병원에 가지 않거나, 건강관리를 제대로 하지 않거나, 가사를 제대로 돌보지 않는 등의 최소한의 자기보호 관련 행위를 의도적으로 포기 또는 비의도적으로 관리하지 않아 심신이 위험한 상황이나 사망에 이르게 하는 행위를 말한다.

(7) 유기

유기는 부양의무자가 노인을 돌보지 않고 의도적으로 버리는 행위를 말한다. 즉, 이것은 치매 등과 같은 만성질환으로 부양의무자의 보호가 필요한 노인을 부양하기 어렵다는 이유 등으로 집에 찾아오지 못하도록 공공장소에서 버리거나, 강제적으로 집을 나가도록 하는 것 등을 말한다.

2) 발생공간에 따른 분류

노인학대는 발생공간에 따라 분류하기도 하는데, 가정 내 학대, 시설 내 학대로 구분할 수 있다.

(1) 가정 내 학대

가정 내에서의 노인학대는 피해노인과 특별한 관계에 있는 성인자녀, 배우자, 친지, 친구 등의 부양자가 행하는 학대로서 우리나라 노인학대의 대부분을 차지한다(2021년 중앙노인보호전문기관 학대사례 건수의 88%).

(2) 시설 내 학대

시설에서의 노인학대는 국가의 보조나 노인으로부터 직접적으로 보호비용을 수납하여 전문적 서비스를 제공하는 의료기관, 장기보호시설, 노인복지시설이나 기관 등에서 이루어지는 노인에 대한 부적절한 처우라고 할 수 있다. 노인장기요양보험 제도의 시행으로 생활시설이 급증하고 시설에 입소하는 노인의 수가 증가하면서 생활시설의 노인학대에 대한 관심도 높아지고 있으며,

실제로 최근 생활시설의 노인학대 사례도 지속적으로 증가하고 있다. <표 15−2>는 2021년 중앙노인보호전문기관의 학대 발생장소별 학대피해노인의 사례건수이다.

〈표 15-2〉 학대피해노인 학대 발생장소

구 분	가정내	생활시설		이용시설		병 원	공공장소	기타	계
		노인주거	노인의료	노인여가	재가노인				
건수	5,962	497	39	1	86	62	54	73	6,774

출처 : 중앙노인보호전문기관(2022). 연도별 노인학대현황(2021년도 현황).

3. 노인학대의 위험요인

노인학대를 유발하는 위험요인은 매우 다양하다. 노인학대의 위험요인은 크게 피해노인 관련 요인, 부양자 관련 요인, 사회적 요인 등의 세 가지 영역으로 살펴볼 수 있다.

1) 피해노인 관련 요인

피해노인 관련 요인으로 피해자의 성별, 연령, 성격, 신체적 특성, 정신건강, 과거 경험, 세대 간 관계, 의존성, 고립성, 음주 여부 등이 중요한 요인으로 꼽힌다.

(1) 노인의 성

노인의 성에 따라서는 남성 노인이 학대를 받는 빈도가 증가하고 있다는 연구(Pillemer & Finkelhor, 1988)와 학대의 하위 유형에 따라서는 남녀 간의 학대 빈도가 유사하다는 연구(이인수・이용환, 2001)가 있다. 그러나 일반적으로 여성 노인이 남성 노인에 비하여 학대를 더 많이 받는 것으로 나타나고 있다(한은주・김태현, 2000; 김미혜, 2001; Kosberg, 1988).

(2) 노인의 연령과 교육수준

연령과 교육수준에 따라서는 교육수준이 낮고 연령이 높을수록 학대에 노출될 위험이 더 많은 것으로 나타나고 있다. 이는 노인의 교육수준이 낮고 연령이 높을수록 경제적 상황, 대처자원의 인지능력 등이 상대적으로 낮기 때문이라 할 수 있다(이성희 · 한은주, 1998; 한은주 · 김태현, 2000; Kosberg, 1988).

(3) 결혼 상태

결혼 상태에 따라서는 배우자 없이 성인 자녀와 동거하는 노인이 학대를 받을 위험이 더 높은 것으로 나타나고 있다(한은주, 2000; Wiehe, 1998; Wolf & Li, 1999).

(4) 노인의 건강 상태와 의존성

노인의 건강이 나쁘거나 일상생활에서의 의존성이 높을수록 노인학대의 가능성이 더 높은 것으로 나타났다. 많은 연구(한동희, 1996; 이성희 · 한은주, 1998)에서 신체적 질병, 일상생활 동작능력의 제한, 치매 등의 인지기능장애로 인하여 노인의 의존성이 높아지고, 간호에 대한 부담이 증가하게 되면 학대에 노출될 가능성이 높음을 지적하고 있다.

(5) 노인의 경제적 수준

노인의 경제수준에 따라서는 경제적으로 여유가 없는 노인이 경제적 여유가 있는 노인보다 학대를 받는 비율이 상대적으로 높은 것으로 나타나고 있다.

(6) 노인의 심리적 특성과 자아존중감

노인의 심리적 특성도 노인학대의 위험요인이 될 수 있다. 노인이 학습된 무기력(learned helplessness)에 익숙해질수록, 문제해결을 위한 노력을 기울이지 않게 됨으로써 학대에 노출될 가능성이 높다. 자신의 일생을 실패로 규정하고 그 실패의 책임을 타인에게 돌리고 불평을 하게 될 경우, 타인의 분노나 학대 행위를 유발하게 된다(Kosberg, 1988; Qinn & Tomita, 1986). 그리고 자아존중감이 낮은 노인은 가정 내에서 심각한 문제를 일으키거나 무기력해질 가능성이 높기 때문에 이로 인해 학대받을 가능성이 높은 것으로 나타났다(한동희 · 김정옥, 1995; 한은주 · 김태현, 2000; 권중돈, 2002).

2) 부양자 관련 요인

(1) 부양자의 인구사회학적 특성

부양자의 인구사회적 특성과 관련하여 남성 부양자는 신체적 학대를 하는 경우가 많은 반면, 여성 부양자는 방임 행위를 하는 경우가 많은 것으로 나타났다(한은주, 2000). 부양자의 연령에 따라서는 연령이 낮을수록, 경제적 사정에 따라서는 경제적으로 여유가 없고 어려움을 겪는 부양자일수록 노인을 학대할 가능성이 높은 것으로 나타났다(이성희 · 한은주, 1998; 한은주, 2000).

(2) 동거 여부

부양자와 동거하는 경우에는 신체적 학대와 심리적 학대에 노출될 가능성이 상대적으로 높은 반면, 별거할 경우에는 방임이나 유기라는 학대 유형에 노출될 가능성이 높은 것으로 알려져 있다.

(3) 부양자 성격

부양자의 성격 또한 노인학대의 유발요인이 될 수 있는데, 무절제하고 충동적인 성격일 경우 노인을 학대할 가능성이 높으며 알코올중독, 마약중독 등의 물질중독, 정서장애, 정신장애의 문제가 있을 경우 노인을 학대할 가능성이 높다(Kosberg, 1988).

(4) 부양자의 부양부담

부양자의 부양부담과 스트레스는 노인학대와 직접적으로 연결된 변인으로 나타나고 있다(이성희 · 한은주, 1998; 한동희 · 김정옥, 1995). 또한 노인의 지나친 부양기대는 자녀에게 부양부담을 유발할 뿐만 아니라 자녀와의 기대수준의 불일치를 가져와 상대적인 학대 경험을 높게 하고, 노인의 심리건강에 부정적인 영향을 미치는 것으로 나타났다(전길양 · 송현애, 1997).

(5) 노인과의 유대감 정도와 가족성원 간의 결속력과 지지도

학대받는 노인과 학대행위자는 오랫동안 감정적 대립관계가 축적되어 있는 경우가 많으며(한동희, 1996), 과거에 좋지 못했던 세대 간의 관계는 현재의 친밀한 가족유대를 어렵게 하고, 이러한 낮은 관계의 질이 미래의 잠재적인 학대문제의 지표가 될 수 있다.

가족성원 간의 결속력과 지지도가 낮을수록 노인학대 발생률이 높은 것으로 나타났다(반형욱, 1997). 그리고 가족폭력의 경우 한 명의 성원에게만 국한되기보다는 동시에 여러 명에게 폭력이 가해지는 점을 고려할 때, 가족 내 다른 폭력이 존재할 경우에 노인학대가 일어날 가능성이 높다. 그리고 사회학습이론에 따르면, 부양자가 이전에 노인에게서 학대를 당한 경험이 있는 경우에 노인을 학대할 가능성이 높다고 본다(McDonald, 1996).

(6) 사회적 관계망 요인

노인과 부양자가 사회적으로 고립될 경우 노인학대가 발생할 확률이 높아진다. 그 이유는 노인이나 부양자가 이웃, 친구, 친척 또는 전문가의 도움이 필요한 상황에서도 활용할 수 있는 사회적 지지망이 없을 경우, 노인은 의존적 욕구의 충족에 실패하게 되고 부양자의 부양부담 수준이 높아져 비효과적인 부양을 하게 만들거나 학대를 일으키는 원인이 된다(한은주, 2000). 그리고 노인의 비공식적 관계망 중에서 친척이나 이웃과의 관계가 좋을수록 학대 발생비율이 줄어드는 것으로 나타났다(한은주 · 김태현, 2000).

3) 사회적 요인

핵가족화 현상으로 부양할 자녀의 수가 줄어든 것과 함께, 독거노인의 증가는 노인이 외부와 고립되는 현상을 발생시키며, 노인학대를 유발할 가능성이 높아진다. 그리고 부모에 대한 효의식의 변화와 더불어 노인 공경의식이 낮아지고 노인 차별주의가 확산되어 가고 있는 우리나라에서, 노인은 사회적으로 열등한 지위에 처하게 되고 부적절한 처우를 당할 가능성이 높아지고 있다(한동희 · 김정옥, 1995).

강한 가족주의 의식이 노인학대의 은폐와 반복적 발생을 촉진하는 요인이 될 수 있다. 가족주의 의식이 강하게 남아 있는 상황에서는 학대 자체가 은폐될 가능성이 높기 때문에 노인이 잠재적 학대상황에 지속적으로 노출되는 결과를 초래하게 된다. 특히 가족주의 의식이 강한 우리나라의 경우 학대의 희생자인 노인은 학대자가 노인 자신의 성인 자녀일 경우에 노인 자신에게 해를 입히는 자식을 키웠다는 수치심을 느끼기 때문에(Quinn & Tomita, 1997 : 5; Steinmetz, 1978) 학대 사실을 알리거나 원조를 요청하지 않는다(Straus, 1979). 문과 윌리암스(Moon & Williams, 1993)는 미국에 거주하는 한국계, 흑인계, 백인계 여자 노인들이 학대를 당했을 때 외부에 원조요청을 취하는지의 여부를 비교조사하였다. 이들의 연구결과는 한국계 여자 노인들이 학대를 당할 경우 흑인계나 백인계의 여자 노인 집단보다 외부에 원조요청을 적게 하는 것으로 나타났다. 조사대상의 한국계 여자 노인들은 자신의 고통을 참아서 문제를 확대시키지 않음으로써 노인 자신의 개인적인 안녕보다 가족의 화합을 강조하고 가정 내의 평화를 유지하려는 문화적 속성을 가지고 있다. 따라서 이들 연구자들은 한국계 여자 노인들은 학대적인 상황을 타인에게 말함으로써 타인에게 '가족의 수치'를 드러내는 것을 꺼리며 노인 자신들의 자녀나 친척들 사이에 갈등을 일으키지 않으려고 한다고 밝혔다(김기태 외, 2004).

4. 노인학대의 예방과 과제

1) 외국의 노인학대 예방 및 대처법

(1) 미국

미국은 1978년, 1991년 미국 노인법(Older American Act) 개정을 통해 노인학대 예방 및 대처에 관한 법적 근거를 마련했다. 개정된 노인법은 강제성은 없으나 노인학대에 대한 포괄적인 정의를 제공하고 예방, 교육, 서비스 제공 등 구체적인 프로그램 실행을 위한 예산지원 조항을 포함했다는 점에서 정부의 적극적인 의지를 보여준다(우국희, 2001). 성인보호서비스법(Adult Protective Services Law) 또한 학대의심사례에 대한 의무신고와 실태조사 그리고 노인학대 피해자 보호를 위한 보호서비스 수혜를 위한 자격조건, 학대의 정의, 학대의 유형, 형사 또는 민사의 적용, 조사의무와 절차 등은 각 주마다 상이하다. 이 법의 특징은 학대, 방임 또는 착취를 조사하기 위한 전문가를 둔다는 점이다. 또한 미국에서는 2001년에 다양한 전문분야에 종사하는 80명의 전문가가 모여 범국가적 노인학대정책 어젠다를 수립하기도 했다(국가인권위원회, 2006b : 50). 한편 시설 내 노인학대는 1971년 연방정부의 요양원 실태조사를 토대로 1975년 미국 노인법을 개정하여 장기보호옴부즈맨 프로그램(Long-term care Ombudsman Programs)을 만들었고, 주정부가 의무적으로 시행하도록 하였다(박수천, 2005).

(2) 캐나다

캐나다에는 노인학대 예방 및 대처에 관한 독립된 법이 존재하지 않는다. 노인학대 관련법으로 성인보호법(Adult Protective Law)이 있으며 성인보호법은 노인학대 의심사례 대한 신고규정을 포함하고 있다. 노인학대와 관련된 프로그램은 노인학대 예방을 위한 교육과, 노인의 긍정적 이미지 구축을 위한 홍보를 중심으로 이루어진다(국가인권위원회, 2006b). 캐나다의 뉴펀들랜드와 래브라도(Newfoundland & Labrador)의 노인자원협회는 노인학대 예방과 지원을 위한 전략으로 노인학대 인식증진과 교육, 노인학대법 제정, 지역사회 참여, 서비스 제공자의 훈련과 선별, 가족 수발자 지원, 그리고 노인학대 연구를 제시했다(Senior Resource Center Association of Newfoundland and Labrador, 2004). 캐나다는 노인학대 예방교육에 중점을 두고 있는데, 교육대상은 학생을 비롯하여 노인조직, 자원봉사단체, 노년학 네트워크, 미디어, 종교기관, 가정폭력방지기관, 소수민족커뮤니티, 정부의 관계자 등이다. 이를 통해 고령자에 대한 존경심 고양, 부정적 이미지 불식, 세대 간 교류 등을 촉진시킨다. 교육은 또한 노인의 고립을 방지하는 역할도 한다고 보고 있다(박수천, 2005).

(3) 일본

일본의 노인학대에 대한 조치는 노인복지법 제10조와 제11조의 노인학대 조치에 관한 조항을 근거로 이루어진다. 관련 조항에 따르면 노인학대에 대한 조치의 주체는 기초자치단체이며, 학대 대응조치는 상담창구 설치, 긴급 대응, 일시보호, 개호보험 방문조사와 상담, 생활관리지도사업, 관계자 연수, 관계기관 네트워크화, 시민계몽, 대응 매뉴얼 작성 등이 대표적이다(국가인권위원회, 2006).

(4) 호주

호주는 1980년대만 해도 노인에 대한 가족의 방임이 학대로 인식되지 않을 만큼 다른 나라에 비해 관심이 높지 않았으나, 1992년 의학 잡지에 학대에 관한 연구결과가 발표되면서 사회적 문제로 대두되었다. 호주에서 노인학대는 아동학대와 달리 신고의무 등 특별한 대책을 법령에 규정하고 있지 않다. 다만, 노인에게 제공되는 일상 업무의 일환으로 건강서비스나 지역서비스를 통해 대응하고 있다. 주로 '고령자케어평가팀(ACAT : The Aged Care Assessment Team)'이 활동하고 있고, 관련기관은 노인학대에 관한 연수와 프로토콜을 작성하고 있다. 호주가 노인학대에 대해 신고의무를 부과하지 않는 이유는 호주 노인의 대부분이 학대를 자체 해결하려 하고 있기 때문이다. 따라서 호주는 노인학대에 관한 특별한 법률은 없으나, 모든 주에 '성년후견인 제도'가 있다. 이 법에 따라 정신적·육체적 장애가 있는 노인은 후견인이나 대리인을 지명하여 학대 등에 대응하고 있다. 또한 노인학대 방지를 위해 호주는 각 주별로 각각의 대책을 갖고 있다. 그중에서도 학대가 허용되지 않는 사회를 만들기 위해 노인의 밝은 이미지를 캠페인을 통해 알리고, 지역사회교육과 고립된 노인을 줄이는 프로그램이 효과적이라고 여긴다(박수천, 2005).

2) 노인학대의 예방과 과제

(1) 가족관계 개선을 통한 학대 예방

노인학대는 가족관계 속에서 오랜 시간 동안 지속된 갈등과 의사소통 부재가 낳은 파국적인 결과라고 할 수 있다. 노인학대는 대부분 가족 내 관계의 문제에서 시작되므로, 가족관계 개선 프로그램을 강화하고, 가족상담서비스를 통해 가족 내 갈등이 오랜 기간 지속되지 않도록 하는 예방적 개입이 요구된다. 또한 노인 부양가족을 위한 다양한 서비스와 지지를 공급해야 한다. 부양가족의 스트레스와 당면문제 해결을 위한 서비스 제공은 물론 심리치료에 이르는 전문적 상담을 제공하기 위한 전문상담기관의 확충과 전문상담인력의 양성에 힘써야 할 것이다.

(2) 노인학대에 대한 인식 제고의 예방교육의 강화

노인학대에 대한 신고가 의무화되고 노인보호전문기관을 설치·운영하고 있지만, 아직도 노인학대를 심각한 사회문제로 인식하지 못하고 개인적인 문제나 가족의 문제로만 생각하고 방치하는 경우가 많다. 따라서 노인학대의 심각성에 대한 홍보, 예방매뉴얼의 배포 등을 통하여 사회적 인식이 제고될 수 있도록 해야 한다. 그와 동시에 가정 등과 같은 밀폐된 공간에서 은폐될 가능성이 있는 노인학대를 발견하였을 경우 피학대 노인이 적절한 보호를 받을 수 있도록 노인보호전문기관에 신고할 수 있도록 해야 한다. 그리고 노인학대에 대한 노인의 인식을 높이고 신고를 통하여 적절한 보호를 받도록 하기 위해서는 노인들에게 학대예방교육을 실시해야 한다.

(3) 가족의 부양부담의 경감

노인학대의 주요한 원인 중의 하나는 가족 부양부담의 가중이기 때문에 가족의 부양부담을 경감시켜 노인학대를 예방해야 한다. 가족의 부양부담을 경감시키기 위해서는 노인부양에 필요한 경제적 지원을 제공하거나, 치매노인에 대한 가족의 이해와 필요한 서비스를 제공하거나, 신체적 부양부담을 경감시키기 위해 방문요양, 방문목욕, 주·야간보호서비스, 단기보호서비스 등을 적극적으로 활용할 수 있도록 하거나, 거동이 불편한 허약한 노인에 대한 식사배달 서비스, 전화확인, 우호방문 등을 제공해야 한다.

(4) 학대받는 노인을 위한 보호서비스

대부분 가정 내에서 발생하는 노인학대는 가족 내의 문제로 여기는 사회·정서 때문에 외부 노출을 꺼리고, 학대사실을 인정하지 않는 특성을 가지고 있다. 그러나 최근 급속한 고령화로 노인학대문제는 더 이상 개인의 문제가 아닌 사회적 문제이고 그 심각성에 더욱 관심을 기울여야 한다는 사회적 합의에 의해 2004년 노인복지법 개정을 통해 노인 보호서비스의 법적 기반을 마련하였다. 이러한 법적 기반에 근거하여, 노인학대에 대한 지속적인 국민들의 인식제고와 학대피해노인 및 가족을 위한 전문상담을 위해 노인보호전문기관을 설치 운영하고 있다. 이 기관을 활용하여 노인학대 신고 접수부터 현장조사, 학대피해노인 및 가족에 대한 통합적 지원, 노인학대 예방교육 및 홍보, 학대 피해노인을 지원하기 위한 지역사회 네트워크 구축 등 학대받는 노인의 권익향상을 위해 지속적인 활동을 펼치고 있다. 2022년 기준 전국에 38개의 노인보호전문기관이 운영되고 있다.

가정에서 은폐되고 있는 노인학대 사례를 적극적으로 발굴하기 위하여 노인복지법을 개정하여 사회복지관, 부랑인 및 노숙인 보호시설의 장 및 그 종사자, 119 구급대원, 건강가정지원센터의 장과 그 종사자, 재가장기요양기관의 장과 그 종사자를 노인학대 신고 의무자로 추가하였다. 노인학대예방 및 학대피해노인에 대한 체계적인 서비스 지원을 위하여 중앙 및 지역의 노인보호전문기관 담당업무를 명시하여 명확한 법적 근거를 마련하였다. 아울러 학대피해노인의 일시적 보호를 위해 기존에 이용한 시·도 지정의 양로·요양시설은 전문적인 상담·심리치료 프로그램 제공의 부재 등 한계가 있어 이를 개선하고 가족기능 회복 및 학대 재발방지를 위해 학대행위자와 그 가족에 대한 전문상담서비스 제공하기 위해 2011년부터 학대피해노인 전용쉼터를 설치 운영하고 있다.

(5) 학대피해노인을 위한 사례관리의 강화

노인학대 상황을 해결하기 위해서는 신고 접수에서부터 서비스 제공 및 연계에 이르기까지 사례관리를 담당하는 노인학대 전문상담원의 심리·정서 상담에 관한 전문성을 향상시켜야 할 것이다. 지속적인 교육과 슈퍼비전을 통한 상담서비스의 질적 향상이 필요하다.

CHAPTER

16 노인자살

노년기에 접하게 되는 생애사적 사건과 문제에 대하여 적절한 대응책을 마련하지 못하고, 그 문제가 개선되지 않은 채로 계속된다면 한 인간으로서의 노인의 생존과 인간다운 삶이 크게 위협을 당할 수 있으며, 이로 인하여 자살과 같은 일탈현상이 발생할 수 있다. 생애주기의 마지막 단계인 노년기는 지금까지 살아온 인생을 정리하면서 자아통합을 추구하고 죽음의 질에 관하여 생각해야 할 시기이다. 하지만 그러한 노년기에 적지 않은 사람들이 여러 가지 신체적, 경제적 혹은 정서적인 어려움을 동시에 겪고 있으며, 이로 인하여 절망감에 빠지게 된다. 그리고 자살은 종종 이에 대한 해결대안으로 간주된다(김기태 외, 2009).

자살이란 스스로 자신의 목숨을 끊는 행위를 말한다. 노인자살이란 노인이 스스로 자신의 목숨을 끊는 행위이다. 우리나라 노인자살과 관련하여 좀 더 자세한 현황을 살펴보면, 노인자살은 연령에 따라 자살률이 다르게 나타나고 있는데, 연령이 증가할수록 자살률이 점차 증가하는 추세를 보이고 있다. 통계청 자료에 의하면 2020년 인구 10만 명당 자살자 수는 전체 31.7명이며, 60대는 30.1명, 70대는 38.8명, 80대 이상은 62.6명으로 연령의 증가에 따라 자살률도 점차 증가하는 것으로 나타났다(통계청, 2022). 최근 연도 기준 OECD 회원국의 노인 자살률(인구 10만 명당 명) 평균은 17.2명이고, 한국은 46.6명(2019년)으로 세계 1위이며, OECD 평균보다 2.7배 높다(보건복지부, 2022).

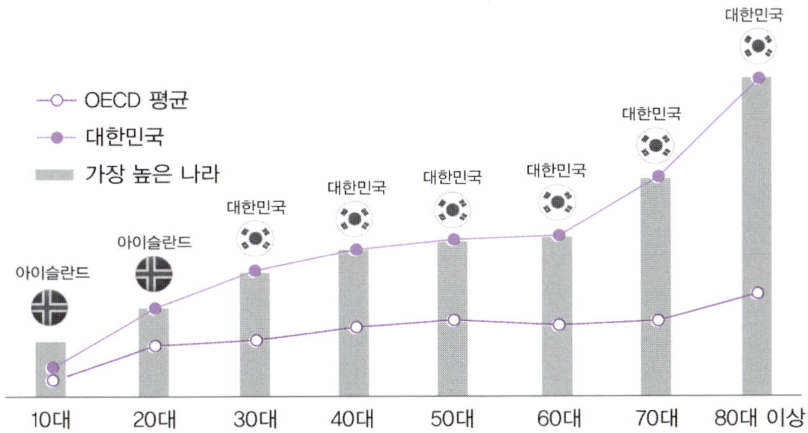

[그림 16-1] OECD 회원국 연령별 자살률

출처 : 한국생명존중희망재단(2022). OECD 자살통계.

1. 노인자살의 원인

노인자살은 다양한 원인에 의해 이루어지고 있다. 노인자살의 원인에 대한 조사에 따르면, 정서적 소외감 33.1%, 경제적 문제 30.5%, 가족 간의 갈등 18.1%, 신체질환의 악화 15.6%, 충동적인 선택 2.3%, 기타 0.4%의 순으로 나타났다(이화영 외, 2010). 이와 같이 노인자살은 정서적 문제, 경제적 문제, 가족 갈등, 만성질환, 성격적 문제 등이 원인이 되어 발생하고 있다.

정서적 문제는 노인이 되어 가족, 직장, 지역사회 등에서의 역할이 상실되고 소외되어 우울증, 불안감, 좌절감, 상실감 등을 경험하면서 자살이라는 극단적인 선택을 하게 되는 원인이 되고 있다. 경제적 문제는 직업에서 은퇴하여 경제적인 어려움을 겪게 되면서 빈곤한 삶이 노인들에게 자살의 원인이 되고 있다. 가족 내에서의 노인의 역할이 상실되고 노인부양의식이 점차 약화되면서 부모 부양문제, 유산 상속문제, 가정폭력, 정서적 지지망의 약화, 가정불화 등의 문제를 포함한 가족갈등은 노인자살의 원인이 되고 있다. 노인의 신체적 약화와 만성질환은 자신감과 자아존중감의 결여 및 우울증 경향으로 나타나 자살을 일으키는 원인이 되고 있다. 또한 충동적·공격적 성격, 행동상의 문제, 인내심의 결여, 문제해결능력의 부족, 분노조절의 결함 등과 같은 개인의 성격적 문제도 자살의 원인이 되고 있다(현외성, 2010).

2. 노인자살의 특징

대부분의 나라에서 노인은 자살률이 높은 위험집단이고, 우리나라에서도 노인자살률이 다른 연령대와 비교했을 때 가장 높지만, 자살이나 자살예방에 관한 연구 및 개입에서 어려움이 있다(Pearson & Brown, 2000). 다음은 다른 연령대와는 차별화되는 노인자살의 특징을 설명한다(임병우 외, 2018).

① 노인에 대한 연령차별주의에 근거한 노화에 대한 부정적 사회 태도로 인해, 사람들은 청소년자살을 노인자살보다 더 큰 비극으로 인식한다. 또한 많은 정신건강전문가들과 노인들 그리고 노인의 가족들은 우울증과 자살생각이 자연스러운 노화 과정의 일부라고 보고한다(이수애·이경미, 2002). 이 밖에도 노년기에 겪게 되는 건강악화, 만성질환, 신체적·정신적 장애, 상실과 소외, 사회관계 축소, 경제적 어려움 등은 모두 자살 관련 요인으로, 이런 위협적인 요인들은 우울과 절망감 등 심리사회적 갈등을 일으켜 자살사고로 확산된다. 젊은층의 자살이 단일한 원인으로 인해 발생한다면, 노인자살은 사회적·환경적·심리적 원인이 함께 복합적으로 작용한다.

② 자살을 생각하는 노인은 주변에 도움을 요청하거나 알리지 않는 경향이 강하다(배진희·엄기욱, 2007; Conwell, 1997). 즉, 노인들은 그들에게 도움을 줄 수 있는 개입을 피하려 들고, 자살의도에 대해서 다른 사람들과 이야기하는 것을 꺼린다. 노인은 오랫동안 자살에 대해 생각하고, 신중하고 치밀하게 계획하며(Lange, 2003), 위기 핫라인(hot line)이나 정신과병원, 상담센터를 거의 이용하지 않는다. 노인들은 자살이라는 것 자체에 대해서

혹은 유용한 지원책들에 대한 정보가 빈약해서 핫라인이나 심리학적 서비스 등을 사용하지 않는 경향이 있다. 따라서 상담심리학자나 다른 정신건강전문가들이 자살 생각을 지닌 노인들과 접촉할 기회가 적다. 정신장애를 지닌 노인들은 정신건강전문가를 찾아가기보다 일반 의사를 찾곤 한다(Goldstrom et al., 1997). 몇몇 연구에서는 노인자살자의 93%가 자살하기 12개월 내에 진료기관을 방문했고, 70% 이상이 자살하기 한 달 전에, 1/3이 자살하기 일주일 전에 병원을 방문했다고 보고하였다. 그러나 이러한 노인들 대부분이 정신건강서비스를 찾아가지 않았고, 전체 우울노인의 10%만 치료나 개입을 받았다. 이와는 대조적으로 자살한 젊은 성인들 중에서는 25%에서 30% 정도가 사망할 당시에 정신건강전문가의 치료를 받고 있었다.

③ 노인인구가 급증하고, 수명이 연장되면서, 사별과 이혼 등의 이유로 혼자 사는 독거노인이 해마다 증가하고 있다. 독거노인은 사회적으로 고립되기 쉬운 환경적 특징으로 인해 위험군으로 분류된다. 또한 독거노인은 자살시도가 발생했을 때 쉽게 구조되기 어렵기 때문에 더욱 위험할 수 있다. 특히 우리나라의 이혼율 증가는 가족불안정성 및 가족상실로 나타나고 노인부양 문제를 초래하며, 이는 노인의 경제적 빈곤, 사회적 고립으로 이어져 노인에게 부정적 영향을 미치게 된다. 몇몇 연구자들은 노인자살자들이 사회적으로 고립되어 있기 때문에 자료를 얻을 정보원들이 부족하여 자살로 목숨을 잃은 사람들에 대한 심리부검[1]연구가 진행되기 어렵다고 보았다.

④ 노인들은 오랫동안 계획하고 치명적인 방법을 사용하는 경향이 있다. 젊은이들의 자살은 종종 충동적이고 자신을 표현하기 위한 행동(Cry for

---

1) 자살로 사망한 사람이 남긴 문서, 경찰·의료·검시관의 기록, 가족·직장동료·친구·건강관리 전문가부터 얻은 정보들을 종합하여 죽음의 원인을 명료하게 밝히고 자살할 당시에 어떤 정신과적 진단명을 가지고 있었는지 밝히는 것으로 자살자가 죽기 몇 달 이내의 과거로 올라가 조사하는 방법

help)인 경우가 많지만, 노인들은 대부분, 정말로 죽을 의도를 가지고 있다. 실제로 노인들은 치명적이고 확고하게 실행하기 때문에 젊은이들보다 자살시도 대 자살로 인한 죽음의 비율이 높다(Nordstrom, et al., 1995). 노년기에 자살시도 대 자살로 인한 죽음의 비율은 대략 4:1인 반면 전체 집단에서는 8:1에서 20:1 정도, 청소년 집단의 비율은 200:1이다(Shneidman, 1996). 또한 노인층에서 이렇게 자살시도가 자살로 이어지는 경우가 높은 이유는 노인들은 신체적인 건강에 취약하기 때문에 덜 치명적인 자살시도에도 목숨을 잃을 가능성이 높고, 혼자 사는 경우가 많기 때문에 자살시도를 하고 나서 주변 사람들에 의해 구조될 가능성이 낮기 때문일 수 있다.

⑤ 전체적으로 남성의 자살률이 여성의 자살률보다 높게 나타나는 것이 일반적이지만, 노인의 경우 그 차이가 더욱 크게 나타난다. 노인기의 여성들은 자살로 죽은 젊은 여성들에 비해 자살시도력이 많았지만, 남성 노인들은 젊은 남성에 비해 자살시도력이 더 많지 않았다. 그럼에도 남성 노인 자살률이 높다는 것은 남성 노인은 한두 번의 자살시도로 자살에 성공할 확률이 높다는 것이다. 따라서 만약 남성 노인이 최근에 자살시도를 했던 경험이 보고되면 이것을 심각하게 생각하고 관심을 가질 필요가 있다.

⑥ 노인들은 만성적이고 간접적인 유사 자살을 선택하는 경향이 많다. 자살은 목매달기, 약물 과다복용, 고의적인 교통사고, 일산화탄소 질식, 추락으로 인한 사망과 같이 급작스럽게 죽음이 야기되는 경우가 대부분이다. 이를 급성적 자살이라고 하는데, 이와 반대로 죽을 의도를 가지고 스스로 한 행동에 의해 서서히 죽음에 이르게 되는 것을 유사 자살이라고 지칭한다. 노인자살의 경우에는 급성적 자살뿐만 아니라 유사 자살에 대해서도 주의를 기울여야 한다. 가장 보편적인 유형은 아사 지경에 이를 때까지 먹지 않는 것이며, 약물 남용, 생명을 지속시키는 약물, 인슐린 등의 투여

거부, 자기방임 등이 있다(육성필 외, 2011). 이러한 자살은 '침묵의 자살(silent suicide)'이라고 지칭되며, 메닝거(Menninger, 1956)는 침묵의 자살이 다른 연령대의 사람들보다 노년층에게 적용 가능하다고 제안하였다.

⑦ 노인 배우자들은, 특히 한쪽 배우자가 신체적·인지적 기능을 상실했을 경우, 동반자살을 위한 자살약속을 하기 쉽다. 매우 상호의존적인 양자관계나, 한쪽이 지배적이고 한쪽이 수동적인 관계일 때 동반자살을 약속하는 경우가 많은데, 동반자살은 매우 치명적인 방법을 사용하기 때문에 개입하기 더 어렵다.

3. 노인자살의 예방

1) 외국의 노인자살 예방정책 현황

(1) 호주의 노인자살 예방정책

첫째, 노인의 자살예방을 위해 노인교육을 실시하는 대학, 가족 및 지역사회, 노인여가시설 등의 세팅에 따라 정신건강 개선을 위한 증거기반 접근이 시행되고 있으며 평가가 이루어지고 있다.

둘째, 서비스클럽(service club), 교회 등의 지역사회 내 영향력 있는 노인 관련 집단에 지역발달 대책을 시행하고 있다.

셋째, 노인의 자살과 관련한 보호요소 개발을 위해 가족과의 상호 연계, 대인관계기술, 지지망, 사회참여 등에 관한 프로그램 개발, 시행 및 평가가 이루어지고 있다.

넷째, 매체의 자살 고위험집단 및 정신장애 등 자살 관련 이슈 보도 모니터 및 매체보도가 노인에게 미치는 영향을 평가하고 있다.

다섯째, 노인학대예방 프로그램, 노인에 대한 태도 및 노인 차별주의 개선을 위한 노력이 이루어지고 있으며, 노인정신건강서비스 및 사회적 지지를 제공하고 있다(김기태 외, 2009).

(2) 미국의 노인자살 예방 프로그램

① 노인전용 전화상담서비스

자살위험 노인들에게 직접 전화를 걸어 상담과 도움을 제공하는 적극적 방식으로서 우울증상이 있는 노인을 대상으로 사례관리를 통해 신체적, 심리적 욕구를 평가한 후 지역사회서비스기관과 연계하여 지속적으로 서비스를 제공하고 있다.

② 노인자살예방센터

60세 이상 노인대상 아웃리치 프로그램의 일환으로 우애방문, 심리치료 방문을 병행 실시하고 있다. 또한 지역사회 기반의 주 단위의 노인네트워크(State ageing Network)를 통한 정책적 지지가 이루어지고 있다.

③ 전화원조/ 전화점검서비스(Tele−Help/ Tele−Check)

위기에 처한 노인이 즉시 도움을 요청하도록 하고 있으며, 일주일에 2~3회 전화접촉을 통해 정서적 지지를 제공한다.

④ 게이트키퍼(Gatekeeper) 프로그램

노인과 자주 접하는 지역사회 내 사회복지사, 아파트 관리인, 성직자, 보건의료기관 종사자, 약사, 배달원 등을 대상으로 자살 가능성이 높은 노인을 발견, 의뢰하도록 하고 있다.

2) 우리나라 노인자살예방센터의 기능

노인자살예방센터는 노인자살을 예방하기 위해서 전국의 시・군에 설치하여 운영하고 있으며, 상담, 인식개선활동, 자살예방교육, 전화접촉, 사례관리, 생명지킴이활동, 자원연계, 가족지원, 실태조사 등의 기능을 수행한다(이근홍, 2020).

상담은 개별상담과 집단상담이 있으며, 개별상담은 자살위험에 노출되거나 노출될 가능성이 있다고 판단되는 노인을 대상으로 그들의 문제를 개별적으로 접근하여 문제해결능력을 높인다. 집단상담은 자살위험성이 높다고 판단되는 노인을 대상으로 집단적으로 우울증 예방훈련, 대인관계 증진훈련, 의사소통 훈련, 자존감 회복활동 및 다양한 사회성 증진활동 등을 실시하여 자살을 예방하는 데 도움이 되도록 한다.

인식개선활동은 노인이나 지역사회 주민들에게 노인자살의 심각성을 알리기 위한 홍보물을 제작하여 배포하고 캠페인을 실시하는 것이다. 또한 이것은 노인자살의 위험에 처한 노인을 발견하여 신고하는 요령을 제공하거나 생명존중문화의 조성을 확산하여 지역사회에서 노인자살 예방에 대한 관심을 촉진한다.

자살예방교육은 지역사회의 노인이나 주민들을 대상으로 노인자살에 대한 잘못된 인식을 바로잡고, 자살의 위험요인과 보호요인을 바로 인식하도록 하며, 노인자살의 징후를 알고 적절히 대처하는 요령과 개입방법을 교육한다. 특히 자살예방교육은 노인들이 많이 이용하는 경로당, 노인복지관, 사회복지관, 노인교실 등에서 실시하는 것이 효과적일 수 있다.

전화접촉은 위기상황에 처한 노인에게 정기적인 전화접촉을 통해 사회적 지지를 제공하며, 위기상황을 사전에 파악하고 필요한 서비스를 제공하거나 연계를 실시하는 것이다. 사례관리는 자살의 위험에 노출된 고위험군 노인 및 자살시도자에 대해 신속한 위기개입, 문제의 원인 사정, 서비스계획의 수립, 자원연계, 정기적인 점검과 평가 등을 통하여 노인자살을 예방하기 위해 지속적으로 개별적·연속적으로 관리하는 것이다.

생명지킴이활동은 자살예방 관련 전문교육을 통하여 지역사회에서 자살의 위험에 노출되어 있는 노인을 사전에 발견하고 전문적인 기관에 의뢰하거나, 직접적으로 개입하여 생명을 지키는 역할을 수행하는 것이다. 자원연계는 노인자살 예방을 위해 지역사회에 있는 경찰서, 소방서, 보건의료기관, 정신건강증진센터, 노인복지관, 사회복지관 등과 연계를 도모하고 지역사회의 자원을 동원하여 활용하는 것이다.

가족지원은 노인자살 미수자 또는 자살자의 가족에게 미치는 영향을 완화하도록 노인이나 가족에게 적절한 지원을 제공하는 것이다. 실태조사는 노인자살과 관련된 사항들을 정기적으로 조사하여 노인자살 예방을 위한 전문적인 자료로 활용할 수 있도록 하며, 노인자살예방사업의 결과에 대한 종합적인 평가에 활용하기 위한 것이다. 우리나라의 매우 높은 노인자살률을 낮추기 위해서는 보다 효율적이며 전략적인 사업추진이 필요한 시점이라고 할 수 있다.

3) 노인자살 예방을 위한 과제

우리나라에서 노인자살예방정책을 최초로 연구한 한국자살예방협회(2008)의 연구에 의하면, 노인의 자살을 예방하기 위해서는 통합적 관점과 생애주기적 관점을 토대로 다양한 자살 위험요인들을 감소시키고 보호요인들을 강화시키기 위한 다차원적인 접근이 필요하다. 우리나라의 높은 노인자살률을 고려했을 때, 노인자살 예방을 위해 다음과 같은 전략적인 사업 추진이 필요한 시점이라고 본다(임병우, 2018).

① 노인자살 예방을 위해서는 부족한 자살예방을 위한 전문기관 및 자살전문 상담원들이 대폭 강화되어야 한다. 현재 제대로 교육받은 자살전문 상담가가 없는 실정이며, 더더욱 노인자살 전문 상담사는 그 수가 매우 부족하다. 전문 분야이니만큼, 노인에 대한 이해와 자살 및 심리 상담, 그리고 위기개입과 긴급서비스연계에 대한 전문적인 교육을 받아야 하고, 현장실습까지 충분히 훈련되어야 한다. 현재 자살위기를 상담을 통해 낮출 수 있는 전문적인 훈련된 상담사가 없어 어려움을 겪고 있는 현실을 인정하고, 자살위기를 낮출 수 있는 자살위기 개입 전문가를 지역사회에 배치하여야 한다.

② 현재 자살예방센터는 1차 예방서비스에서부터 2차 예방인 위험군 집중관리 상담, 3차 집중예방인 위기개입과 사후관리의 종합 대응시스템이 갖춰지지 않은 채, 각각 역할분담이 이루어지지 않아 1차 단순 교육과 위험군 발굴에 지나치게 집중되어 고위험군에 대한 체계적인 관리가 이루어지고 있지 않다. 따라서 1차 예방을 담당할 기관의 역할을 명확히 하고, 2차 위험군 전문관리 및 자살 전문상담센터, 3차 고위험군 위기출동 및 자살시도 후 사후관리 등의 긴급 위기센터 역할을 전담할 수 있도록 1~3차까지 자연스럽게 연계될 수 있도록 종합 위기대응 시스템을 보완해야 한다.

③ 자살은 복잡한 메커니즘을 통해 발생하므로, 자살예방은 몇 개의 전문기관이 움직인다고 해결될 수 있는 문제가 아니다. 범국가적인 예방 노력과 사회문화적 인식개선 노력이 동시에 이루어져야 한다. 자살예방은 지역사회 전체가 다 같이 동참하는 사회운동 형식으로 추진되어야 한다. 이를 위해 정부뿐 아니라 종교계나 언론계도 적극적으로 힘을 합쳐야 한다.

④ 전체 연령을 통합하는 일관된 자살예방 사업보다는, 노인들의 생애발달 특성을 고려하는 독특한 노인자살의 예방 사업을 추진하여야 하며, 지역사회 노인복지기관과의 긴밀한 협의를 통해 진행하여야 한다.

⑤ 노인자살 예방을 위해 전반적인 노인들의 삶의 질을 올리기 위해 노력해야 한다. 최소한의 삶을 유지할 수 있는 사회안전망 보장을 위해 노인복지서비스가 강화되어야 하며, 단순한 복지서비스 제공뿐 아니라 노인들이 사회 및 가족에서 소외감과 부담감을 느끼지 않도록 하는 사회통합을 추구하는 사회참여 프로그램과 관계회복을 위한 전문 프로그램이 마련되어야 한다.

CHAPTER

17 노인과 죽음

1. 죽음의 개념

모든 인간이 죽는다는 것은 우리가 살면서 경험하게 되는 가장 확실한 것 중의 하나이다. 모든 생명체는 유한하며 죽음에서 영원히 벗어날 수 있는 사람은 없다. 그러나 이러한 보편성에도 불구하고 죽음이라는 주제는 쉽게 토론할 수 있는 것이 아니라 할 수 있다. 사람들은 이 주제를 공공연하게 토론하는 것에 대해 민감해하고 회피하는 경향이 있다. 독일의 철학자 하이데거(Heidegger)가 인간은 죽음을 향해 살아간다고 말했듯이 모든 인간은 궁극적으로 죽지만 노년기만큼 죽음의 문제가 일상적인 삶과 직접적으로 연관된 시기는 없다. 그런데 우리 사회는 그동안 죽음과 임종의 문제를 회피하고 사회적으로 반 금기 영역으로 취급해 왔는데, 이는 죽음에 대한 공포와 이에 따른 부정의 반응 때문일 것이다(Kalish, 1985). 프로이트에 의하면 죽음이란 누구에게나 자연스럽고, 부정할 수 없으며, 피할 수 없는 것이지만 사람들은 마치 그것이 다른 사람에게만 일어나는 일인 것처럼 행동한다고 한다(Cicirelli, 1999). 이것 역시 인간의 죽음에 대한 내면적 공포에서 나타나는 부정반응의 한 단면일 것이다.

죽음은 유기체가 생존능력을 상실해 가는 임종과정이 종결되어 죽은 상태로 전환되는 전이과정의 결과물로서, 소생할 수 없는 삶의 영원한 종말이라 할 수 있다(이영균, 1992; Kass, 1971). 그런데 죽음의 개념은 학자에 따라 그리고 관점에 따라 다양하게 정의되고 있다. 대한의사협회(1983)에서는 죽음을 '심장기능 및 호흡기능과 뇌 반사의 불가역적 정지 또는 소실'로 정의하고 있다. 현재 의

학계에서 죽음의 판정기준으로 널리 인정되고 있는 것은 '심폐기능설'과 '뇌사설'이다. 심장과 폐장 그리고 뇌의 활동정지가 죽음의 판정기준으로 언급되는 이유는 이 세 기관이 인간의 생명현상을 특징짓게 하는 데 주된 역할을 하고 있기 때문이다(조계화 외, 2006). 뇌사설은 뇌 기능의 영구적인 정지를 인간 죽음의 최종 판단기준으로 보는 입장이다. 즉, '뇌가 완전히 파괴되어 다른 모든 장기의 기능적 중지가 절박하고 불가피한 상태'를 말한다. 2000년부터 우리나라에서도 뇌사의 개념을 받아들이고 있다. 이 뇌사의 개념은 인체의 기관들이 아직 건강하게 활동하는 동안 그 기관의 이식을 정당화하기 위한 것이다(김기태, 2009).

2. 노년기와 죽음

사람은 누구나 한번 태어나면 죽게 마련이다. 이것을 부정하거나 거부할 수 있는 사람은 아무도 없다. 다만, 사람마다 차이가 있다면 죽음을 어느 정도로 자연스럽게 받아들이면서 죽어가는가 하는 데 있다. 죽음은 누구에게나 받아들일 수밖에 없는 것임에도 불구하고 우리는 흔히 죽음에 대한 생각이나 이야기를 기피한다(윤 진, 1997). 에릭슨(Erikson, 1968), 펙(Peck, 1968) 그리고 레빈슨(Levinson, 1978) 등의 학자들은 공통적으로 인간의 마지막 발달단계인 노년기에 이루어야 하는 중요한 발달과업으로 죽음에 대한 수용과 예상되는 죽음에 대한 성공적인 적응 그리고 자신의 죽음을 준비하는 것을 들고 있다.

니마이어(Neimeyer, 1994)는 노년기의 모든 심리적인 불안은 죽음불안과 관련이 있다고 하며, 노인들의 자신의 죽음에 대한 대처방식이 노인들의 심리적 안녕과 적응에 매우 중요하다고 했다. 사람은 누구나 죽음을 두려워한다. 그러나 노인은 다른 연령그룹에 비해 죽음에 대해 더 많이 생각하고, 더 많이 이야기하며, 자신의 죽음을 덜 두려워하고, 죽음에 대한 거부가 덜한 편이라고 알려져 있다(김기태 외, 2009).

리차드 칼리쉬(Richard Kalish, 1985)는 노인들이 젊은 사람들보다 죽음에 대해 덜 고통스럽게 여긴다는 고정관념에 대해 세 가지 측면에서 설명하고 있다. 첫째, 노인들은 삶에서 중요한 과업을 성취했다고 느낀다는 것이다. 둘째, 그들은 고통스럽거나 만성적인 질환으로 고통을 겪고 있으며, 죽음은 이런 고통에서 벗어나는 것으로 여긴다는 것이다. 셋째, 노인들은 많은 친구들과 친척들을 잃어서 이런 결손이 죽음을 좀 더 실체가 있는 것으로 만들어 준다는 것이다.

그러나 노인들과 일하는 사람들은 노인들이 죽음에 가까이 있기 때문에 죽음을 더 두려워한다고 생각한다. 중요한 삶의 과업을 완수할 수 있는 시간, 수정할 수 있는 시간 그리고 안녕이라고 말할 수 있는 시간이 거의 없다는 것이다. 다른 연구자들은 노화와 사망에 대한 자각이 높아지는 시기인 중년기 후반에 죽음에 대한 공포가 가장 크다고 말한다. 그러나 대부분의 연구자들과 철학자들의 견해는 죽음에 대한 공포는 나이에 상관없이 모든 사람들에게 선천적인 것이며, 이러한 죽음에 대한 두려움이 어떤 방향으로 살아갈 것인지에 대한 삶의 활동성에 방향을 제공한다는 점에서 일치하고 있다. 우리가 죽을 것임을 이해하는 것은 삶에 대해 풍부하고 심오한 이해를 할 수 있는 전제조건이 될 수 있다(김동기 · 김은미, 2010).

노인들의 죽음에 대한 태도는 개인의 가치관, 종교, 철학, 삶의 과정 등에 따라 차이가 있으며, 사회문화적 배경에 따라 다르게 이해한다. 노년기에서 죽음의 의미를 직시하는 것은 노인이 삶의 마지막 단계를 적절히 준비하고, 죽음에 임박해 닥쳐올 여러 가지 변화에 적극적이며 생산적으로 대처할 수 있게 하는 긍정적인 요소가 있다고 한다(Kalish, 1985b).

3. 죽음에 대한 반응단계

노인들은 죽음 자체보다는 죽는 과정을 더욱 두려워하며, 죽어가는 과정을 통해 겪어야 하는 고통에 대한 두려움으로 죽음을 상징하는 모든 것을 싫어하고 회피하는 경향이 있으나, 자신의 죽음을 둘러싼 환경에 대해서는 깊은 관심을 가진다(Kastenbaum, 1992; 최외선, 2007). 죽음에 대한 불안은 한 개인이 죽음을 생각할 때 느끼는 두려움이나 공포를 말하는 것이지만 죽음 그 자체뿐 아니라 죽어가는 과정에서 오는 두려움과 사후 결과에 대한 불안까지도 포함하는 의미로 확대될 수 있다.

죽음에 임박한 환자들을 대상으로 한 연구는 죽어가는 환자들을 이해하는 기회를 제공해 준다. 이 점에서 엘리자베스 퀴블러-로스(Elizabeth Kübler-Ross)의 연구는 현대 죽음학의 기초를 제공하였다. 그녀는 죽어가는 사람들의 욕구, 불안, 공포를 간호 전문가들에게 제공해 주기 위해 불치병으로 죽어가는 500여 명의 환자들을 대상으로 죽어가는 과정에 대한 심층적인 연구를 시도하였다. 그 결과 회복 불가능한 환자의 임종, 즉 죽어가는 과정에는 다섯 단계가 있다는 사실을 밝히고 있다. 물론 여기에는 개인차가 존재한다. 어떤 사람은 제시된 순서대로는 아니지만 다섯 단계를 모두 경험하는 반면, 어떤 사람은 단계를 건너뛰기도 한다. 또한 특정 단계에서 오래 머무르거나 한 단계에서 다음 단계로 진행하기를 주저하는 현상도 나타난다. 그리고 몇 개의 단계가 중복되는 경우도 있다.

① 부정

일단 회복 불가능한 불치병에 걸렸다는 진단을 받으면, 환자는 이를 인정하지 않으려 한다. 이와 같은 죽음과 불치병에 대한 부정은 사실상 갑작스러운 충격에 대하여 하나의 완충장치로서 작용하게 되고, 죽음의 현실에 대한 고통을 덜 느끼도록 하는 역할을 하게 된다.

② 분노

자신의 병 증세가 점점 더 명확히 드러나고 이를 조금씩 받아들이지 않을 수 없게 될 때 환자들은 분노의 감정을 갖게 된다. 이러한 분노는 신에 대한 것일 수도 있고 의사나 자신에 대한 분노일 수도 있다. 이때 이러한 분노의 감정을 적절하게 표출할 기회를 주고 조정과 이완을 통해 분노의 감정을 극복할 수 있도록 원조하는 것이 필요하다.

③ 협상

이 시기는 죽음의 불가피성을 인식하고 어떻게든지 이를 연기하려고 노력한다. 이때 환자는 자신에게 아직 처리해야 할 일과 과업이 남았으므로 그러한 일이 끝날 때까지만 살 수 있게 해 달라는 협상을 하게 된다. 그러한 타협의 대상자는 자신이 믿는 종교적 절대자일 수도 있고 의사 혹은 암과 같은 질병 그 자체일 수도 있다.

④ 우울

죽음에 대한 준비로서의 우울증 경향은 사실상 주위의 가족과 친지 그리고 기타 일생 동안 관계를 맺어 왔던 사물들과 결별하는 데 필요한 하나의 점진적이고 자연스러운 과정이다. 그러므로 이 시기에 주변의 인물들이 보다 따뜻한 자세로 환자를 보살피는 것이 중요하다.

⑤ 수용

이는 죽음을 맞이한 사람이 도달하는 마지막 상태로 절망이나 좌절이라기보다는 불가피한 사실에 맞서 싸우려 하지 않고 죽음을 받아들인다는 것을 의미한다. 이와 같이 마지막 순간의 직전에 죽음을 받아들이는 자세를 취함으로써 환자 자신이 마음의 평화를 회복한 후 임종할 수 있는 것이다. 따라서 이 단계를 '최후의 성장'이라 부르기도 한다.

그러나 위에 제시한 죽어가는 과정의 5단계 이론에 대하여 다양한 측면에서 여러 학자들이 비판을 제기하고 있다. 그 가운데서도 가장 두드러진 비판은 죽어가는 과정이 일정한 순서에 의한 '단계'가 아니라는 주장이다. 이 다섯 가지 순서에 의한 단계는 논리적 수준의 이론인데 사실상 죽음이란 그렇게 논리적으로 단계를 밟아 일어나는 것이 아니다. 캐스텐바움(Kastenbaum, 1975)은 인간은 개인마다 다른 반응과 형태를 통하여 죽어가는 것이기 때문에 어떤 일반적이고 보편적인 양식을 제시하는 것은 합당하지 못하다고 하였다. 만일 그러한 어떤 보편적인 죽음의 단계나 양식이 있다면 그것은 각자의 성격, 소속된 문화, 성별, 생활환경 등에서 존재할 수 있는 것이지, 이러한 특성이나 변인들을 모두 초월하여 보편적으로 존재할 수 있는 것은 아니라는 견해이다(김기태 외, 2009).

4. 사별에 대한 반응

인간은 여러 면에서 상실을 경험할 수 있으나 죽음을 통한 상실, 즉 사별은 인간의 경험 중에서 가장 보편적이고 고통스러운 피할 수 없는 사건이며, 남아 있는 가족에게 커다란 슬픔과 충격을 준다. 일반적으로는 일정한 시일이 경과하면 사별의 고통으로부터 벗어나게 되지만 경우에 따라서는 치명적 고통이나 또 다른 죽음에 이르게도 한다. 이처럼 사별은 가족에게 슬픔과 고독감뿐만 아니라 분노와 죄책감 등 정신적 괴로움을 안겨줄 수 있으며, 신체적·정신적 질병을 야기할 가능성을 증가시킨다. 가족 구성원의 죽음은 모든 가족이 직면하게 되는 매우 스트레스가 큰 생활사건이고, 당면한 위기이며, 가족 내의 역할 구조와 가족 내부 및 외부와의 관계에 심각한 도전을 야기할 수 있다.

사별은 병리적인 상태는 아니지만, 가족 구성원의 죽음은 정서적으로 충격적인 사건이고 치유의 시간이 필요하다. 따라서 가족들이 정상적인 애도의 과정을 거치고 사별 이전의 상태로 돌아가기 위해서는 먼저 사별가족의 슬픔 정도와 대처양상을 알아야 할 것이다. 죽음을 통해 누군가 의미 있는 사람을 상실한 상태, 사랑하는 사람을 사별한 경우, 정상적 슬픔의 기간은 6~8주에서 2년 내지 그 이상이 될 수도 있다고 한다. 사별 때문에 경험하는 대표적인 정서적 반응은 비탄이다. 비탄 그 자체는 정상적인 반응이다. 다만, 무의식적 요소가 우세하거나 혹은 적개심, 죄책감, 불안, 우울의 정도가 심각하고 지속적일 때 그런 비탄반응은 병리적이라고 볼 수 있다(김기태 외, 2009).

노인을 돌보는 사람들이 정상적인 비탄과 그 변이된 형태에 대해서 잘 알고 있다면 비탄과정에 있는 노인에게 많은 도움을 줄 수 있을 것이다. 비탄과 우울은 그 증상이 매우 유사하기 때문에 혼동하기 쉽다. 그러나 정상적인 증상과 병리적인 증상은 반드시 구분되어야 한다. 항우울제와 같은 약물치료는 병리적인 비탄에는 사용될 수 있지만 정상적인 비탄에는 사용해서는 안 된다.

에리히 린더만(Erich Lindemann)은 자신의 연구에서 평상시에는 비정상으로 간주되는 많은 정서적인 증상이 사별의 스트레스가 있는 동안에는 정상적인 증상으로 나타난다는 것을 발견하였다. 이런 증상은 목 긴장, 가쁜 호흡, 한숨, 식욕 상실과 같은 신체적인 고통 등이었다. 사별한 사람은 종종 죽은 사람의 이미지에 몰두하게 되고, 심지어 짧은 기간 동안 죽은 사람의 환영을 보기도 한다. 또한 죄책감, 과민성, 적대감은 사별한 사람이 가지는 일반적인 증상이다(김동배 외, 2007). 상실에 대한 이런 반응들은 매우 빈번하고 규칙적으로 발생하기 때문에 많은 전문가는 이런 사별의 단계가 나이에 상관없이 발생한다고 이해한다. 그렇다면 이런 증상은 특별히 노인에게 더 자주 발생하는가? 몇몇 연구자는 노인의 경우 배우자 죽음 후에 나타나는 친밀한 관계의 상실과 그 이후 발생할 수 있는 경제적인 어려움에 훨씬 취약하기 때문에 사별이 노인에게 더욱 힘든 사건이라고 주장한다. 노년기에 배우자의 죽음은 중년기에 비해 가족 재구성의 희망을 상당히 축소시킨다.

한편 일부 연구자는 사별과 같은 심한 스트레스에 노인이 더 잘 견딘다고 주장한다. 그러나 노인이 사랑하는 사람의 상실에 대해 청소년기나 중년기에 있는 사람보다 더 잘 적응하느냐 그렇지 못하느냐는 단지 이론적인 관심일 뿐이다. 왜냐하면 상실에 대한 반응은 노인들 사이에서조차 매우 다양하기 때문이다. 사별한 노인에게 서비스를 제공하는 전문가의 임무는 노인의 특별한 욕구를 충족시키고 최선의 도움을 제공하는 것이다. 죽음은 인간의 보편적인 경험이지만, 비탄은 문화와 관련이 깊은 정서적인 문제이다. 각각의 문화는 죽음이라는 보편적인 인간의 비극에 대처하기 위해 개인적이고 제도적인 방법을 발달시켜 왔다(김동배 외, 2007).

1) 정상적인 사별반응

애도는 사별에 대한 자연적이고 정상적인 반응으로서 사별로 인한 정서적 고통에서 오는 반응이며, 사별에 대한 효과적이고 성공적인 적응을 위하여 필수적이다(Hogan & Schmidt, 2002; 이미라, 2007). 애도는 사별 후의 다양한 반응을 포함하는 용어로서 인지, 정서, 신체, 행위적 증상과 과정으로 구성되고, 사회문화적 맥락에서 이해될 수 있는 상실 경험과정이 있는 반면, 사별(bereavement)은 특별한 사람의 죽음을 경험하는 객관적인 상태, 즉 사별 자체를 의미한다(Pakes, 1998; Robert, 2001; 이미라, 2007).

볼비(Bowlby ,1961)는 애도를 다음과 같이 4단계로 설명하고 있다(홍숙자, 1999).

① 충격과 무감각한 단계 : 갑작스러운 충격에 멍하고 어리둥절해 한다. 사망했다는 사실을 부정하고 화를 내며 절망한다. 이 단계는 며칠쯤 계속되나 예기치 못한 죽음인 경우 몇 주간 계속되기도 한다. 대부분 상실의 사실을 받아들이지 않고 '나는 그것을 믿을 수 없어' 또는 '이것은 꿈일 거야' 라고 느끼는 단계이다.

② **그리움의 단계** : 망자에 대해 그리워하고, 잃어버린 사람을 찾고, 분노하며, 고인의 체취, 음성 등을 찾는 단계이다. 모든 것이 고인을 찾는 것에 집중된다. 마치 문이 열리고 발자국 소리가 들리는 듯한 느낌이 들기도 한다. 이런 상태는 약 2주부터 4개월 사이에 가장 심하게 나타난다. 분노를 정상적인 애도반응의 표현으로 보았는데, 만약 애도자가 다시 회복되기를 원한다면 분노를 표현하는 것은 아주 중요하다고 강조하였다.

③ **혼란과 절망의 단계** : 정상적 사회생활에 지장을 주는 절망과 혼란의 단계이다. 제대로 삶을 가꾸지 못하고 실망하여 흐트러진 생활을 하는 단계로, 삶이 위축되고 무감각해져서 인생의 의미를 잃어버린다. 식욕이 없고 입 안이 쉽게 마르며, 금방 피곤해하고 냉담한 상태로 건강을 해치기 쉬운 단계이다. 이 상태는 4~8개월 사이에 나타나며 이때가 가장 보살핌과 지원이 필요한 시기이다.

④ **재조정의 단계** : 고인에 대한 기억이 추억으로 다가오고 고인의 이미지가 내재화된다. 삶과 행동을 재구성하는 시기이다.

사별 후 남은 가족의 슬픔의 양상은 고인과의 관계, 애착 정도, 사망원인, 사별가족의 성격, 사회적 요인 등에 따라서 애도의 과정과 증상에 차이가 있으며, 가족이 고인을 고통 없이 회상하고, 현실 생활에 재투자하고, 삶에 감사를 느끼며 새로운 역할에 적응한다면 사별가족의 애도는 끝난 것으로 간주할 수 있다. 비정상적·병리적 애도반응 중에는 고인이 환상 속에 마치 생존해 있는 것처럼 여기는 수가 있다. 이는 충분한 슬픔의 애도과정을 거치지 않아서 발생하므로 애도의 과정이 중요하다. 또한 유가족들이 애도과정을 거치면서 사별한 자신을 수용하고, 적응하며, 새로운 현실감과 새로운 자신만의 정체성을 재정립하고 삶을 재정비할 수 있는 지원이 필요하다(김기태 외, 2009).

비탄과정은 보통 2년이 소요되지만, 2년을 전후로 많은 차이가 발생한다. 사별과정에 필요한 시간은 개인의 정서적 지지망과 그 죽음을 둘러싼 상황에 의해 결정된다. 어떤 사람은 6개월 동안 효과적으로 비탄과정을 겪는다. 50세에 배우자를 잃고 9개월이 지난 후에 재혼하는 것은 비정상이 아니다. 어떤 사람은 4~5년 동안 심각한 장애와 고통을 겪는다. 그러나 비탄과정을 거치면서 결국 회복하게 된다(김동배 외, 2007).

그런데 이러한 비탄의 단계들이 반드시 순차적으로 발생하지는 않는다. 비탄 초기에 나타나는 충격, 불신, 분노는 비탄의 전 과정을 통해 되풀이되어 나타날 수 있다. 예를 들어, 사별한 노인은 사랑하는 사람이 사망한 지 1년이 지나서야 뚜렷한 이유 없이 분노와 의심을 보이기도 한다. 이런 분노는 보통 사별과 관련이 있고, 상담을 통해 다루어질 수 있다(김동배 외, 2007).

2) 비정상적인 사별반응

비정상적인 사별의 변화과정은 매우 다양하다. 그러나 비정상적인 비탄은 노인 관련 전문가가 반드시 인지해야 하며 전문적 개입이 요구되는 정서적 문제이다. 이런 비정상적인 비탄 반응의 첫 번째는 지연된 비탄 증상이 나타나는 것이다. 노인이 죽음을 둘러싼 일에 몰두함으로써 발생하는 약간의 지연은 정상적이지만, 몇 주 혹은 몇 달 동안 비탄이 지연되는 것은 비정상적이다. 유감스럽게도 이런 노인은 가족과 친지에게서 상실에 잘 적응하는 것으로 찬사를 받기도 한다. '그는 장례식에서 눈물을 거의 보이지 않았고 바로 자신의 삶으로 돌아갔다.' 그러나 비탄이 지연되면 대가를 지불하게 된다. 이런 사람은 종종 기념일(생일이나 명절 등) 등에 갑작스럽게 예기치 못한 증상을 보인다. 비탄이 지연된 사람은 상실뿐만 아니라 변화된 재정 상태, 변화된 역할과 같은 그들의 삶 속의 다른 모든 사건에 대한 정서반응을 실질적으로 거부한 상태이기 때문에 정서적으로 마비상태에 놓이게 된다. 그들은 다른 사람에게서 멀어지려고 하거나 정서적인 문제를 신체적인 문제로 가장하여 나타내기도 한다. 비정상적인 지연은 또한 상실을 거부하는 형태로 나타나기도 한다. 이처럼 지연된 혹은 미해결된 비탄은 비정상적인 비탄과정으로서 많은 증상들을 초래한다. 특히 상실의 상황과 관련된 과도한 죄책감이나 의료진 등 죽음과 관련된 사람들에 대한 분노 등이 나타난다. 만약 비탄과정이 해결 방향으로 전환되지 않으면, 주요 혹은 임상적 우울증 현상이 급격하게 증가하고 신체적인 건강이 악화되는 등 다른 문제가 발생한다. 그리고 이것은 사별한 노인을 죽음으로 이끄는 결과를 초래하기도 한다. 비탄과정의 지연은 종종 비탄과정 초기에 예견될 수 있다. 특히 노인이 상실 이후 1~2개월이 지나도 적응하지 못할 경우에 발생한다. 자녀문제와 같은 추가적인 사회적 스트레스 요인, 경제적인 어려움, 상실 이전부터 가지고 있었던 정서적 문제 등은 나쁜 결과를 예견하게 하는 요소이다(김동배 외, 2007).

골드파브(Goldfarb, 1974)는 비정상적인 사별반응의 한 형태로 가장된 쾌활함(pseudoanhedonia)에 대해 언급하였다. 사별한 노인은 '나는 아무런 감정도 없고 아무렇지도 않아. 당신이 나에 대해 원하는 것이 있으면 무엇이든지 해'라는 투로 말하고 행동한다. 그들은 상실에 적합한 반응을 거부할 뿐만 아니라 다른 감정도 거부한다. 이런 노인은 활동하기를 거부하면서 그냥 혼자 있겠다고 고집을 피우고 마치 자신이 희생자인 것처럼 보이고자 한다. 이런 감정의 결여와 무관심은 그 자신 또는 다른 사람을 벌하기 위한 무의식적인 수단일 수 있다. 이러한 행동은 사회관계망으로부터 동정과 존경을 이끌어 낼 수 있을지는 몰라도 궁극적으로는 다른 사람과의 분리를 초래하게 된다.

비탄의 또 다른 비정상적인 증상은 상실감이 결여된 채 오히려 더 많은 행동을 하는 경향을 보이는 것이다. 사별한 노인은 다른 사람이 기대하는 것과 정반대의 행동을 하기도 한다. 지나치게 활동적이거나 이전에 조심성이 많던 노인이 모험적이고 성급한 결정을 하기도 한다. 또 다른 비정상적인 반응은 죽은 사람이 겪은 증상을 자신도 겪고 있다고 여기는 것이다. 이런 노인은 종종 암이나 심장병과 같이 사랑하는 사람을 죽음에 이르게 한 질병을 자신도 앓고 있다고 믿는다. 그리고 그 가장된 질병을 치료하기 위해 계속해서 병원을 찾는다. 전문가는 이런 호소를 가볍게 다루지 않도록 주의해야 한다.

또 다른 비정상적인 반응은 적대감이다. 노인은 특히 죽음 당시 배우자를 돌보던 의사에게 분노를 느낀다. 의사가 자신의 의무를 소홀히 했거나 심지어 그 죽음을 재촉한 고의적인 행동을 했다고 비난하기도 한다. 비록 대부분의 노인들이 이런 적대감에 대해 의료소송과 같은 직접적인 행동을 취하지는 않지만, 분노의 감정이 오래가면서 힘든 비탄과정을 겪게 된다.

사회적 고립은 또 다른 비정상적인 반응이고 심각한 문제가 될 수 있다. 사별한 노인은 사회활동을 시작하는 데 어려움을 느끼고, 가족이나 친구들이 권유하는 새로운 혹은 심지어 이전에 활발하게 참여했던 활동에도 관심을 보이지 않는다. 이렇게 되면 얼마 지나지 않아 가족과 친구들도 점점 접촉을 시도하지 않게 되고 노인은 더욱 고립되는 악순환이 발생하게 된다. 친구들이 이런 악순환을 끊기 위해 접근하는 경우에도 노인은 이를 진정한 우정이 아닌 의무감 때문이라고 해석한다. 심지어 노인은 식사나 친교모임의 초대를 모욕으로 여기기도 한다(김동배 외, 2007).

3) 사별노인에 대한 원조

배우자와의 사별은 결혼생활을 하는 모든 부부가 경험할 수 있는 사건으로 일반적으로 배우자의 상실은 어느 연령대의 사람들에게나 그 영향력이 심각한 스트레스원의 하나이다. 이는 배우자 사별이 당사자에게 슬픔이나 불안과 같은 개인의 심리·정서적인 측면에 많은 영향을 주는 사건이기도 하지만 그로 인해 경제적, 사회적 측면 및 대인관계 등 생활의 전반적인 변화와 이차적인 영향을 갖는 중요한 요인이 되기 때문이다(전길양·김정옥, 2000). 배우자를 사별한 노인은 우울, 불안, 죄의식, 거부와 같은 정서적 문제를 경험하거나 사별로 인해 건강쇠약, 거주형태 변화, 주거이동, 사회적 고립과 같은 장기적인 부정적 결과를 경험할 수 있기 때문에 배우자와의 사별은 노년기의 심각한 스트레스 원인이 된다.

그동안에는 배우자와의 사별이 가져온 우울과 같은 심리적인 디스트레스, 사회적 고립과 경제적 어려움 등 부정적인 측면들이 주목을 받았었지만, 최근에는 배우자와의 사별을 극복하고 성공적으로 적응해 나가는 노인들에 대한 관심이 증가하고 있다. 최근의 연구들(Carr, 2004; Chambers, 2000)은 배우자의 상실과정을 극복하고, 탄력성을 보일 뿐 아니라 새로운 자아정체감을 형성하고 개인적인 성장을 경험하는 사례들을 보고하고 있다. 노인 사별의 부정적인 효과를 완충시키고, 심리적 적응과 개인적 성장을 촉진하게 하는 요인들로는 친구나 가족, 이웃의 사회적 지지와 그리고 개인적인 종교와 긍정적인 대처방식과 가치관이 크게 영향을 미치는 것으로 나타났다(유희정, 2007). 배우자 사별에 적응하는 형태도 개인마다 차이를 보인다. 어떤 노인은 빨리 적응하는 반면, 어떤 노인들은 더디게 적응하며, 어떤 노인들은 심각한 신체적, 심리적 영향을 받는 것으로 나타났지만, 어떤 이들은 빠른 회복을 보인다(Caserta & Lund, 1991, 김기태 외, 2009 재인용).

비탄과정에 있는 노인에 대한 성공적인 상담과 지지의 목적은 정상적인 비탄이 되도록 유도하거나 촉진시키는 것이다. 만약 노인이 정상적이고 적절한 비탄반응을 보이는 경우, 이는 사랑하는 사람이 없는 삶에의 적응을 향한 과정으로 나아갈 것이다. 비탄은 상실 이전부터 시작될 수 있다. 예를 들어, 알츠하이머병이나 치명적인 신체질환이 마지막 단계에 도달하면서 배우자의 인격이 붕괴된다면 비탄과정은 보통 죽음 이전에 시작되고 죽음에 이르러서 대부분 종결된다.

사별에 올바르게 대처할 수 있도록 하는 또 다른 단계는 죽어가는 사람을 돌보는 노인이 사랑하는 그 사람과 이야기를 나눌 수 있도록 돕는 것이다. 노인이 죽어가는 사람과 시간을 보내도록 격려하고 상호작용을 피하지 않도록 하고, 노인이 죽어가는 사람의 이야기에 귀 기울여 듣도록 격려하고 주의를 기울일 수 있도록 도와야 한다. 상호작용은 요령 있고 정직해야 한다. '해야 할 말과 하지 말아야 할 말' 같은 것은 없다. 함께하는 것이 해야 할 말을 하지 못해

머뭇거리는 것보다 더 중요하다.

사별한 노인을 돌보는 첫 번째 단계는 사별로 인한 위기를 완화시키는 것이다(Rabin & Pate, 1981). 노인은 사랑하는 사람의 죽음을 알게 된 순간을 생생하게 기억할 것이다. 죽음을 전해준 사람의 어조, 문맥, 억양을 종종 회상할 것이다. 죽음에 대한 소식은 보통 죽은 사람을 돌보던 의사, 가족, 친한 친구에게서 전해진다. 노인이 배우자의 죽음에 대해 들을 준비가 되어 있다면 그 죽음에 대하여 명확하고 간결하게 전하는 것이 최선이다. 그리고 의료진은 노인의 질문에 답변하고, 갑작스러운 위기기간 동안 유가족을 도울 것이라는 믿음을 주어야 한다.

지지적 심리치료는 정상적인 비탄을 촉진시키기 위해 필요하다. 다음의 지지적 심리치료 지침은 사별한 노인에게 서비스를 제공하는 의료진에게 도움이 될 수 있다(Blazer, 1992). 치료자는 노인이 고통, 슬픔 상실을 언어적, 비언어적으로 표현하도록 허용하고 도와야 한다. 이 과정에서는 죽은 사람과의 관계를 돌아보게 하는 생애사 접근(life history approach)이 가장 중요하다. 의료진은 노인에게 죽은 사람과의 좋았거나 나빴던 경험을 기록해 달라고 요청할 수도 있다.

사별한 노인의 죽은 사람에 대한 자신의 사랑, 죄책감, 특별히 적대감을 이야기하도록 격려해야 한다. 분노는 종종 마지막으로 표현되지만 이야기해야 할 가장 중요한 정서문제다. 사별한 노인이 그로 인해 자신에게 나타나는 생각, 감정, 행동의 변화를 인지하고 그것을 비정상이라고 생각하지 않도록 도와야 한다. 여기서 비탄에 대한 교육이 상당히 도움이 될 수 있다. 노인이 자신의 감정을 이해하는 데 비탄과정을 설명하고 있는 좋은 책을 활용하는 것도 도움이 된다.

사별 초기단계에 치료자들은 사별한 노인과 죽은 사람의 오래된 갈등을 자의적으로 해석하는 것을 피해야 한다. 특히 배우자의 부정행위, 잘못된 재정관리, 신체적 학대가 있었을 경우에는 이런 오랜 기간의 부정적 생각을 회복시키는 것이 비탄 초기과정을 복잡하게 할 것이다. 그러나 이런 갈등은 사별한 노인에 의해 자발적으로 해결될 수 없을 경우 적당한 시기에는 검토되어야 한다.

대부분의 사람은 자신의 독특한 강점을 비탄과정에 이용한다. 이런 강점은 지지되어야 한다. 사별한 노인에게 오는 고통과 통증은 일시적이라는 것을 확신시켜야 한다. 만약 사별한 노인이 지나치게 전문가에게 집착한다 할지라도 이런 전이반응은 허용되어야 한다. 일정 기간 동안 사별한 노인의 전이대상에 대한 의존은 매우 도움이 될 수 있다. 때가 되면 자연스럽게 전문가와 사별한 노인 간의 만남은 줄어들게 된다. 따라서 전문가와의 만남을 갑작스럽게 종결시키는 것은 죽음을 통한 이별을 떠올리게 하기 때문에 피해야 한다.

사별한 노인에게 사별 직후 몇 달 동안 동료상담을 제공하고 지원하는 자조집단(widow-to-widow) 프로그램은 매우 중요하다. 비탄과정을 잘 극복하여 상당한 진척을 이룬 사람이 같은 처지의 다른 사람에게 도움을 줄 수 있다면, 이는 자신에게도 상당히 치료적 효과가 있다. 사별한 노인이 자신 혼자만이 아니라는 느낌을 가지는 것은 성공적인 비탄과정을 거치기 위해 필수적이다.

사별한 노인에게 서비스를 제공하는 전문가의 궁극적인 목적은 세상과의 재통합을 촉진시키는 것이다. 노인은 생활 스타일의 변화와 새로운 관계 형성에 관하여 적절한 상담을 받아야 한다(김동배 외, 2007). 따라서 배우자와 사별한 노인들을 돕기 위해서는 첫째, 사별한 배우자의 기능이나 역할을 파악하여 대신할 수 있도록 도와준다. 둘째, 미망인 혹은 사별한 남편은 감정적으로 쇠약해지고 비현실적이고 불건전한 기대사항들을 갖게 되므로 자녀와 적절한 관계를 유지하도록 도와준다. 셋째, 중년이나 노년의 미망인들이 할 수 있는 직업적, 사회적 기술들을 평가하고 조정해 주어 2차적인 상실을 예방한다. 넷째, 생존한 배우자들이 자립을 할 수 있도록 적절한 사회자원을 연결시켜 준다(김기태 외, 2009).

룬드(Lund, 1989)가 사별과 관련된 여러 연구결과들을 요약한 것을 살펴보면 다음과 같다(Walter, 2003, 김기태 외, 2009 재인용).

① 사별에의 적응은 다차원적일 수 있다. 생활의 모든 면이 상실에 의해 영향을 받을 수 있다. 이것은 육체적 그리고 정신적 요인뿐 아니라 재정적 요인과 같은 외면적 스트레스 요인을 포함한다.

② 사별은 극도로 스트레스적인 과정이다. 대부분의 노인들은 사별이 지금까지 그들이 경험한 것 중에서 가장 힘든 경험이었다고 한다. 그러나 많은 노인 생존자들은 매우 탄력적이어서 잘 대처하여 적응을 잘 한다.

③ 많은 노인 배우자들의 육체적 그리고 정신적 건강에 대한 사별의 전반적인 영향은 예상하는 것만큼 파괴적이지 않다.

④ 사별한 노인 배우자들은 일반적으로 긍정적 그리고 부정적인 양면의 감정을 동시에 경험한다(이 감정은 확실히 비탄단계에 대한 이론과 일치한다. 이것은 죽음이 종종 양면적 감정을 생기게 한다는 신념을 지지한다).

⑤ 고독 그리고 일상생활과업과 관계있는 문제들은 사별한 노인 배우자들에게 가장 일반적이면서 어려운 적응문제이다.

⑥ 노년기에 있어서의 배우자의 상실의 과정은 처음 몇 달 동안은 가장 어렵지만, 그러나 점진적으로 개선되는 과정으로 잘 묘사된다. 만약 불안정하게 시간이 넘어가면 개선은 몇 년간 지속되거나 혹은 어떤 경우에는 사별이 끝나지 않는다.

⑦ 배우자와 사별한 노인들이 이에 적응하는 데는 여러 다양한 방법이 있다.

노년기에 배우자를 상실한 노인들에게는 다음과 같은 사회사업적 개입을 통한 원조가 필요하다(김기태 외, 2009).

① 정보제공

- **애도과정에 대한 정보** : 사별을 한 사람들은 우선 애도과정에 대한 정보와 이러한 과정에서 어떤 일이 일어나는지에 관한 정보를 필요로 한다. 이렇게 고통스러운 감정이 언제까지 지속될지, 이러한 감정들을 보다 잘 극복하려면 어떻게 해야 하는지 등에 대한 것이다. 이때 사회복지사

는 사별 후 애도가 일련의 과정으로서 오랫동안의 적응을 필요로 하며 정상적이고 꼭 필요한 것임을 주지시킬 필요가 있다. 애도반응의 단계에 대해 알려주면 사별을 한 사람이 자신의 감정이 비정상적이거나 문제가 있는지 여부를 판단하는 데 도움이 된다. 특히 사별한 노인을 둔 가족들에게 애도과정에 대하여 교육함으로써 노인이 정상적으로 애도과정을 극복해 낼 수 있도록 도와야 한다.

- 장례와 매장문제에 관한 정보 : 사회복지사들은 장례절차나 매장문제, 유언집행 등의 문제에 있어 사별한 가족들에게 정보를 제공하고 그들의 결정을 돕는 역할을 할 수 있다. 장례나 매장문제 등은 사망 직후에 빨리 결정해야 하므로 가족들이 미리 준비하거나 결정해 놓지 않았다면 갑작스럽게 결정을 해야 하는 경우가 많다. 유족들은 가족의 사망으로 충격 상태에 있으면서도 평소에 익숙하지 않은 문제들에 대하여 중요한 결정을 내려야 하므로 사회복지사는 매장이나 장례 문제를 영안실이나 장례식 관계자들에게 일임하기보다는 가족들에게 필요한 정보를 제공하여 더 나은 결정을 할 수 있도록 도와야 한다.

② 지지집단

사별을 당한 사람들이 지지집단에 참가하기 전에 반드시 혼자 사별에 적응하는 시간을 가져야 한다. 사별을 당한 사람이 스스로 참가할 수 있겠다고 생각하고 집단활동에 흥미가 있다면 지지집단이 애도과정을 감당하는 데 큰 도움이 될 수 있다. 지지집단은 사별을 당하여 애도기간 중에 있는 사람들로 구성되는데, 사회복지사나 상담가가 진행하기도 하고 사별을 경험한 자신들이 진행하기도 한다. 지지집단에서는 사별 이후에 겪게 되는 감정들을 서로 나누고 위로하며 다른 이들로부터 어려움에 대처하는 방법을 배우고, 새로운 사회적 관계를 발전시킬 수 있다(Hill et al., 1996).

비정상적인 애도과정을 겪고 있는 사람들에게는 자조집단보다는 치료집단이 더 도움이 된다. 이는 훈련 받은 치료자가 병적인 애도반응을 파악해 내고 전문적인 개입과 지지를 제공함으로써 보다 건강한 애도과정을 거치도록 돕는 것이다. 비정상적인 애도는 시간이 지나면 반드시 나아지는 것이 아니며, 인지-행동기술과 같은 전문적인 치료과정을 거쳐야 하는 경우가 많기 때문이다. 한편 사별을 당한 노인들이 사별상황에 적응하고 죽은 사람이 없는 상태에서 스스로 살아가도록 돕기 위해 가사와 가정경제에 관한 기술을 가르치는 기술훈련 집단도 유용하다(Hill et al., 1996).

③ 가족에 대한 지지

애도과정에 있는 가족들 전체가 전문적 원조의 대상이 될 수도 있다. 가족구성원의 죽음을 수용하고 새롭게 적응하는 것은 가족에게 매우 어려운 일이며, 가족 구성원들 전체가 사별로 인해 정서적 파탄상태에 빠질 수도 있기 때문이다. 각각의 가족 구성원들은 죽은 사람과 각기 특별한 관계에 있다. 이들은 죽은 사람과의 관계에서 미처 해결하지 않은 문제를 가지고 있을 수도 있고 갈등관계에 있을 수도 있다. 이 경우 비정상적인 애도로 악화되지 않도록 하는 원조과정이 필요하다. 따라서 가족모임을 중심으로 정이나 갈등을 해결하는 단기간의 상담이 유용하다.

참고문헌

국민건강보험공단(2022). 2021년 건강보험 통계연보.

교육부(2019). 2019 국민기초생활보장사업 교육급여 운영방안안내.

김남숙(2004). 중·고령 생산직 근로자들의 퇴직에 대한 인식과 퇴직준비교육연구. 숭실대학교 대학원 평생교육학과 석사학위논문.

국가인권위원회(2006). 노인에 대한 사회차별 실태조사 : 개인적 및 제도적 차별을 중심으로.

국토교통부(2022). 2022년 주거급여 사업안내.

권기창(2011). 사회복지정책론. 창지사.

권중돈(2012). 치매환자와 가족복지 -환원과 통습- 학지사.

______(2018). 노인복지론. 학지사.

권중돈 · 고효진 · 이성희 · 임송은 · 장우심 · 이유진(2002). 치매와 가족. 학지사.

권중돈 · 김동배(2004). 인간행동과 사회환경. 학지사.

금융감독원(2008). 퇴직연금 종합안내. http://pension.fss.or.kr/kor/psn/main/index.jsp에서 2008년 12월 정보검색.

김계현(1990). 카운슬링의 실제. 성원사.

김기태 · 안영실 · 최송식 · 이은희(2005). 알코올 중독의 이해. 양서원.

김기태 · 성명옥 · 박봉길 · 이경남 · 최희경(2004). 노인복지실천론. 양서원.

김기태 · 성명옥 · 박봉길 · 이은희 · 최송식 · 최희경 · 박미진(2009). 노인복지론. 공동체.

김기태 · 최송식 · 이명옥 · 이경희 · 박봉길(1997). 사례관리 실천의 이해. 만수출판사.

김동기 · 김은미(2010). 사회적응의 노인심리학. 학지사.

김명한(1983). 노인성 백내장 환자의 임상통계적 고찰. 대한안과학회지, 23(1).

김미혜(2001). 노인학대의 이해와 해결을 위한 첫걸음. 노인학대세미나 자료집 : 노인학대 실태및 방향성 모색. 까리따스방배종합사회복지관.

김범생(1993). 치매노인에게 건강한 노후를. 바이엘코리아.

김승권(2006). 사회복지적 관점에서 본 한국의 적정인구. 한국인구학, 29(1), 241−268.

김연명(2004). 국민연금, 관리운영체계의 개혁이 중요하다 : 고령화와 한국사회. 監査, 84, 감사원.

김진욱(2006) 한국노인의 생활시간에 관한 연구. 노인복지연구, 32.

김태현(2000). 노년학. 교문사.

박경숙(2001). 노동시장의 고령화 : 사회경제적 효과. 김두섭 편. 변화하는 노인의 삶과 노인복지. 한양대학교출판사.

박석돈 · 박순미 · 이경희(2016). 노인복지론. 양서원.

박수천(2005). 노인 인권 보호의 세계 동향과 성년후견인제 도입방안. 한국노인복지학회 2005년 추계학술대회 자료집, 11−34.

박신영(2003). 고령화 시대 노인주거정책. 밝은 노후를 만들어 가는 사람들의 모임 창립 5주년 기념세미나 자료집.

박재간(2002). 노인주거 및 요양시설의 개발과 운영. 한국노인문제연구소.

박차상 외(2008). 한국노인복지론. 학지사.

반형욱(1997). 노인학대의 실태조사연구. 한남대학교 대학원 석사학위논문.

보건복지부(2000). 고령화 관련 국제행동계획과 노인을 위한 유엔원칙.

__________(2002. 8). 마드리드 고령화국제행동계획.

__________(2021). 노인보건복지사업안내.

__________(2022a). 2022년 국민기초생활보장사업안내.

__________(2022b). 치매검진사업.

__________(2022c). 치매치료관리비 지원사업.

보건복지부・한국보건사회연구원(2010). 2009년도 전국 노인학대 실태조사.

사립학교교직원연금공단(2018). 2018년 연금실무 길라잡이.

서 윤(2007). 노인학대. 노인복지학개론. 학현사.

양성렬(1999). 노화의 원인. 의학교육연수원 편, 노인의학(pp. 27-35). 서울대학교출판부.

양옥남・김혜경・박화옥・정순둘(2016). 노인복지론. 공동체.

우국희(2001). 노인학대 관련 정책 개발을 위한 일고찰 : 미국의 노인학대 관련법과 서비스정책을 중심으로. 한국사회복지학, 44, 209-231.

우종인・이정희(1995). 치매환자를 위한 서비스개발 심포지엄. 한국보건사회연구원 대회의실.

원석조(2018). 노인복지론. 공동체.

유희정(2007). 농촌 사별 노인의 성공적 노화 경험연구. 한국노년학, 27(3).

육성필・최광현・김은주・이혜선(2011). 노인자살위기개입. 학지사.

윤 진(1997). 성인・노인심리학. 중앙적성출판사.

윤현숙(2001). 노인 가족부양자의 재가복지서비스 이용 의향 및 필요도에 영향을 미치는 요인. 한국노년학, 21(2).

윤형진・안규리(1997). 신장질환, 노인의학. 서울대학교출판부.

이근홍(2020). 노인복지론. 공동체.

이미라(2007). 애도개념개발-배우자 사별과정을 중심으로. 대한간호학회지, 37(7).

이성희・한은주(1998). 부양자의 노인학대 경험과 관련 요인. 한국노년학, 18(3).

이연숙(1995). 노인을 위한 주거환경. 박재간 외 공편, 고령화사회의 위기와 도전. 나남.

이영균(1992). 죽음의 정의. 고려의학.

이영진(2000). 노년학의 이해. 신체적 노화. 도서출판 대영문화사.

이은희(1997). 치매노인 부양가족원의 부담 감소를 위한 사회사업적 개입. 부산대학교 대학원 박사학위논문.

______(2016). 인간행동과 사회환경. 공동체.

이인수(1995). **노인복지와 실버산업**. 일진사.
이인수・이용환(2001). 노인학대 인식도의 남녀 간 비교에 관한 연구. **노인복지연구**, 10.
이인재・류진석・권문일・김진구(1999). **사회보장론**. 나남출판.
이정희(1995). 재가노인 복지사업의 방향 - 치매노인의 현황과 과제 -. 노인복지 실무자반 보건복지부 국립사회복지연수원.
이화영・육성필・임병우・김은주(2010). 경기도 노인자살예방을 위한 실태조사. 경기복지재단.
임병우・김은주・임중철・주경희(2018). **노인복지론**. 공동체.
장인협・최성재(1994). **노인복지학**. 서울대학교출판부.
____________(2006). **노인복지학**. 서울대학교출판부.
전길량・송현애(1997). 노인홀대에 관한 연구. **한국가정관리학회지**, 15(3).
전길양・김정옥(2000). 배우자 사별노인의 자기효능감, 사회적 지지 및 심리적 적응에 관한 연구. **대한가정학회지**, 38(1), 155-170.
정경희 외(2017). 2017년도 노인실태조사. 보건복지부·한국보건사회연구원.
정옥분(2008). **성인・노인심리학**. 학지사.
정옥분・김동배・정순화・손화희(2008). **노인복지론**. 학지사.
정철호・박종한(1984). 노인 알코올성 정신장애의 임상적 고찰. **신경정신의학**, 23(3).
조계화・이윤주・이현자(2006). **죽음학 서설**. 학지사.
중앙노인보호전문기관(2022). 노인학대알기.
__________________(2022). 연도별 노인학대 현황.
최성재(2002). 장수의 사회적 및 심리적 요인에 관한 탐색적 연구 : 한국, 일본 및 핀란드 백세인의 특성 조사 연구. **한국노년학**, 22(2), 183-207.
최성재・장인협(2010). **고령사회의 노인 복지학**. 서울대학교 출판문화원.
최외선(2007). 노인의 자아통합감과 죽음불안에 대한 연구. **한국노년학**, 27(4).
최일섭・최성재(1995). **사회문제와 사회복지**. 나남출판.
최희경(2007). 노인시설 종사자의 업무 스트레스, 업무만족, 치매 및 인간중심보호 인식 연구 : 사회복지사, 간호사, 생활지도원의 비교. **한국사회복지학**, 59(3).
통계청(2015). 통계로 본 광복 70년 한국사회의 변화.
______(2021. 12). 장래인구추계.
______(2022). 사망원인 통계.
한국개발연구원(2005). 인구구조 고령화의 경제・사회적 파급효과와 대응과제.
한국노인인력개발원(2019). 노인일자리 및 사회활동 통계동향.
한국보건사회연구원(2011). 2010년도 노인실태조사.
한국생명존중희망재단(2022). OECD 자살통계.
한국음주문화연구센터(2002). **알코올백과**. (재)한국음주문화연구센터.
한국주택연금공사(2022). 주택연금가입안내.
한동희(1996). 노인학대에 관한 연구. 대구효성가톨릭대학교 대학원 박사학위논문.

한동희 · 김정옥(1995). 노년기 특성에 관련된 노인학대에 관한 연구. **가족학논집**, 7.

한은주(2000). 노인학대의 원인에 대한 생태학적 연구. 성신여자대학교 대학원 박사학위논문.

한은주 · 김태현(2000). 노인학대의 원인에 대한 생태학적 연구. **한국노년학**, 20(2).

허정무(2001). **퇴직과 제2의 인생설계**. 학지사.

현외성(2010). **노인복지학 신론**. 양서원.

현외성 · 장필립 · 홍태용 · 김은자 · 조추용 · 김혜경 · 손덕옥 · 남정자 · 김용환 · 윤은경(2001). **노인케어론**. 양서원.

현외성 · 조추용 · 이은희 · 윤은경(1998). **한국노인복지학 강론**. 유풍출판사.

홍숙자(1999). **노년학개론**. 도서출판 하우.

白澤政和一(1993). ケアマネジメントの **理論と實際**. 東京 : 中央法規出版.

Alcock, P.(1994). *Understanding poverty*. London : Macmillan.

American Psychiatric Association(2013). **정신질환의 진단 및 통계편람 제5판**(권준수 · 김재진 · 남궁기 · 박원명 · 신민섭 · 유범희 · 유진상 · 이상익 · 이승환 · 이영식 · 이헌정 · 임효덕 공역). 학지사.

Atchely, R. C.(1971). Retirement and leisure participation : Continuity or crisis?. *The Gerontologist, 11*.

__________(1976). *The sociology of retirement*. Cambridge, MA : Schenkman.

__________(2000). *Social Forces and Aging*(9th ed.). Belmont, CA : Wadworth Tompson Learning.

__________(2003). *Social forces and aging An introduction to social Gerontology* (10th ed.). Belmont, CA : Wordsworth.

Barnes. G. M.(1979). Alcohol Use among Older Persons : Findings from a Western New York State General Population Survey. *Journal of the American Geriatrics Society, 27*(6).

Beaver, M. L.(1983). *Human Service Practice with the Elderly*. Englewood Cliffs, NJ : Prentice－Hall.

Beck, A. T.(1979). *Cognitive therapy and the emotional disorders*. New York : International Universities Press.

Bennett, G., & P. Kingston(1993). *Elder Abuse Concept, Theories, and Interventions*. London : Chapman & Hall.

Bergstrom, L. R.(1990). Retiring with security. *Security Management, 34*.

Bienenfeld, D.(1987). Alcoholism in the Elderly. *American Family Physician, 36*(2).

Birren, J. E.(1959). Principles of Research on Aging. In J. E. Birren(Ed.), *Handbook of Aging and the individual*. Chicago : University of chicago Press.

Birren, J. E., et al.(Eds.)(1996). *Encyclopedia of gerontology*(vol. 1, 2). New York : Academic Press.

Blazer, D.(1998). *Emotional Problem in later life : intervention strateges for professional caregivers.* Springer Publishing. company. Inc.

________(2007). 노년기 정신건강(김동배 · 김유심 · 문수경 · 박인아 · 손의성 · 채수진 · 홍은진 공역). 학지사.

Blazer, D. G.(1992). *Later life depression : The importance of interdisciplinary understanding.* Washington, DC : Association for Gerontology in Higher Education.

Bosmann, H. B.(1984). Pharmacology of Alcoholism and Aging. In J. T. Hartford & T. Samorajski(Eds.), *Alcoholism in the Elderly : Social and Biomedical Issues.* New York : Raven Press.

Brenner, M. H.(1991). Health, productivity, and the economic environment : Dynamicrole of socio-economic status. In G. Green & F. Baker(Eds.), *Work, health, and productivity.* New York : Oxford University Press.

Burlingame, V. S.(1995). *Gerocounseling elders and their families.* New York : Springer.

Butler, R. N.(1963). The life review : an interpretation of reminiscence in aged. *Psychiatry, 26.*

Carr, D.(2004). Gender, preloss marital dependence and older adults' adjustment to widowhood. *Journal of Marriage and the Family, 66*(1).

Cartwright, A. K. J.. Shaw, S. J., & Spratley, T. A.(1975). Alcoholism in the Elderly. *British Journal of Addiction, 73.*

Caserta, M. S., & Lund, D. A.(1991). Interpersonal resources and the effectives of self help groups for bereaved older adults. *The Gerontologist, 33*(5).

Chambers, P.(2000). Widowhood in later life. In M. Bernard, J. Phillips, L. Machin, & V. Davies(Eds.), *Women aging : changing identities, challenging myths*(pp. 127-147). London : Routledge.

Cicirelli, V. G.(1999). Personality and demographic factors in older adults' fear ofdeath. *The Gerontologist, 39*(5).

Corey, G.(1977). *Group : process and practice.* Monterey, CA : Brooks-Cole.

Costa, P. T., & McCrae R. R.(1989). Personality continuity and the changes of adultlife. In M. Storandt & G. R. VandenBos(Eds.), *The adult years : Continuity.*

Cousins, N.(1982). *Anatomy of an illness as perceived by the patient.* New York : Norton.

Cowgil, D. O., & Holmes, L. D.(1972). *Aging and Modernization.* New York : Appleton-century-crofts.

Coyne, J. C., & Downey, G.(1991). Social Factors and Psychopathology : Stress, Social Support, and Coping Processes. *Annual Review of Psychology, 42.*

Cumming, E., & Henry, W. E.(1961). *Growing old : The process of disengagement.* New York : Basic books.

Curtis, J. R., et al.(1989). Characteristics, Diagnosis and Treatment of Alcoholism in Elderly Patients. *Journal of the American Geriatrics Society, 37.*

Dennis, W.(1966). Creative productivity between the Ages of 20 and 80 years. *Journal of Gerontology, 21.*

Dupree, L. W.(1989). Comparison of Three Case−finding Strategies Relative to Elderly Alcohol Abusers. *Journal of Applied Gerontology, 8*(4).

Engel, G. L.(1977). The Need for a New Medical Model : A Challenge for Biomedicine. *Science, 196.*

Erikson, E. H.(1968). Life cycle. In D. L. Sills & R. K. Merton(Eds.), *International encyclo−pedia of the social sciences.* New York : Crowell Collier & Macmillan.

Estes, C. L.(2001). *Social policy & aging : a critical perspective.* Thousand Oaks, CA : Sage Publications, Inc.

Field, D., & Millsap, R. E.(1991). Personality in advanced old age : Continuity or change?. *Journal of Gerontology : Psychological Sciences, 46*(6).

Foster, L., & Walker, A.(2014). Active and Successful Aging : European Policy Perspective. *Gerontologist, 55*(1).

Gaitz, C. M., & Baer, P. E.(1971). Characteristics of Elderly Patients with Alcoholism. *International Journal of the Addictions, 11.*

Gall, T. L., Evans, D. R., & Howard, J.(1997). The retirement adjustment process : Changes in the well−being of male retirees across time. *Journal of Gerontology : Psychological Sciences, 52.*

Goldstone, D. B., Kelley, A. E., Reboussin, D. M., Daniel, S. S., Smith, J. A., Schquartz, R. P., et al.(1997). Suicidal Ideation and Behavior and Noncompliance with the Medical Regimen among Diabetic Adolescents. *Journal of the American Academy of Child and Adolescent Psychiatry, 36.*

Gubrium, J. F.(1973). *The myth of the golden years : a socio−environmental theory of aging.* Springfield, IL : Charles C. Thomas.

Hagberg, B.(1991). Stability and change of personality in old age and its relation to survival. *Journal of Gerontology : Psychological Sciences, 46*(6).

Hampton, J. K. Jr.(1991). *The Biology of Human Aging.* Dubuque, LA : Wm C. Brown Publishers.

Havighurst, R. J.(1961). Successful Ageing. *Gerontologist, 1.*

______________(1972). *Developmental Tasks and Education*(3rd ed.). New York : David McKay.

Havighurst, R. J., Neugarten, B. L., & Tobin, S. S.(1972). Disengagement and patterns of aging. In B. L. Neugarten(Ed.), *Middle age and aging.* Chicago : University of

Chicago Press.

Hill, R. D., Lund. D., & Packard, T.(1996). *Bereavement.* In J. I Sheikh & I. D. Yalom(Eds.), *Treating the elderly*(pp. 45−74). San Francisco, CA : Jossey−Bass.

Hillier, S., & Barrow, G. M.(1999). *Aging, the individual, and society.* Belmont, CA : Wadsworth Publishing Company.

Hochhauser, M.(1978). Drugs as Agents of Control. *Journal of Psychedelic Drugs, 10*(1).

Hogan, N., & Schmidt, L.(2002). Testing the grief to personal growth model using structural equation modeling. *Death Studies, 29.*

Holstein, M. B., & Minkler, M.(2007). Critical Gerontology : Reflections for the 21st Century. In Bernard, M., & Scharf T.(Eds.), *Critical Perspectives on Ageing Societies.* Cambridge : Polity Press.

Homans, G.(1961; 1974). *Social behavior : Its elementary forms.* New York : Harcourt Bacon.

Hooyman, N., & Kiyak, H. A.(1999). *Social Gerontology*(5th ed.). Boston : Allyn & Bacon.

Iams, H., & McCoy, J.(1991). Predictors of mortality among newly retired workers. *Social Security Bulletin, 54*(3).

Jones, C. J., & Meredith(2000). Developmental paths of psychological health fromearly adolescence to later adulthood. *Psychology and Aging, 15.*

Kahn, R. L., & Antonucci, T. C.(1980). Convoys over the life course : Attachment, roles, and social support. In P. B. Baltes & O. G. Brim, Jr.(Eds.), *Life−span development and behavior*(Vol. 3). New York : Academic.

Kalish, R. A.(1985a). *Death, grief, and caring relationships*(2nd ed.). Belmont, CA : Brooks/Cole Publishing.

__________(1985b). Death and dying in a social context. In R. H. Binstock & E. Shanas(Eds.), *Handbook of aging and the social sciences*(2nd ed.). New York : Van Nostrand Reinhold.

Kant, G. L., D' Zurilla, T. J., & Maydeu−Olivares, A.(1997). Social problem solving as a mediator of stress−related depression and anxiety in middle−aged and elderly community residents. *Cognitive therapy and research, 21.*

Kass, L. R.(1971). Death as an event : a community on Robert Morison. *Science, 173.*

Kastenbaum, R.(1992). *The Psychology of death*(2nd ed.). New York : Springer.

__________(1992). Death, suicide and the older adult. In A Leenaars(Ed.), *Suicide and the older adult.* New York : Guiford Press.

Kausler, D. H., & Kausler, B. C.(1996). *The graying of America.* Chicago, IL : University of Illinois press.

Kirkpatrick, D.(1989). Will you be able to retire?. *Fortune, 120*(3).

Kinsella, K.(1996). Aging and the family : present and future demographic issues. In R. Blieszer & V. H. Bedford(Eds.), *Aging and the Family*(pp. 32−56). Westport, CT : Praeger.

Kiyak, H. A.(1996). Communication in the practitioner−Aged patient relationship. In. P. Holm−pedersen & H. Loe(Eds.), *Textbook of Geriatric dentistry*(2nd ed.). Copenhagen : Munksganrred.

Kohli, M., Rein, M., Guillemard, A., & van Gunsteren, H.(1991). *Time for retirement : comparative studies of early exit from the labor force.* Cambridge : Cambridge University Press.

Kosberg, J. I.(1988). Preventing Elder Abuse. *The Gerontologist, 28*(1).

Kuhlen, R. G.(1964). Developmental change in motivation during the adult years. In R. G. Kuhlen(Ed.), *Psychological backgrounds of adult education.* Chicago : Center for the study of Liberal education for adults.

Kuypers, J. A., & Bengtson, V. L.(1973). Social breakdown and competence : a model of normal aging. *Human Development, 16.*

Lange, H. R.(2003). Elder Suicide : a Selective Guide to Resources. *Reference Services Review, 31*(2).

Larson, R.(1978). Thirty years of research on the subjective well−being of older Americans. *Journal of Gerontology, 33*(1).

Levinson, D. J.(1978). *The seasons of a man's life.* New York : Knopf.

Lezak, M.(1978). Living with the Characterlogically−Altered Brain Injured Patient. *Journal of Clinical Psychiatry, 39.*

Matthias, R. E., et al.(1997). Sexual activity and satisfaction among very old adults. *The Gerontologist, 37*(1).

McDonald, L.(1996). Abuse and Neglect of Elders. In Birren, J. E. et al.(Eds.), *Encyclopedia of gerontology*(vol. 1). NY : Academic Press, Inc.

Menninger, K.(1938). *Man against himself.* New York : Harcourt, Brace & Javanovich.

＿＿＿＿＿＿(1956). *Man against Himself.* New York : Harcourt, Brace.

Merva, M., & Fowles, R.(1992). *Effects of diminished economic opportunities onsocial stress : Heart attacks, strokes, and crime.* Briefing paper. Washington, DC : Economic Policy Institute.

Meyers, R. J., & Smith, J. E.(1995). *Clinical Guide to Alcohol Treatment : The Community Reinforcement Approach.* NY & London : The Guilford Press.

Miller, S. J.(1965). The social dilemma of the aging leisure participant. In A. M. Rose & W. A. Peterson(Eds.), *Older people and their social world.* Philadelpia : F. A. Davis.

Mishara, B. L.(1985). What we know, don't know and need to know about older alcoholics and how to help them : Model of prevention and treatment. In K. A. E. Gottheil et al.(Eds.), *The combined problems of alcoholism, drug addiction and aging.* Springfield, IL : Charles C. Thomas.

Moon, A., & O. Williams(1993). Perceptions of Elder Abuse and Help-seeking Patterns Among African-American, Caucasion American, and Korean-American Elderly Women. *The Gerontologist, 33*(3).

Moos, R. H., Brennan, P. L, Fondacaro, M. R., & Moos, B. S.(1990). Approach and Avoidance coping responses among older problem and nonproblem drinkers. *Psychology and Aging, 5*(1).

Myles, J.(2002). A new social contract for the elderly?. In G. Esping-Andersen, D.Gallie, A. Hemerijck & J. Myles(Eds.), *Why we need a new welfare state.* Oxford : Oxford University Press.

NASW(1992). *Case Management.* New York : NASW.

Neimeyer, R. A.(1994). *Death anxiety handbook : research, instrumentation and application.* Washington D. C. : Taylor & Francis.

Nordstrom, P., Asberg, M., Aberg-Wistedt, A., & Nordin, C.(1995). Attempted suicide predicts suicide risk in mood disorders. *Acta Psychiatrica Scandinavica, 92.*

OECD(2005. 3). The Impact on demand factor market and growth.

______(2020). Poverty rate.

Osgood, N. J.. Woo, H. E., & Parham, I. A.(1995). *Alcoholism and Aging.* New York : Raven Press.

Palmore, E. B., Burchett, B. M., Fillenbaum, C. G., George, L. K., & Wallman, L. M.(1985). *Retirement : Causes and consequences.* New York : Springer.

Parkes, C. M.(1998). Bereavement in adult life. *British Medical Journal, 14.*

Payne, M.(1995). *Social Work and Community Care.* London : MacMillan Press Ltd.

Pearson, J. L., & Brown, G. K.(2000). Suicide Prevention in Late Life : Directions for Science and Practice. *Clinical Psychology Review, 20.*

Peck, R.(1968). Psychological development in the second half of life. In B. Neugarten(Ed.), *Middle age and aging*(pp. 101-122). Chicago, IL : University of Chicago Press.

Peck, R. C.(1968). Psychological developments in the second half of life. In B. L. Neugarten(Ed.), *Middle age and aging.* Chicago : University of Chicago Press.

Peterson, P. G.(2002). 노인들의 사회, 그 불안한 미래(강연희 역). 에코리브르.

Pillemer, K., & Finkelhor, D.(1988). The Prevalence of elder abuse : A random sample survey. *The Gerontologist, 28.*

Quinn, J.(1993). *Successful Case Management in Long−Term Care.* New York : Springer Publishing Company.

Quinn, M. J., & Tomita, S. K.(1986). *Elder Abuse and Neglect.* New York : Springer Pub. Co.

Rabin, P. I., & J. K. Pate(1981). Acute grief. *Southern Medical Journal, 74.*

Raschko, R.(1991). Gatekeepers do the Casefinding in Spokane. *Prevention Pipeline,* (2).

Reifler, B. V.(1997). Depression, Anxiety, and Sleep Disturbances. *International Psychogeriatrics, 8.*

Richardson, C. A., & Hammond, S. M.(1996). A psychometric analysis of a short device for assessing depression in elderly people. *British journal of clinical psychology, 35*(4).

Rix, K. J. B.(1982). Elderly Alcoholics in the Edinburgh Psychiatric Services. *Journal of the Royal Society of Medicine, 75.*

Robert, J. K.(2001). *Death, society, and human experience.* Boston : Allyn and Bacon,

Robinson, M. M.(2000). Case Management for Social Workers : A Gerontological Approach. In R. L. Schneider, N. P. Kropf, & A J. Kisor(Eds.), *Gerontological Social Work*(2nd ed.). Toronto : Brooks and Cole.

Rose, A. M.(1965). *The Subculture of the Aging : A Framework in Social Gerontology.* In Older People and Their Social World.

Rose, S., & Moore, J.(1995). Case management. In R. Edward(Ed.), *Encyclopedia of social work.* Washington, D.C. : NASW.

Rosow, I.(1985). Status and role change through the life cycle. In R. H. Binstock et al.(Eds.), *Handbook of aging and the social sciences*(2nd ed., pp. 62−93). New York : Van Nostrand Reinhold.

Rothman, J.(1994). *Practice with Highly Vulnerable Clients : Case Management and Community Based Service.* Englewood Cliffs, New Jersey : Prentice−Hall.

Rowe, J. W., & Kahn, R. L.(1987). Human Aging : Usual and Successful. *Science, 237.*

____________________(1998). *Successful aging.* New York : Pantheon Books.

Ruchlin, H. S., & Morris, J. H.(1992). Deteriorating health and the cessation of employment among older workers. *Journal of Aging and Health, 4*(1).

Schaie, C. D.(1990). Intellectual development in adulthood. In J. E. Birren & K. W.Schaie(Eds.), *Handbook of the psychology of aging*(3rd ed.). New York : Academic Press.

Schneider, B.(1998). Care Planning : The Care of Case Management. *Generations, 7*(5).

Schuckit, M. A., & Pastor, P. A.(1978). The Elderly as Unique Population : Alcoholism. *Clinical and Experimental Research, 2.*

Senior Resource Centre Association of Newfoundland and Labrador(2004). *Strategicplan to address elder abuse in newfoundland and labrador.* St. John : Senior Resource Centre Association of Newfoundland and Labrador.

Shneidman, E. S.(1996). *The suicidal mind.* NY : Oxford University Press.

Simonton, D. K.(1990). Does creativity decline in later years?. In M. Permutter(Ed.), *Late life potential.* Washington, DC : Gerontological Society of America.

Steinmetz, K.(1978). The Politics of Aging, Battered Parents. *Society, 15.*

Stems, H. L., & Gray, J. H.(1999). Work, leisure, and retirement. In J. C. Cavanaugh & K. Whitbourne(Eds.), *Gerontology : Interdisciplinary perspectives.* New York : Oxford University Press.

Straus, M.(1979). Measuring Intrafamily Conflict and Violence : The Conflict Tactics Scale. *Journal of Marriage and the Family, 41.*

Stull, D. E., & Hatch, L. R.(1984). Unraveling the effects of multiple life changes. *Research on Aging, 6.*

Teusink, J. P., & S. Mahler(1984). Helping Families Cope with Alzheimer's Disease. *Hospital Community Psychiatry, 35*(2).

Thorson, J. A.(2000). *Aging in the changing society*(2nd ed.). Pennsylvania : Brunner/Mazel.

UN(2002). Madrid International Plan of Action on Aging, A Plan agreed at the 2nd World Assembly on Aging held in Madrid on April.

Valentine, D., & T. Cash(1986). A Definitional Discussion of Elder Maltreatment. *Journal of Gerontological Social Work, 9*(3).

Walker, A., & Maltby, T.(2012). Active Ageing : A Strategic Policy Solution to Demographic Ageing in the European Union. *International Journal of Social Welfare, 17.*

Wallice, P.(2001). 증가하는 고령인구, 다시 그리는 경제지도(유재천 역). 시유사.

Walter, C. A.(2003). *The loss of life partner : narratives of bereaved.* New York : Columbia University Press.

Weistein, S.(1991). Retirement planning should be done now. *The Practical Accountant, 24.*

WHO(2002). *Active Ageing : A Policy Framework.* Geneva : WHO.

Wiehe, V. R.(1998). *Understanding Family Violence.* CA : Sage Pub.

Wolf, R. S., & Li, D.(1999). Factors Affecting the Rate of Elder Abuse Reporting to a State Protective Service Program. *The Gerontologist, 39*(2).

Yates, F. E.(1996). Theories of aging : Biological. In J. E. Birren, et al.(Eds.), *Encyclopedia of gerontology, 2.* New York : Academic Press.

Zimberg, S.(1978). Diagnosis and Treatment of Elderly Alcoholics. *Alcoholism : Clinical and Experimental Research, 2*(1).

찾아보기

[인물]

[용어]

ㅇ

저/자/약/력

■ 이은희

부산대학교 사회복지학과(행정학 학사)
부산대학교 대학원 사회복지학과(행정학 석사)
부산대학교 대학원 사회복지학과(행정학 박사)
부산의료원 정신보건사회복지사 역임
현 동국대학교 사회복지학과 교수

노인복지론

|저자| 이은희

|1판 1쇄| 발행 2023년 3월 10일
|1판 2쇄| 발행 2024년 7월 30일

|발행인| 김 동 훈
|발행처| 공 동 체

|주소| 경기도 고양시 일산동구 호수로 358-39, 동문타워 I 905호(백석동)
|전화| 031) 814-3000(대표)
|팩스| 031) 814-3100
|홈페이지| http://www.compub.co.kr
|전자우편| compub@naver.com
|출판등록| 2005년 10월 6일
|등록번호| 제396-2005-36호

|ISBN| 979-11-6725-286-9
정가 17,000원